도판 1 **돼지에게 살해된 왕, 필리프**

1131년 10월, 루이 6세의 맏아들이자 그와 공동으로 프랑스의 왕위에 올라 있던 젊은 왕 필리프가 심각한 낙마 사고로 죽었다. 돼지 한 마리가 그가 타고 있던 말의 다리 사이로 뛰어드는 바람에 말에서 떨어져 돌에 부딪친 것이다. 2년 전에 대관식을 치른 프랑스의 왕이 돼지 때문에 죽다니! 사람들은 그의 죽음을 불명예스러운 죽음, 비천한 죽음, 수치스러운 죽음이라고 불렀다. 이 불명예스러운 죽음은 그 시대 사람들의 눈에는 신의 징벌로 보였다. 하찮은 돼지 한 마리의 실수로 벌어진 그 사건 때문에 왕국과 왕조의 운명은 비극으로 빠져들었다. (본문 15쪽)

도판 2 **카페 왕조의 가계도**

죽은 자는 '돼지에게 살해된 필리프*(Philippus a porco interfectus)*'나 '돼지에게 살해된 왕*(rex a porco interfectus)*'이라고 불렸다. (본문 205쪽)

도판 3 **성 안토니우스의 돼지**

중세에 도시의 돼지는 음식을 찾아 떠돌아다니는 동물이었다. 그래서 온갖 분쟁과 사고, 소송의 원인이 되었다. 도시마다 돼지에 관한 법률을 만들었는데, 파리에서는 성 안토니우스 수도회에만 돼지를 풀어놓을 특권을 부여했고, 그곳 돼지들은 목이나 귀에 방울을 달아 다른 돼지들과 구분되었다. 그러나 여전히 다른 많은 돼지들도 길거리를 돌아다녔고, 18세기까지도 유럽의 도시들에서는 돼지가 길거리를 돌아다니는 모습을 흔하게 볼 수 있었다. (본문 61, 108쪽)

도판 4 **중세의 사냥**

중세에 왕과 영주들이 했던 사냥은 먹기 위한 활동이 아니었다. 여흥도 군사훈련
도 아니었다. 사냥은 의례였다. 그것은 힘과 지위의 상징이었으며, 통치 행위이
기도 했다. 왕은 사냥을 해야 했다. 그는 말을 타고, 자신의 개와 사람들을 이끌고
숲을 가로지르는 모습을 보여 주어야 했다. (본문 48쪽)

 이 설명은 이미지 아래에 위치

도판 5 **군터의 무덤**

야생돼지와 대결하다가 죽는 것은 영웅적이고 명예로운 죽음이었다. 그것은 사냥꾼과 전사로서의 죽음이며, 왕과 군주다운 죽음이었다. 그러나 농장의 돼지 때문에 죽은 것은 왕에게는 전혀 어울리지 않는 불명예스러운 죽음이었다.

바이에른 공국의 군주 타실로 3세의 아들인 군터는 거대한 멧돼지와 홀로 맞서다가 치명적인 상처를 입어 죽었다. 타실로 3세는 아들이 죽은 장소에 크렘뮌스터 수도원을 세웠고, 지금도 그곳에는 군터의 무덤이 있다. (본문 78쪽)

도판 6 **그리스도의 동물, 사슴**

중세에는 사냥의 위계에도 변화가 나타났다. 왕과 영주의 사냥감은 오랫동안 곰과 멧돼지였다. 그 동물들은 힘과 용기 때문에 칭송을 받았고, 그것들에 거둔 승리는 언제나 위대한 업적으로 여겨졌다. 반대로 나약하고 소심한 동물인 사슴 사냥은 무시되거나 경멸되었다. 그렇지만 12세기 초부터 사냥에서 얻는 명예의 등급이 서서히 뒤집히기 시작했다. 그것은 교회의 영향 때문이었다. 사냥을 금지시키기 어렵다고 판단한 교회는 폭력성과 야만성을 억누를 다른 방법을 찾았다. 그

도판 7 **악마의 동물, 돼지**

래서 기독교적인 동물인 사슴이 점차 곰과 멧돼지를 누르고 왕실의 사냥감으로 자리를 잡아갔다. 마침내 14세기 초에는 야생 돼지가 아니라 사슴이 왕의 사냥감이 되었다. 상징적인 측면에서 사슴은 그리스도적인 동물로 여겨졌다. 그러나 멧돼지는 곰과 마찬가지로 악마의 동물이 되었다. 이제 그 동물은 자만·분노·나태·불결·음욕·탐식·시기·잔인함·배신과 같은 수많은 악덕들을 상징하게 되었다. (본문 49, 215쪽)

도판 8 **헨리 1세와 화이트호 난파 사고**

중세에는 한창 나이에 예기치 못한 죽음을 맞이한 왕자들이 많았다. 가장 유명한 비극은 1120년 잉글랜드의 왕인 헨리 1세의 자식들을 한꺼번에 죽게 만든 화이트호 난파 사고였다. 이 사고는 왕위 계승의 위기를 불러왔고, 내전으로 얼룩진 혼란의 시기를 가져왔다. (본문 73쪽)

중세에 돼지는 죄의 표상이라기보다는 순결하지 않음의 상징이었다. 그것은 가장 불결한 짐승이었다. 여기에는 다양한 원인이 있었는데, 가장 큰 이유는 성서에서 돼지가 오물을 먹는다고 강조하고 있었기 때문이다. (본문 87쪽)

그러나 돼지는 부정적인 상징성과는 달리 중세의 육류 식단에서는 맨 앞자리를 차지하고 있었다. 집집마다 겨울이 되면 돼지를 잡아 소금에 절여 두었다가 일년 내내 먹었다. (본문 114쪽)

도판 11 **중세의 돼지치기**

농촌에서는 대개 마을의 모든 돼지들을 한 곳에 모아 길렀고, 마을 공동의 돼지치기가 관리했다. 그는 돼지 무리를 들판과 숲으로 몰고 다녔다. 중세에 돼지는 경제적으로나 상징적으로나 숲의 동물이었다. 돼지는 대부분의 음식을 숲에서 찾았다. 그래서 유럽 대부분의 지역에서는 숲의 크기를 그곳에서 1년 동안 기를 수 있는 돼지의 수를 기준으로 나타내기도 했다. (본문 117쪽)

코발트를 주성분으로 한 파란색 색유리는 '샤르트르의 파랑(*bleu de Chartres*)'이라고 불리지만, 실제로는 생드니 수도원의 스테인드글라스에서 처음 등장한 것이다. 그러므로 그것은 '생드니의 파랑'이라고 불러야 옳다. (본문 127, 181쪽)

도판 13 **프랑스 왕의 대관식**

중세 신학자들에게 대관식은 엄격히 말하면 성사가 아니라, 신의 은총으로 변환
이 이루어진다는 점에서 오히려 신비에 가까웠다. 대관식에서 가장 강조되었던
것은 맹세가 아니라 도유의 절차였다. 도유에는 랭스의 생레미 수도원에 보관되
어 있던 성유가 사용되었는데, 그것은 클로비스가 세례를 받을 때 하늘에서 날아
온 비둘기가 가져온 것이라고 한다. 프랑스의 왕은 한 번의 축성만으로도 신과 같
은 힘과 능력을 지니게 되었다. 그는 손을 대는 것만으로도 연주창을 치료할 수
있었고, 신에게서 받은 이러한 특별한 은총의 힘으로 칼을 들고 싸워서 신앙과 정
의를 지켜야 했다. (본문 45, 133쪽)

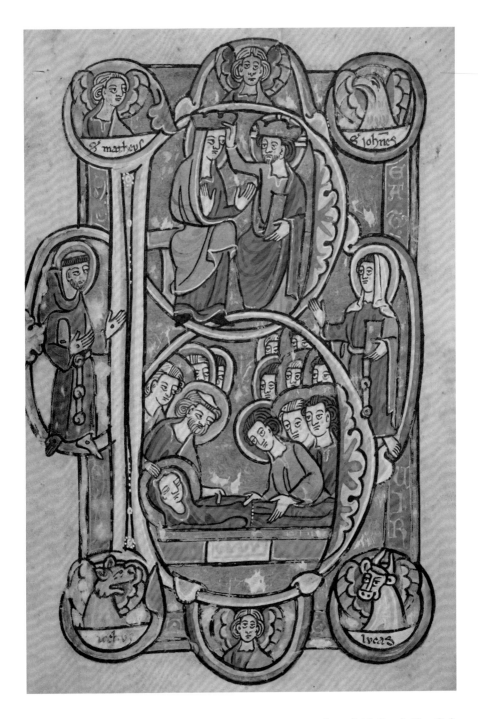

도판 14 **성모의 죽음, 승천, 대관**

12세기에 새로운 주제의 도상이 등장했다. 천국에 받아들여진 마리아가 찬양받고, 그리스도에게 왕관을 받는 장면을 묘사한 그림이다. (본문 154쪽)

도판 15 **성모의 발 아래 엎드린 쉬제르**

생드니 수도원 교회의 채색 유리창에는 수태고지를 받는 성모의 발 아래에 엎드
린 쉬제르의 모습이 묘사되어 있다. 이 스테인드글라스는 성모와 생드니 수도원
장이 매우 강하게 연결되어 있었음을 확인시켜 준다. (본문 157쪽)

도판 16 **샤르트르 대성당의 성모자상**

파란색 색유리는 샤르트르 대성당에도 등장했다. 생드니 수도원의 쉬제르에 의
해 만들어진 이 파란색은 얼마 뒤에는 왕실 문장의 파란색이 되었고, 성 베르나르
의 소중한 백합들로 채워진 '천상의' 꽃밭으로 사용되었다. (본문 154, 182쪽)

파란색 바탕에 금
색 백합 문양의 프
랑스 문장이 색을
가진 모습으로 나
타난 최초의 사례
이다. (본문 192쪽)

도판 17 **샤르트르 성당 색유리의 프랑스 문장**

도판 18 **프랑스 왕의 전쟁깃발, 오리플람**

생드니 수도원의
붉은 깃발 오리플
람은 전투에서 프
랑스의 왕과 군대
를 보호하는 성인
의 깃발로 여겨졌
다. (본문 148쪽)

돼지에게 살해된 왕

돼지에게 살해된 왕

프랑스 상징의 기원이 된 불명예스러운 죽음

미셸 파스투로 지음 | 주나미 옮김

오롯

일러두기

① 본문 앞에 실린 '주요 등장인물'은 내용 이해를 돕기 위해 한국어판에서 옮긴이가 추가한 것입니다.

② 본문에 실린 해설과 주석은 모두 한국어판에서 옮긴이가 덧붙인 것입니다. 글쓴이가 원래 붙인 주석은 책 뒤에 실어 구분했습니다.

③ 본문의〔   〕안의 내용은 옮긴이가 내용 이해를 돕기 위해 덧붙인 것입니다. 본문 내용과 구분할 수 있도록 옮긴이가 덧붙인 내용은 고딕으로 서체를 다르게 했습니다.

④ 본문의 인명이나 지명 등의 외국어 표기는 해당 국가의 언어에 맞추어 나타냈고, 10세기 이전의 인물이나 교황의 이름 등은 라틴어를 기준으로 표기하였습니다. 다만, 카롤루스 왕조의 왕은 10세기의 인물이라도 라틴어로 표기했습니다. 그리고 오늘날 영어식 발음 표기가 일반화되어 쓰이는 경우에도 널리 통용되고 있는 것을 기준으로 표기했습니다.

⑤ 성서에 등장하는 인명은 성서의 표기에 맞추어 표기했습니다. 성서는 한국 가톨릭 공용 성서인 '한국천주교주교회의,『성경』, 서울: 한국천주교중앙협회의, 2008'을 기초로 했습니다.

⑥ 서적이나 정기간행물은『 』, 논문이나 문헌 등은「 」로 표기했으며 원래의 외국어 제목도 함께 나타냈습니다.

⑦ 주요 개념은 본문에 외국어를 함께 표기했으나, 인명이나 지명 등의 외국어 표기는 책 뒤의 '찾아보기'에 수록했습니다.

목 차

주요 등장인물

필리프(Philippe de France, 1116~1131) : 루이 6세의 맏아들. 1129년 랭스에서 대관식을 올려 아버지와 공동으로 프랑스의 왕위에 올랐으나, 2년 뒤인 1131년에 낙마사고로 사망했다. 그가 죽은 뒤에는 동생인 루이 7세가 지위를 계승했다.

필리프 1세(Philippe I, 1052~1108) : 루이 6세의 아버지이자 카페 왕조의 네 번째 왕. 필리프 1세는 1092년 5월에 루이 6세의 생모인 베르트(Berthe de Hollande, 1072~1092)와 이혼하고, 앙주 백작 풀크 4세(Foulques IV d'Anjou, 1043~1109)의 아내이던 베르트라드(Bertrade de Montfort, 1092~1104)와 결혼했다. 둘의 관계는 엄연히 불륜이었으므로 필리프 1세는 1094년 리옹의 주교에게 파문을 당했고, 교황 우르바누스 2세(Urbanus II, 재위 1088~1099)도 1095년 11월 프랑스 클레르몽에서 소집된 공의회에서 정식으로 필리프 1세의 파문을 선포했다.

쉬제르(Suger, 1080?~1151) : 생드니 대수도원의 수도원장. 루이 6세와 루이 7세의 통치 기간에 모두 고문을 맡았으며, 루이 7세가 제2차 십자군 원정에 참여한 1147년부터 1149년까지는 섭정으로 국정을 담당했다. 그가 쓴 루이 6세의 전기와 루이 7세 때의 역사는 중세 프랑스사 연구의 중요한 사료이다. 생드니 수도원의 교회 개축을 감독해 고딕 건축양식의 발전에도 기여했다.

성 베르나르 (Bernard de Clairvaux, 1090?~1153) : 클레르보 대수도원의 수도원장. 신학자와 설교가로 이름이 높던 베르나르는 교회 분열을 수습하기 위해 노력해 큰 영향력을 행사했으며, 시토 수도회를 확장시키는 데에도 큰 공헌을 하였다. 아울러 그는 서유럽의 왕들과 제후들을 설득하여 제2차 십자군 원정(1147~1148)도 주도하였다. 그렇지만 제2차 십자군은 소아시아와 팔레스타인에서 이슬람 군에 패했고, 다마스쿠스 공격에도 실패하여 성과를 거두지 못하고 물러났다. 그 뒤 베르나르는 다시 새로운 십자군 결성을 호소했지만 전처럼 호응을 받지 못했다.

교황 인노켄티우스 2세와 대립교황 아나클레투스 2세 : 1130년 2월 교황 호노리우스 2세(Honorius II)가 죽은 뒤 일부 추기경들은 인노켄티우스 2세(Innocentius II, ?~1143)를 새 교황으로 선출했다. 그러나 이에 반대한 다수의 추기경들은 피에트로 피에를레오니(Pietro Pierleoni)를 교황 아나클레투스 2세(Anacletus II, ?~1138)로 선출했다. 그 해 6월 인노켄티우스 2세는 다수파에 밀려 로마에서 쫓겨나 프랑스로 피신했으나, 그곳에서 클레르보 수도원장 베르나르의 도움을 받아 프랑스와 잉글랜드, 독일의 세속군주들과 성직자들의 지지를 얻어냈다. 1131년 10월 18일 프랑스 랭스에서 열린 공의회는 교황 인노켄티우스 2세의 정통성을 확인하고 대립교황 아나클레투스 2세를 공개적으로 파면했다. 그 뒤 인노켄티우스 2세는 독일 황제 로타르 3세(Lothar III, 1075~1137)의 지원을 받아 1132년 이탈리아 원정에 나섰고, 로타르 3세는 이듬해 6월 라테란 대성당에서 신성로마제국의 황제로 대관식을 치렀다. 그러나 아나클레투스 2세를 지원하던 시칠리아 왕 루지에로 2세(Ruggero II, 1095~1154)의 반격으로 인노켄티우스 2세는 다시 로마에서 물러났다. 아나클레투스 2세가 죽자 인노켄티우스 2세는 1139년 제2차 라테란 공의회를 소집하여 정통성을 인정받았으나, 교회 내부의 갈등과 대립은 그 뒤로도 해소되지 않았다.

루이 7세와 알리에노르 왕비 : 필리프의 지위를 계승하여 왕위에 오른 루이 7세(Louis VII le Jeune, 1120~1180)는 아키텐 공국의 상속녀인 알리에노르 다키텐(Aliénor d'Aquitaine, 1122~1204)과 결혼했다. 그러나 두 사람은 십자군 원정 도중에 안티오키아 공국의 군주 레이몽(Raymond de Poitiers, 1099~1149)을 지원하는 문제를 놓고 대립하였고, 마침내 둘의 결혼은 1152년 3월에 가까운 친족이라는 이유로 무효화되었다. 알리에노르는 루이 7세와 이혼한 지 8주 만인 1152년 5월에 앙주 백작 헨리 플랜태저넷과 다시 결혼했다. 그래서 알리에노르가 물려받은 아키텐 공국의 영지는 플랜태저넷 가문으로 넘어갔는데, 1154년에 헨리가 잉글랜드 국왕 헨리 2세로 즉위하면서 그 지역을 둘러싸고 잉글랜드와 프랑스의 갈등이 시작되었다. 프랑스 서부 지역의 영유권을 둘러싼 이러한 갈등은 뒷날 백년전쟁의 원인이 되기도 했다. 알리에노르는 루이 7세와의 사이에서 딸만 둘을 낳았으나, 헨리 2세와의 사이에서는 5명의 아들과 2명의 딸을 낳았다. 이들 가운데 리처드 1세와 존 왕이 잉글랜드의 왕위에 올랐다. 알리에노르는 아들인 리처드 1세가 제3차 십자군 원정에 참여했을 때 섭정을 맡기도 하였다.

자크 르 고프(1924~2014)

그를 기억하며

머리말

역사의 전기가 된 사건

　1131년 10월 13일은 프랑스 역사에서 전기가 된 중요한 사건들을 모아놓은, 과거 한때 꽤 유명했던 '프랑스를 만든 서른 개의 날들 *Trente journées qui ont fait la France*'이라는 총서 안에 포함되어 있지 않다. 그날은 이제 교과서와 대학 교재에서도 언급되지 않으며, 심지어 중세사를 연구하는 학자들조차도 그리 대수롭지 않게 생각하는, 기억 속에서 사라진 날이다. 그렇지만⋯⋯.

　하지만 바로 그날 카페 왕조와 프랑스 군주제의 운명은 전혀 생각지도 못한, 정말이지 어디로 향하는지 모를 새로운 길로 나아가게 되었다. 〔카페 왕조의 제5대 왕인〕 '뚱보왕(le Gros)' 루이 6세(1081~1137)의 맏아들인 젊은 왕자 필리프가 파리의 근교에서 여러 동료들과 함께 말을 타고 가다가 심각한 낙마 사고를 당한 것이다. 그는 근처의 집으로 옮겨졌으나 몇 시간도 지나지 않아 사망했다. 당시 그의 나이는 15살이었다. 서둘러 달려온 루이 6세와 아델라이드 왕비(1092?~1154), 생드니 수도원장인 쉬제르(1080?~1151)를 비롯한 몇몇 고위 성직자들과 영주들이 그의 죽음을 지켜보았다. 연대기 작가들이 전하는 말로는, 모두가 매우 슬퍼했다고 한다.

사실 사건 자체만 놓고 보면 심상치 않다고는 할 수 없는 일이었다. 중세에는 낙마 사고로 목숨을 잃는 일이 자주 발생했고, 왕의 아들이 청소년기에 사망하는 일도 드물지 않았다. 그러나 몇 가지 상황이 이 사건을 예사롭지 않게 만들었고, 왕조와 왕국 차원에서도 심각한 일이 되었다.

우선 그 참혹한 사건이 일어난 것은 교황 인노켄티우스 2세가 프랑스에 머무르고 있을 때였고, 〔프랑스 북동부 도시〕 랭스에서는 이탈리아의 지지를 받던 대립교황 아나클레투스 2세를 제거할 목적으로 교회의 공의회가 열리려던 중이었다. 왕자의 예상치 못한 죽음은 불길한 징조였다.

둘째로, 필리프 왕자는 단지 프랑스 왕의 맏아들인 것에 그치지 않고, 프랑스의 왕이기도 했다. 초대 카페 왕조의 왕들이 행했던 관례에 따라서 필리프는 명목상으로는 3살 때부터 왕국의 통치에 참여했으며, 9년 뒤인 1129년 부활절 주일에는 랭스에서 〔신성한 힘을 불어넣는다는 상징적인 의미로 몸에 기름을 바르는〕 도유식塗油式을 하고 실제로 왕관을 썼다. 그래서 왕실 사무국의 모든 문서들은 법식에 따라 그를 '예정된 왕 필리프(*Philippus rex designatus*)'나 '젊은 왕 필리프(*Philippus rex junior*)'라고 불렀다. 왕의 맏아들을 살아 있는 아버지의 왕위와 연결시키는 이러한 관습은 카페 왕조 초기의 왕들이 아직은 어느 정도 선출제의 흔적이 남아 있던 군주제를 실질적인 세습제로 바꿀 수 있게 해주었다. 987년 〔카페 왕조의 제1대 왕인〕 위그 카페(940?~996)가 왕으로 선출된 직후에 시작된 이 관습은 그 뒤 거의 2세기 동안 이어졌다.*

끝으로 무엇보다 이 사고와 관련된 동물은 말만이 아니었다. 낙마 사고를 일으킨 다른 동물이 있었다. 그것은 귀족적이지 않고 더럽고 불결한 동물이자, 이리저리 돌아다니면서 닥치는 대로 먹어치우며 배를 채우고 살아가는, 도시의 청소부 노릇을 하는 집돼지였다. 비천한 돼지 한 마리가 말의 다리 사이로 뛰어들면서 말이 넘어졌고, 그 때문에 말 위에 타고 있던 사람이 땅으로 떨어져 돌에 부딪치게 된 것이었다. 생드니 수도원장 쉬제르와 루이 6세의 고문들은 그 사건에 관해 악마적인 일이라고 했다.[1] 2년 전에 도유식을 치르고 왕관을 쓴 젊은 왕 필리프가 돼지 때문에 죽다니! 연대기 작가들은 왕조와 왕국의 가장 큰 희망이었던 왕자의 죽음에 관해 이렇게 적었다. 불명예스러운 죽음, 비천한 죽음, 수치스러운 죽음, 비참한 죽음······.**도판1**

*　　*　　*

12세기에 집돼지와 야생돼지의 동물적 경계는 생물학적인 차원에서 뚜렷하게 구분되지 않았다. 이따금 집에서 키우던 암돼지가 가을이 되면 숲으로 가서 멧돼지와 짝짓기를 하는 일이 벌어지기도 했다.

---

* 위그 카페는 987년 카롤루스 왕조의 마지막 왕인 루도비쿠스 5세(Ludovicus V)가 죽은 뒤에 귀족들의 추대로 왕으로 선출되었다. 왕위에 오르자마자 위그는 바르셀로나에 침입한 무어인을 물리치기 위한 원정에 대비한다는 명분으로 아들 로베르 2세를 공동 왕으로 세웠다. 그래서 996년 위그가 죽은 뒤에 로베르가 자연스럽게 왕위를 세습할 수 있었다. 왕의 맏아들을 공동으로 왕으로 세우는 이러한 전통은 카페 왕조의 제7대 왕인 필리프 2세 때까지 이어졌다.

집돼지와 야생돼지는 종이 같아서 서로 교배가 가능했다.

　그렇지만 둘 사이의 상징적 경계는 매우 뚜렷하게 구분되었다. 봉건사회의 가치체계와 문화에서 멧돼지는 농가의 돼지와 결코 혼동되지 않았다. 멧돼지는 강하고 용감한 동물로 여겨졌기 때문에 사람들은 이 동물과 대결하거나 사냥하기를 즐겼다. 때로는 직접 몸을 부대끼며 힘을 겨루기도 했다. 하지만 집돼지는 비루하고 불결한 짐승이자 더러움과 탐식의 상징이었다.

　야생의 돼지를 사냥하거나 그 동물과 대결하다가 죽는 것은 영웅적이고 명예로운 죽음이었다. 그것은 사냥꾼과 전사로서의 죽음이며, 왕과 군주다운 죽음이었다. 1314년에 '미남왕(le Bel)'으로 불리는 필리프 4세(1268~1314)가 그러했던 것처럼,* 실제로 몇몇 왕들과 공작들이 그렇게 목숨을 잃기도 했다. 그렇지만 평범한 돼지 한 마리의 잘못 때문에 파리 근교에서 죽은 것은 왕에게는 전혀 어울리지 않는 불명예스러운 죽음이었다. 비록 아버지의 왕위에 기대어 있을 뿐인 15살의 젊은이라고 해도 마찬가지였다.

　이 비천한 죽음은 그 시대 사람들의 눈에는 신의 징벌로 보였고, 카페 왕조와 군주제의 위신에 지워지지 않을 얼룩으로 남을 것 같았다. 제아무리 재빠르게 모든 것을 지우려고 했어도 말이다.

　수도원장 쉬제르는 참사 5일 뒤에 젊은 왕자의 시신을 생드니 수도원 교회의 왕실 묘역에 안장했다. 일주일 뒤에는 본래 성직자가 될 운명이었던, 필리프의 남동생 루이 왕자가 교회의 공의회가 한창이던 랭스에서 교황에게서 직접 도유의 의식을 받고 왕관을 썼다.

---

* 필리프 4세는 1314년 퐁생트막상스의 아라트 숲에서 사냥을 하다가 멧돼지의 공격을 받았고, 그때 입은 상처 때문에 죽었다.

이것은 상서로운 일처럼 보인다. 그러나 최악의 오점을 지우고, 그 사건의 영향력을 약화시키기에 충분했을까? 그랬을 가능성은 거의 없어 보인다. 6년 뒤 아버지가 죽으면서 루이 왕자가 루이 7세(1120~1180)로 홀로 프랑스의 왕위에 올랐으나, 그는 그 역할을 수행할 준비가 전혀 되어 있지 않았다. 1137년부터 1180년에 이르는 그의 오랜 통치기간은 국왕의 지나친 신앙심, 비트리앙페르투아 교회의 비극적인 화재,[2] 왕이 직접 이끈 제2차 십자군의 실패, 남자 후계자를 갖기까지 겪은 어려움, 알리에노르 왕비와의 이혼, 그녀와 미래 잉글랜드 왕과의 재혼, 그로부터 벌어진 잉글랜드 왕과의 소모적인 전쟁과 같은 잇따른 무질서와 재난으로 점철되어 있다. 정치 차원에서 보든 왕조 차원에서 보든, 루이 7세의 오랜 통치기간은 분명히 프랑스 역사에서 최악의 시간들이었다.

*　　　*　　　*

1131년 10월 13일에 하찮은 돼지 한 마리의 실수로 벌어진 그 사건 때문에 왕국의 운명은 비극으로 빠져들었다. 젊은 필리프의 죽음은 역사 서술에서 매우 오랫동안 회자되었다. 대부분의 중세 연대기와 앙시앵레짐 말기까지 간행되었던 프랑스 역사에 관한 수많은 책들이 그 죽음에 관해 언급했다. 복합적인 결과를 가져온 이 사건이 완전히 침묵 속에 묻히기 시작한 것은 19세기 후반의 작업들, 특히 에르네스트 라비스가 총괄했던 그 원대한 『프랑스사*Histoire de France*』에 이르러서이다.[3] 당시의 역사학자들과 실증주의자들은 운명의 도구가 된 이 하찮은 동물을 더 이상 괴롭히지 않기로 했다. 그들이 보기에는 이런 동물들, 특히 농장의 돼지 따위가 역사가의 서술에서 할 일은 전혀 없었다. 역사의 큰 흐름을 뒤바꿔버린 이 왕의 살해자, 돼지는 처음에는 '사소한 역사'나 일화 정도로 여겨지다가, 점점 더 작아지면서 마침내 완전히 잊히게 되었다.

오늘날 동물을 대하는 역사가의 태도는 변했다. 몇몇 선구적인 연구들 덕분에, 아울러 인류학·민족학·언어학·동물학 등 다른 분야 학자들과의 협력이 보편화한 덕분에 동물은 마침내 오롯한 역사의 주제가 되었다. 동물 연구는 많은 경우에 학술 분야의 선두에 서 있고, 여러 학문 분과들이 교차하는 지점에 자리하고 있다. 인간과의 관계를 염두에 둘 때, 정말이지 동물은 사회·경제·물질·법·종교·문화 등의 모든 영역과 맞닿아 있다. 동물은 모든 장소와 모든 시대, 모든 상황에 존재하며, 역사가에게 근본적이고 복잡한 수많은 질문들을 던진다.

이 책은 인간과 동물의 관계에 관한 역사라는, 내가 거의 반세기 가까이 매달려온 작업의 연장선에 놓여 있다. 나는 우선 1131년에 일어난 사건과 그 이후에 벌어진 일들에 관해 밝히고, 그러고 나서 왕을 살해한 돼지에게 역사의 무대 가장 앞에 있던 제자리를 돌려줄 것이다. 그리고 봉건시대의 순수함과 불순함의 개념에 관해 살펴볼 것이다. 어떤 동물들은 그리스도의 동물이 되고, 어떤 동물들은 악마의 동물이 된 이유는 무엇일까? 왜 인간과 생물학적으로 가까운 사촌인 돼지는 불결한 짐승이 된 것일까?

끝으로 나는 1131년 가을에 일어난, 카페 왕조의 젊은 군주가 말에서 떨어진 사고가 왕조사뿐 아니라 정치사와도 관련이 있다는 것을 보여주려고 한다. 아울러 그 사건은 무엇보다도 상징사와 깊은 관련이 있다. 악마의 돼지 때문에 생긴 얼룩은 프랑스 군주제가 백합과 파란색이라는, 성모 마리아의 도상에서 빌려온 순수의 두 상징을 사용할 때까지 여러 해 동안 지워지지 않았다. 그 둘은 12세기 중반에 결합되었고, 얼마 지나지 않아 프랑스 국왕의 문장을 구성하기에 이르렀다.

성모 마리아의 백합은 왕실의 것이 되었고, 천상의 여왕을 위해 마련된 파란색은 궁극적으로 카페왕조의 것이 되었다. 그 뒤 몇 세기가 지나면서 파란색은 더 이상 가문이나 왕조의 것이 아니라, 군주제의 것, 나라의 것, 마지막으로 국민의 것이 되었다. 파란색은 앙시앵레짐에서는 이미 완전히 프랑스의 색이 되어 있었다. 혁명은 파란색의 역할을 강화시켰고, 그것은 오늘날까지도 계속 이어지고 있다. 국제 경기에서 프랑스를 대표하는 선수들이 파란색 셔츠를 입고 있다면, 그것은 틀림없이 왕을 살해한 돼지 때문이다!

이렇게 보면 1131년 10월 13일에 벌어진 젊은 왕 필리프의 불명예스러운 죽음은 카페왕조와 프랑스가 만들어지는 중요한 전기가 된 사건임이 분명하다.

프랑스의 두 왕

이 책의

주제가 된 사건은 중세 프랑스의 역사에서 비교적 호황기이던 12세기 전반에 자리를 잡고 있다. 몇십 년 동안 이어진 안정적인 기후는 인구를 늘리고 경제를 발달시키는 데 유리한 밑거름으로 작용했다. 기근·전염병·재난은 여전했으나 앞선 세기들, 특히 서기 1천년 이전보다는 드물었다. 비교적 좋은 흐름이 이어졌으며, 인구도 큰 폭으로 늘어났다. 농지가 새롭게 개간되면서 풍경이 바뀌어갔다. 도시들은 후견인들로부터 자유로워졌고, 상업의 발달이 이루어졌다. 이러한 좋은 여건 때문에 이득을 본 것은 프랑스만이 아니었다. 서유럽 전체가 상승세를 타고 있었다.

이로부터 지적·예술적·정신적 부흥도 당연히 뒤따라 나타났다. 대학은 아직 존재하지 않았으나 주교좌 성당의 학교들에서 고등교육이 행해졌다. 샤르트르와 파리의 학교들이 가장 유명했는데, 유럽의 모든 지역에서 학생들이 몰려들었다. 아울러 속어 문학이 아직 미성

숙한 상황에서도 몇몇 놀라운 작품들이 탄생했다. 예를 들어 『롤랑의 노래*Chanson de Roland*』 초판이 등장한 것은 1131년의 극적인 사건과 거의 같은 시기였다. 그 무렵 로마네스크 양식의 예술은 정점에 이르렀으며, 이미 건축을 비롯한 다양한 분야에서 앞으로 다가올 고딕양식의 예술이 시작되고 있었다.

또 다른 영역에서는 앞 시대 교황이 행했던 교회 개혁이 결실을 맺고, 새로운 수도회들의 탄생이 자극이 되어 수도사의 삶이 절정으로 치닫고 있었다. 〔클뤼니 수도원의〕 가경자 피에르(1092?~1156)와 〔시토회의〕 베르나르 드 클레르보(1090~1153)처럼 기독교 사상의 스승들로 꼽히는 몇몇 뛰어난 수도원장들도 나왔다. 끝으로 제1차 십자군의 바람이 다소 꺾이면서 동방을 향한 끌림은 화려하고 이국적이고 진기한 것에 대한 어떤 기호로 남게 되었다.

누구든 모든 분야에서 진행되고 있는 변화가 가져오는 '요동'을 느낄 수 있었다. 예를 들어 귀족 사회에서는 기사도가 급속히 성장했다. 기사도의 영향력은 마상창시합의 유행이나 문장을 처음으로 정해서 사용하는 것에 한정되지 않았다. 12세기 후반 문학에서 그것은 새로운 가치체계와 새로운 방식의 감수성으로 표출되었다. 〔기사도를 주제로 기사의 무훈과 연애를 다룬〕 '기사 문학'이라는 매우 성공적인 방식으로 말이다. 루이 6세는 왕위에 오르기 10년 전인 1098년에 스스로 기사가 되었다. 일찍이 그가 전장과 다른 곳에서 보여준 매우 이른 감이 있는 기사도는 뒷날 '원탁' 이야기에 나오는 영웅들의 것이 되었다. 그의 일부 봉신과 가신들은 여전히 그러했지만, 루이 6세는 야만족의 전사가 아니었다. 그는 자신의 혈통을 자랑스러워하고, 자신에게 주어진 지위와 책임, 의무를 의식하고 있는, 프랑스의 국왕이자 교회의 친구였다.

루이 6세는 이 책에서 다룰 극적인 사건의 주연배우 가운데 한 명이므로 그의 인격과 행위, 그가 가진 힘의 실체를 더 깊게 들여다볼 필요가 있을 것이다.

뚱보왕 루이 6세

길게 이어진 프랑스 왕들의 계보에서 루이 6세는 비교적 분별력 있는 군주에 속한다. 그러나 사람들은 대부분 '뚱보왕'이라는 별칭으로만 어쩌다 그를 기억할 뿐, 그의 통치기간에 있었던 중요한 사건들에 대해서는 잘 알지 못한다.[1] 오히려 우리의 할아버지와 할머니들이 훨씬 많이 알고 있었을 것이다.

교과서에서는 루이 6세를 1108년부터 1137년까지 왕위에 있었던 카페 왕조의 다섯 번째 왕이며, 자신의 영지는 물론이고 왕국에서도 최초로 실질적인 힘을 행사했다고 가르치고 있다. 그는 콩피에뉴와 오를레앙 사이의 왕실 영지를 빼앗으려 했던 영주들, 예컨대 앙게랑 드 쿠시(1042~1116)와 그의 아들 토마 드 마를르(1073~1130), 몽트레리의 영주인 위그 드 크레시(1068~1118), 에탕프 인근에 강력한 요새를 소유한 위그 뒤 퓌제(1125~1195)의 압박을 잘 막아냈다.

아울러 루이 6세는 통치를 위해 민중들과 교회에 의존했다. 그는 도시와 농촌 공동체에 프랑스 왕국의 특허장特許狀을 수여했으며, 황제나 대립교황과 싸우는 교황을 계속해서 지원했다. 나아가 루이 6

세는 걸출한 교회 인사 하나를 자신의 고문으로 두었는데, 그는 바로 1122년부터 1151년까지 30년 가까이 생드니 대수도원의 수도원장을 지낸 쉬제르였다.

1124년에 일어난 특이한 사건은 이러한 정책이 효과적이었음을 확인시켜 주었다. 독일의 로마황제 하인리히 5세(1081?~1125)가 〔프랑스 왕의 영토인〕 샹파뉴를 침공해오자, 그 지역의 수많은 영주들과 공작들과 백작들이 자신들의 주군을 지지하며 왕실 군대에 합류한 것이다. 그래서 하인리히 5세는 원래의 계획을 포기해야 했다.

마지막으로 루이 6세는 죽기 직전인 1137년에 미래의 왕인 아들 루이 7세를 아키텐 공작의 유일한 상속녀인 알리에노르와 결혼시켜서 왕국과 왕조의 앞날을 능숙하게 준비했다.

루이 6세의 통치기간에 일어난 이러한 주요 사건들은 〔제2차 세계대전의 종전 이전인〕 제3공화국 시대의 교과서들에 잘 요약되어 있다. 그러나 지금 그에 관한 우리의 지식은 몇 가지 점에서 다소 변화가 생겼으며 보완되었다.

첫 번째는 군주로서의 역할과 위상이다. 예전 역사가들은 카페 왕조의 초기 왕들, 예를 들어 위그 카페, 로베르 2세(972~1031), 앙리 1세(1008~1060), 필리프 1세(1052~1108)의 약점은 과장하고, 루이 6세에게는 그가 받아야 할 것보다 더 큰 선구자적 역할을 부여하였다. 그러나 그의 아버지와 할아버지는 19세기 말의 실증주의 역사가 즐겨 묘사했던 것과는 달리 결코 땅과 힘이 없는 약소국의 왕이 아니었다. 그들은 앙시앵레짐 시대의 많은 작가들이 규정했던 것처럼 '게으른 왕들'도 아니었다. 그들은 궁중 감독관이 실질적인 힘을 행사하는 동안 소달구지를 타고 다녔던 메로비우스 왕조의 마지막 왕들에 빗대어 매우 무지한 왕들로 여겨지기도 했으나, 사실은 그렇지 않았다. 앙리 1세와 필리프 1세는 자신들의 왕으로서의 직분을 잘 알고 있었다. 그들은 왕조를 튼튼히 하고, 왕권을 확장하려고 애썼다. 그리고 어떤 경우에서는 교묘한 정치력을 보여주기도 했다.

이런 점에서 루이 6세는 참으로 혁명적이지는 않았다. 그는 단지 선대의 왕들이 세운 업적을 더 일관성 있게 효율적이고 열정적으로 이어갔을 뿐이다. 게다가 그는 20살이 되기도 전인 1100년부터 공동 왕위에 올라 정치에 참여했다. 그가 나이와 육체적 쾌락, 비만, 질병으로 쇠약해진 아버지를 대신하는 일은 갈수록 늘어났다. 1108년 단독 왕이 되고 난 뒤에 루이 6세는 복잡하게 뒤엉킨 상황에서도 멀리 떨어진 노르망디와 플랑드르, 오베르뉴에 있는 자신의 영지에 개입했다. 그리고 그곳에 영지를 가지고 있던 소小 영주들과 몇몇 봉신들을 상대로 승리를 거두었다.

그러나 그는 대외적으로 성공보다는 실패를 더 많이 맛보았다. 특히 잉글랜드 왕이자 노르망디 공작인 헨리 1세(1068?~1135)와의 기나긴 전쟁에서 그러했다. 1124년의 사건들, 다시 말해 황제군의 샹파뉴 침입이 가져온 위협과 그 때문에 왕국의 전역에서 모여든 군대들이 일으켰다는 '총봉기'라고 불리는 사건은 연대기 작가들에 의해 과장된 것으로 보인다.

하지만 의심의 여지없이 루이 6세는 진정한 왕이었다. 그는 왕실 영토보다 더 크고 부유한 영지를 가진 봉신들의 우두머리였다. 그들은 루이 6세를 존경하고 지원하며 조언을 해야 할 의무가 있었다.

일상에서 루이 6세는 교회 사람들에게 둘러싸여 있었고, 그 가운데에서도 쉬제르는 특히 중요한 역할을 했다. 어린 시절 생드니의 수도원 학교에서 급우로 처음 만났던 그들은 서로에 대해 잘 알고 있었고, 이따금 의견이 일치하지 않을 때도 있었으나 그리 큰 문제가 되지는 않았다. 쉬제르 말고 다른 고위 성직자들과 몇몇 세속 영주들도 왕을 둘러싸고 조언을 했다.

　루이 6세가 성직자들의 호의를 얻으려고 노력했던 것만큼은 분명한 사실이다. 그러나 그는 이따금 주교나 대주교들과 충돌하기도 했다. 특히 '멧돼지 위그(Hugues Sanglier)'와 그러했는데, 그의 별명에 대해서는 뒤에서 다시 다룰 것이다. 왕은 심지어 교황과도 직접 갈등을 빚었다. 마찬가지로 코뮌 운동*에 대한 왕의 지원도 왕국의 영토 밖에서 신중하게 이루어졌을 뿐이다. 그러므로 우리는 이 문제들에 관한 이전 시대의 역사 서술, 다시 말해 루이 6세가 교회와 코뮌에 의존하여 통치하고 권력을 행사했다고 보는 경향을 다소 누그러뜨릴 필요가 있다. 사실은 그와는 달랐다.

　마지막으로 1137년의 교묘한 결혼 정책, 프랑스의 왕위 계승자를 아키텐 공작의 부유한 상속녀와 결혼시킨 것은 루이 6세가 기대했던 정치적·왕조적 결실을 모두 가져오지 못했다. 오히려 그 결혼은 재앙이 되었다. 15년 뒤 남자 상속자 없이 그들은 헤어졌고, 얼마 지나지 않아 아키텐 여공작은 미래의 잉글랜드 왕이 될 헨리 플랜태저넷과 재혼했다.[2]

　따라서 루이 6세는 이따금 이야기되는 것보다 덜 능숙하고 덜 유능했으며, 그의 통치도 왕조와 왕국의 미래에 아주 결정적이었던 것 같

---

* 코뮌 운동(mouvement communal) 11~12세기 서유럽에서 영주권 남용 방지, 평화 유지 등을 목적으로 일정 지역의 주민들이 코뮌을 결성해 자치권과 자유를 획득하려 했던 운동이다.

지는 않다. 오히려 1131년 10월 불쌍한 돼지의 배회가 모두의 운명을 바꿔놓았다.

그 사건 속으로 들어가기에 앞서 먼저 이따금 모순되어 나타나기도 하는 그 시대의 여러 증거들을 기초로 루이 6세의 초상을 그려보자. 육체적인 면에서 루이는 아버지 필리프 1세와 어머니 베르트 드 올랑드(1050?~1093)의 강인한 면모를 물려받았다. 치세의 마지막 15년 동안은 뚱뚱하고 허약했으나, 그 이전의 그는 큰 키에 다부진 근육을 지닌 사내였다. 무엇보다 그는 전쟁터에서 매우 용감했다. 그는 망설이지 않고 전선의 맨 앞에 섰으며, 잉글랜드 왕과 같은 적들과 일대일 결투를 벌이는 것도 주저하지 않았다. 하지만 그 과정에서 생긴 수많은 상처들에 건강의 악화가 더해지면서 나중에 그는 심각한 장애를 갖게 되었다.

많은 연대기 작가들이 루이 6세의 비만과 더불어 '창백한(pallidus)' 안색과 '게슴츠레한(lippus)' 눈에 관해 언급하고 있다. 이러한 모습이 최상류층의 특징이었다고 할 수 있을까? 그렇지는 않은 듯하다.

물론 12세기 서양의 왕과 군주는 창백한 안색에 혈관이 드러날 정도로 밝은 피부를 가지고 있어야만 했다. 그것은 17세기에 등장한 귀족의 '푸른 피(sang bleu)'만큼은 아니었지만, 사고의 바탕은 같았다. 농민들은 볕에 그을린 붉은 안색을 하고 있다. 사라센인들은 갈색이나 검은색의 어두운 피부를 가지고 있다. 사회의 최상류층인 군주들은 이들과 완전히 달라야 했다. 봉건시대의 가치체계에서 창백한 안색을 가지고 있다고 하는 것은 신분의 고귀함을 드러내는 말이었다. 특히 남성에게는 그러했다. 여성에게는 아름다움의 조건으로 하얀 피부, 그리고 그것과 대조를 이루는 붉은 뺨과 입술이 요구되었다.

그렇지만 게슴츠레한 눈은 존귀함과는 아무런 상관이 없었다. 오히려 그것은 그가 악한 영혼을 가지고 있음을 보여주는 것이었다. 이것은 왕에게 적대적이었던 연대기 작가들이 강조해서 드러낸 특징임이 분명하다.

루이 6세의 성격과 도덕성, 행동에 관한 증언들은 모두 신중하게 다룰 필요가 있다. 기베르 드 노장*이나 오더릭 비탈리스**처럼 그에게 적의를 가지고 있던 작가들은 그다지 아름답지 않은 초상화를 그렸다. 그들은 프랑스의 왕이 폭력적이고, 화를 잘 내며, 변덕스럽고, 음흉하고, 욕심이 많으며, 영리하지 못할 뿐 아니라 아둔하기까지 해서 측근들에게 휘둘렸다고 말했다. 하지만 왕의 친구로서 그의 전기를 쓴 쉬제르는 루이 6세에게 수많은 장점을 부여했다. 그가 묘사한 프랑스 왕은 온화하고, 신앙심이 두텁고, 자비롭고, 용감하며, 정의롭고, 공공의 이익을 위해 애쓰며, 약자를 보호하는, 품행과 태도가 순박하고 착한 사람이다.

누구의 말을 믿어야 할까? 어느 것이 진실인가? 두 가지 모습을 모두 다 가지고 있었는지도 모른다. 치세 초기에는 용감하고 활기 넘쳤던 젊은 왕이 치세 말기에는 불안감을 느껴 심약해지고 장애를 지니게 되면서 인격이 바뀌었을 수도 있다. 사실 루이 6세는 그 시대의 다

---

* 기베르 드 노장(Guibert de Nogent, 1055?~1124) : 프랑스의 신학자이자 역사가. 베네딕트회 수도사로서 프랑스 북부 노장의 수도원장을 지냈다. 제1차 십자군 원정에 관한 연대기인 『프랑크인을 통해 이룩한 신의 업적 Gesta Dei per Francos』과 자서전인 『나의 삶De vita sua』 등을 썼다.
** 오더릭 비탈리스(Orderic Vitalis, 1075~1142?) : 잉글랜드의 연대기 작가이자 베네딕트회 수도사. 중세 잉글랜드의 역사와 사회상을 보여주는 중요한 사료인 『교회사Historia Ecclesiastica』를 썼다.

른 군주들과 그리 다르지 않았다. 군주의 경건함과 자비로움이 그가 화를 내고 폭력을 행사하는 것을 막지는 않았다. 곧 온화하고 자비로우며 교회와 성직자를 보호하고 모범적인 고위 성직자를 고문으로 두고 있다고 해서, 일부 주교들과 날카롭게 맞서기를 삼갔던 것은 아니다. 심지어 상대가 교황일지라도 말이다.

그런데 모든 증언들이 두 가지 점에서만큼은 일치한다. 하나는 폭식에 가까운 그의 식욕이고, 다른 하나는 위엄의 부재이다.

루이 6세의 겉모습은 왕이라는 지위에 전혀 걸맞지 않았다. 특히 같은 시대의 군주들이었던 잉글랜드의 헨리 1세와 비잔티움의 황제 알렉시오스 1세(1048?~1118)와 비교했을 때는 더욱 그러했다. 루이 6세는 촌뜨기까지는 아닐지 몰라도 매우 소박한 사람이었다. 그는 아름다운 옷이나 사치스러운 옷감, 세련된 요리를 찾지 않았을 뿐 아니라, 지위에 따른 격식이 정해져 있는 궁정의 화려함도 바라지 않았다. 카페 왕조를 기준으로 해서 보더라도 그러한 것들은 아직은 너무 일렀다. 왕실의 위엄이 실제로 연출되는 것을 목격하기 위해서는 13세기까지 기다려야 했다.

이와 같은 위엄의 결여는 그의 비만과 얼마간 짝을 이루고 있었다. 그 시대의 모든 사람들이 강조했던 그의 비만에는 '유전'과 '탐식(gula)'이라는 두 가지 원인이 있었다. 루이 6세의 부모인 필리프 1세와 베르트 드 올랑드도 비만이었다. 루이 6세는 어려서부터 이미 매우 뚱뚱했다. 그리고 세월과 과식이 그를 더 살찌고 기괴한 모습의 왕으로 변하게 했다. 그는 말에 오를 수도 없었고, 전쟁이나 전투를 할 수도 없었고, 움직이는 것조차 쉽지 않게 되었다. 그는 역사책에 '뚱보왕'이라는 이름으로 실렸는데, 중세의 왕들 가운데에는 매우 드물게 살아 있을 적에 그와 같은 별명을 부여받았다. 그의 비만을 표현하기 위해 연대기 작가와 역사가들은 '체격이 좋은(corpulentus)', '살찐(crassus, grossus)', '뚱뚱한(pinguis)', '배가 나온(deformis pinguitudine ventris)'과 같은 다양한 어휘들을 동원했는데, 세월이 갈수록 더 뚱뚱해졌던 것 같다.[3]

잉글랜드의 일부 연대기 작가들, 특히 카페 왕조에 악의를 품고 있거나 매우 적대적이었던 사람들은 프랑스의 왕들인 필리프 1세와 루이 6세 부자의 비만을 조롱했다. [잉글랜드의 역사가] 헨리 헌팅던(1088~1160)은 1125년에서 1130년 사이의 시기에 "그들에게는 자신들의 위장이 신"이라고 비난하면서, 그들이 "자기 자신의 비계까지 먹어치울" 정도라고 말했다. 그리고 이런 예언도 덧붙였다. "필리프는 이미 죽었고 루이는 아직 젊지만 머지않아 같은 운명에 놓이게 될 것이다."[4]

왕들의 비만

그렇다면 '왕실의 비만'이라는 문제를 잠시 살펴보자. 당시 그것은 보기 힘든 일이기는커녕 흔한 일이었다. 어느 정도의 비만이 왕의 임무 안에 포함되어 있는 것은 아닌가 하는 의문이 생길 정도로 말이다. 실제로 11세기 후반과 12세기에 연대기에서만큼은 황제들과 왕들이 보통 이상의 비만으로 표현된 경우가 많다. 모두가 언제나 비만이었던 것은 아니지만, 대부분이 나이와 폭식 때문에 비만이 되었다.

'정복왕(the Conqueror)'으로 불리는 윌리엄 1세(1028?~1087)와 그의 뒤를 이은 잉글랜드의 왕위 계승자들의 사례처럼 말이다.

하지만 잉글랜드의 윌리엄 2세(1060?~1100)와 프랑스의 앙리 1세, 필리프 1세, 루이 6세 등은 애초부터 뚱뚱했고, 갈수록 더 뚱뚱해진 것으로 보인다. 보통 나이가 들면, 다시 말해 봉건시대의 평균수명인 45세를 넘어가면 비만까지는 아니더라도 살집이 두둑해지게 마련이었다. 사자의 심장을 가진 뛰어난 기사였던 [잉글랜드 플랜태저넷 왕가의 두 번째 왕] 리처드 1세(1157~1199)는 1199년에 겨우 42세의 나이로 죽었는데, 그도 생을 마치기 전의 마지막 3년 동안은 매우 뚱뚱했다. [프랑스 카페 왕조의 일곱 번째 왕] 필리프 2세의 경우에도 마찬가지였다. 그는 1165년부터 1223년까지 꽤 오래 살았는데, 확실히 시간이 지날수록 비대해져갔다. 그들만이 아니다. 몇 세기 전에는 [카롤루스 왕조의 두 번째 왕인] 그 유명한 카롤루스 대제(742~814)조차도 뚱뚱하고 육중한 몸으로 죽었다.

"뚱뚱한 것도 뚱뚱한 것 나름"이라는 말이 있다. 라틴어에서는 속어보다 뚱뚱함을 가리키는 어휘가 더 다양하고 세밀하게 구분된다. 중량을 사용해서 나타내는 말이 아니더라도 말이다. 중량의 단위를 사용하는 것은 일부 왕과 공작, 귀족들이 교회나 수도원에 자신의 몸무게만큼 곡식이나 기름, 밀랍 등을 기부하는 중세 말까지 기다려야 했다. '뚱뚱한(grossus)', '육중한(crassus)', '지방질인(pinguis)', '비대한(corpulentus)', '배 나온(ventriosus)', '살찐(saginatus)' 등과 같이 봉건시대에 비만을 나타내는 데 사용된 어휘들은 대부분 시각적 인상에 의존하고 있어서 어렴풋하게라도 결코 중량을 나타내지 못한다. 그리고 대부분 비유적이고 함축적인 의미가 본래의 의미 뒤에 숨겨져 있다. '피둥피둥하다'는 말에 난폭하거나 욕심이 많다는 의미가, '몸이 무겁다'는 말에 나약하거나 게으르다는 의미가, '너무 뚱뚱하다'는 말에 무기력하거나 무능하다는 의미가 숨겨져 있는 것처럼 말이다.

바로 이러한 점 때문에 뚱뚱하다거나 비대하다는 말로 묘사된 군주들이 실제로 그러했는지는 의문이다. 가끔은 의심해 볼 만한 경우도 있다. 몇몇 경우에는 '뚱뚱하다'는 말이 단지 '교회의 적'을 뜻했던 것은 아니었는지 되물어보게 한다.

어휘를 다루고 지배했던 것은 분명 성직자들이었다. 그들은 어휘를 이용한 연출과 묘사를 통해서 왕과 군주들을 표현했다. 그런데 묘사된 인물들 가운데에는 교황이나 주교, 교회, 수도원과 적대적인 관계에 있던 이들도 있었다. 파문당한 이들도 있었고, 교회의 재산을 탈취한 이들도 있었다. 탐욕스럽고, 폭력적이며, 다툼을 좋아하고, 분쟁을 즐기며, 잔인하고, 배신을 일삼은 이들도 있었다. 아니 적어도 그렇게 표현되었다. 영혼의 악덕은 신체의 기이한 형상과 일치했다. 이미지와 텍스트는 동일한 선상에 있었다. 보통 매우 뚱뚱한 자는 나쁜 인물이었다. 물론 11~12세기 문헌의 삽화에서 뚱뚱한 왕이나 군주는 많지 않았다. 그 숫자는 중세 말기가 되어서야 늘어났다. 그러나 비만으로 그려진 통치자는 언제나 부정적인 인물이었다.

1108년과 1110년 무렵에 시토 수도원장 스테판 하딩(1060?~1134)의 주문으로 제작된 기념비적인 성서의 삽화에는 부어오른 얼굴과 매부리코를 가졌으며 뚱뚱하고 비대하게 살찐〔유대왕국을 점령한 기원전 6세기 바빌로니아의 왕〕네부카드네자르 2세의 옆모습이 나온다.^{그림 1} 그 것은 12세기 초에 나타났던 나쁜 군주의 모습과 일치한다. 성서의 구절들은 그가 벌인 일들과 악행에 대해서만 언급하고 있을 뿐, 비만에

그림 1 네부카드네자르 2세의 옆모습

대해서는 전혀 말하고 있지 않은데도 말이다.[5]

반대로 우리는 다양한 증거들이 공통적으로 나타내고 있는 내용들을 바탕으로 몇몇 왕들은 진짜로 비대했다는 사실을 알 수 있다. 이것은 은유나 비유가 아니라 실제이다. 프랑스에서 가장 잘 입증된 사례는 앞서 말했던 루이 6세이다. 잉글랜드에는 정복왕 윌리엄 1세가 있다. 이 유명한 노르망디 공작이 잉글랜드의 왕이 된 것은 생애 말년에 이르러서였다. 당시 그는 너무 살이 쪄서 더 이상 말도 탈 수 없었다. 그는 사냥과 전쟁에서 일어난 몇몇 사고들의 피해자였다. 동그랗게 된 그의 배는 측근들에게는 근심의 대상이었고, 적들에게는 조롱거리였다. 수도사이자 연대기 작가로 잉글랜드 왕들의 역사를 쓴 윌리엄 맘즈베리(1090?~1143?)의 기록에 따르면, 1086년 노르만 왕조와 전쟁을 벌이고 있던 프랑스 왕 필리프 1세는 잉글랜드 왕의 튀어나온 배를 두고 이렇게 비꼬았다고 한다. "그 뚱뚱한 남자는 해산일이 다 되지 않았소?" 그는 자신의 적수가 이제는 말에도 오르지 못한다는 사실을 비웃었던 것이다.[6] 그러나 여담이지만 몇 년 뒤에는 필리프 1세도 똑같은 길을 걷게 되었다.

윌리엄 1세의 비만이 가장 적나라하게 드러난 것은 1087년 9월에 행해진 그의 장례식 때였다. 관들이 모두 그에게는 너무 좁았던 것이다. 반세기 뒤에 노르만의 연대기 작가인 오더릭 비탈리스는 다소 과장을 덧붙여 이 사건에 관해 이렇게 기록했다. 사람들은 노르망디 공작이자 잉글랜드 왕인 윌리엄 1세의 시신을 소가죽 안에 넣고 꿰매고는 급하게 만든 관 안에 밀어 넣었다고 한다. 그러나 〔프랑스 노르망디 지방에 있는〕 캉의 생테티엔 교회에서 장례 미사가 행해지던 와중에 "눌려졌던 시신의 배가 폭발하면서 관이 열렸고 악취가 온 교회에 퍼졌다. 향냄새로도 그 악취를 없앨 수가 없었다."[7] 명성 높았던 정복왕의 서글픈 마지막이었다!

이와 같은 왕들의 비만 사례는 다양한 문헌들에서 발견된다. [신성 로마제국의] 뚱보 황제인 프리드리히 1세(1123~1190)도 그러하다. 그 시대 사람들은 별칭으로까지 자리 잡은 그의 [붉은] 수염 색깔만큼, 그의 육중하고 살찐 몸에 대해서도 자주 언급하고 묘사하였다. 생애 말년에 그를 성가시게 했던 비만은, 그와 대적하고 있던 교황이나 롬바르디아 동맹의 편에 서 있던 여러 연대기 작가들과 풍자 작가들에게 비웃음거리가 되었다. 이미 1160년 무렵부터, 곧 1123년에 태어난 그가 나이 마흔도 채 되지 않은 때부터 이미 적들은 그를 뚱뚱하고 시뻘건 털로 뒤덮여 있는 식인귀로 묘사했다. 과장이 없지는 않았으나 그것은 어느 정도 실제 그의 모습을 반영하고 있었다. 프리드리히 1세는 거대하고 뚱뚱했으며, 털과 얼굴색이 붉었다. 황제의 껄껄거리는 웃음소리와 울림이 있는 목소리는 상대를 겁에 질리게 했다. 1190년 [터키 남부] 킬리키아의 키드누스강에서 멱을 감던 중에 일어난 사고사도 그의 과도한 체중과 복부 비만이 원인일 가능성이 있다.[8]

다음 세기에는 모든 것이 변했다. 뚱뚱한 왕들은 사라진 듯하다. 문서에 기록된 지나친 비만의 사례는 매우 드물어졌다. 비만이라는 육체적 특징은 역사가, 연대기 작가, 전기 작가들의 관심을 더 이상 끌지 못했으며, 관심을 끌 정도의 경우도 없었다. 프랑스의 필리프 2세는 생애 말년이 되어서야 살이 쪘고, 그의 아들 루이 8세(1187~1226)는 어느 수준의 비만에 도달하기 전인 39세에 일찍 생을 마감했다. '성왕'으로 불리는 루이 9세(1214~1270)는 금욕주의자로, 야위지는 않았으나 날씬했다. 그의 손자인 필리프 4세는 훤칠한 미남이었다. 마

그림 2 필리프 6세의 와상

찬가지로 필리프 4세의 세 아들 루이 10세(1289~1316), 필리프 5세(1293?~1322), 샤를 4세(1294~1328)도 모두 키가 크고 날씬했다. 잉글랜드의 경우에는 '실지왕(Lackland)'으로 불리는 존 왕(1166~1216)이나 헨리 3세(1207~1272)는 오히려 호리호리한 편이었으며, 에드워드 1세(1239~1307)는 근육질에 어깨가 넓은 다부진 체격이었다.

그 뒤로는 오히려 군주들의 비만이 특이한 사례가 되어, 그 시대 사람들에게 충격을 가져다주는 일이 되었다. 예컨대 [발루아 왕가의 초대 왕인] 프랑스 왕 필리프 6세(1293~1350)는 생애 말년에 매우 뚱뚱했다. 만일 연대기 작가들의 말이 사실이라면, 생드니 수도원의 왕실 묘역에 있는 [배불뚝이 모양의] 놀랄 만한 와상을 놓고 보건대 왕은 매우 보기 드문 체형이었다.^{그림 2}

그리고 특히 〔신성로마제국의〕 황제인 바츨라프 4세는 과식과 과음으로 물의를 일으켰다. 1361년에 태어난 그는 1363년에 보헤미아의 왕이 되었고, 1378년에는 황제의 자리에 올랐다. 유약하고, 게으르고, 식탐이 많고, 술을 좋아했던 그는 독일에 무관심했으며, 황제의 권한을 행사하는 데 무능한 모습을 보였다. 그는 1400년에 악덕 '크라풀라(crapula)'를 이유로 선제후들에 의해 황제의 자리에서 쫓겨났다. 이 단어에 꼭 들어맞는 현대 프랑스어를 찾기는 어렵다. 그것은 과식·과음은 물론이고, 방탕·불결·타락 등의 의미가 결합되어 있는 말이기 때문이다. 바츨라프 4세는 황제 자리에서 쫓겨나 보헤미아의 왕으로만 남게 된 뒤에도 계속해서 무절제한 식사와 음주를 이어갔다. 그는 1419년에 무기력하고 뚱뚱한 폐인이 되어 죽었다.

다시 앞으로 돌아가 보자. 성직자들이 비판했던 너무 뚱뚱하거나 살찐 왕들은 카롤루스 왕조 시대에 나타나기 시작해서, 앞서 살펴보았듯이 봉건시대에는 훨씬 더 많아진다. 그러나 비만은 통치 행위에는 거의 영향을 주지 않았다. 비만은 개인의 식욕이나 체질에 의한 것일 뿐 아니라, 어느 정도는 왕실의 이데올로기 차원에서도 요구되는 것이었기 때문이다. 11~12세기에 왕, 군주, 수장은 병약하거나 허약하지 않았다. 그는 사냥을 해야 했으며, 싸워야 했고, 자신의 혈족과 봉신, 백성을 보호해야만 했다. 어느 정도 살집이 있는 풍채 좋은 몸은 권력과 힘, 부유함, 나아가 무엇보다 후덕함을 나타내는 징표였다. 작고 야윈 왕은 약하고 쩨쩨하며 인색하다고 여겨졌다. 이러한 사고는 저 멀리 고대 게르만에서부터 비롯되었다. 그리고 11~12세기까지 작동했으며, 이제 막 교회가 가치체계를 장악해갔던 1200년 무렵에도 실제로 변하지 않았다.

그 뒤에는 왕만이 아니라 군주나 영주도 날씬하고 호리호리해야 했으며, 섬세한 몸과 마음이 보기에도 좋고 본받을 만한 것으로 여겨졌다. 절제가 왕실의 덕이자 기사도의 가치가 된 것이다. 이러한 경향은 근대 초까지 지속되었다. 이제 모든 왕과 군주, 영주와 기사들은 식욕과 욕망을 절제하고, 지나침을 피하고 중용을 실천해야만 했다.

사회를 비추는 거울임과 동시에 본보기이기도 한 문학은 이러한 새로운 가치의 사례들을 다수 제공한다. 기사문학만이 아니라 시, 이야기, 우화, 속담집, 아울러 1175~1180년에 가장 오래된 판본이 등장한 『여우이야기*Roman de Renart*』에서도 그러한 사례를 찾을 수 있다.

곰은 예전 전통에서는 동물의 왕이었다. 그러나 이제 왕은 사자이다. 사자는 크고, 아름답고, 자존심이 강하고, 관대하고, '귀족'의 이름에 걸맞은 풍모를 갖추고 있다. 그것은 곰에 버금가는 힘을 가지고 있으면서도, 어리바리하지도 않고, 식탐을 부리지도 않는다. 사자의 몸은 민첩하고 길쭉하며 근육질이다. 구석기시대 이래로 경탄과 추앙의 대상이었던 곰의 몸집과 육중함은 12세기 말에는 더 이상 왕의 품위와 나란히 하지 못했다. 심지어 동물들의 왕일지라도 말이다. 곰은 사자에게 왕의 자리를 빼앗겼다.[9]

예정된 왕 필리프

이제 [왕위 계승이] '예정된' 젊은 왕 필리프의 이야기로 돌아가 보자. 1131년 가을에 일어난 그의 비극적인 죽음은 왕조와 왕정, 왕실 모두에 재앙이었다. 필리프는 그 일이 일어나기 15년 전인 1116년 8월 29일 '태풍이 부는 날'에 태어났다. 생드니 수도원의 연대기에 따르면 그것은 좋은 조짐이 아니었다.[10]

필리프의 어린 시절에 관해서는 루이 6세와 아델라이드 왕비 사이에서 태어난 8명의 아이들 가운데 맏아들이라는 사실을 제외하고는 알려진 것이 전혀 없다.

필리프의 아버지인 루이 6세는 1115년, 통치자로서는 드물게 서른셋의 늦은 나이에 결혼을 했다. 루이 6세는 자신의 아버지와 할아버지처럼 왕국 밖에서 아내를 얻었고, 그렇게 해서 카페 왕조의 일족과 명성을 널리 퍼뜨리고자 했다.

그 시대의 증언에 따르면 아델라이드 왕비는 유별나게 못생긴 여성이었다고 한다.[11] 그러나 그녀는 모리엔 백작 움베르토 2세(1065~1103)의 딸로, 어머니 쪽으로는 명망 높은 부르고뉴 백작 가문의 혈통이었으며 교황 칼리스투스 2세(재임 1119~1124)의 조카딸이었다. 남편의 통치 기간 내내 아델라이드 왕비는 정치에서 중요한 역할을 했는데, 이는 당시로서는 새로운 프랑스 왕비의 모습이었다. 그녀는 1134년에 [파리] 몽마르트에 생피에르 교회를 세운 일로도 유명하다. 그녀는 20년 뒤에 그곳에 묻혔다.

젊은 왕 필리프의 이름은 1052년에 태어난 할아버지 필리프 1세로부터 물려받은 것이다. ('필리프'라는 이름은 그리스어 '필리포스'에서 온 것인데) 당시 카페 왕조에서는 그리스어에서 비롯된 이름은 흔하지 않았다. 이 명성 높은 집안에서는 남자와 여자 모두 한정된 세례명을 이름으로 사용해왔다. 이름은 세대를 거쳐 세습되어 물려받는 유산과 같은 것이었다. 11세기 들어서면서 왕가의 남자아이들은 로베르

(Robert) · 앙리(Henri) · 외드(Eudes) · 위그(Hugues) · 라울(Raoul)이라는 제한된 이름만 유산으로 물려받았다. 그러나 필리프 1세는 동방의 공주를 어머니로 두고 있었다. 그의 어머니인 안느(1030?~1075)는 [지금의 우크라이나의 기원이 되는] 키예프 대공국의 군주인 야로슬라프 1세(978?~1054)의 딸로 비잔티움 제국의 황제들과 친인척관계로 얼마간 얽혀 있었다. 아마 그녀는 자기 맏아들의 그리스어 이름을 동방에서조차도 그다지 활발히 숭배되지 않는 사도 필립보가 아니라, [기원전 4세기] 마케도니아의 왕 필리포스 2세에게서 가져왔을 것이다. 뒷날 중세의 귀족들이 가장 선호했던 고대 영웅인 알렉산더 대왕의 아버지 말이다. 안느 자신이 고대 마케도니아 왕들의 후손이었다고 기록하고 있는 사료들도 있다. 물론 확인할 수는 없는 이야기이다.[12]

어쨌든 필리프라는 이름은 카페 왕조의 이름 목록 안으로 끼어들어 빠르게 안착했다. 카페 왕조와 동맹관계에 있거나, 그들을 따라하려 했던 다른 왕들과 봉신들의 가문들에서도 마찬가지였다. 루이 6세의 맏아들인 젊은 왕자의 비극적인 운명을 놓고 보면 이것은 매우 역설적인 일이었다. 그리스어에서 '필리포스(Philippos)'는 '말을 사랑하는 사람'이라는 뜻인데, 말에서 떨어져 죽게 될 왕자한테 그 세례명은 매우 비참한 것이었기 때문이다.

필리프의 유년기에 대해서는 알려진 것이 전혀 없다시피 하다. 1120년 부활절에 [프랑스 북부] 상리스에서 루이 6세가 고위 성직자와 제후들로 하여금 필리프를 자신의 잠재적 계승자로 받아들이고 인정하게끔 했다는 사실을 제외하고는 말이다. 당시 4살도 되지 않았던 필리프는 대부분의 왕실 공문서에서 '예정된 왕(rex designatus)'이라는 자격으로 등장했다. 그것은 '프랑스의 왕좌를 물려받기로 예정된 왕'

이란 의미였다. 그 뒤 왕실 법령들에는 루이 6세가 아들인 필리프의 '동의를 얻거나' '승낙을 받아' 이런저런 결정을 했다고 상당히 구체적으로 기록되었다.

그리고 9년 뒤의 부활절 일요일에 랭스에서 열린 대관식에서 필리프는 대주교 르노 드 마르티네(재임 1124~1139)로부터 왕관을 받아 머리에 썼다. 그는 13살이 가까워지고 있었고, 기록된 문헌과 공문서들 안에서는 '예정된 왕'이라는 명칭과 더불어 '젊은 왕(rex junior)'이라는 이름으로도 불렸다. 군주들의 자필 서명이 아직 존재하지 않았던 당시의 헌장들에는 필리프의 개인 표지로 쓰인 십자가가 그의 아버지의 표지로 쓰인 [두 개 이상의 글자를 한 글자 모양으로 합쳐 서명 대신 사용한] 모노그램 아래에 놓여 있었다.[13] 그림 3

아버지 왕이 살아있을 때에 맏아들을 공동으로 왕위에 앉혀서 명목상으로라도 통치에 함께 참여하게 하는 것은 카페 왕조에서 새로운 일은 아니었다. 그것은 [카페 왕조가 시작된] 위그 카페가 통치하던 때부터 있어왔던 일이었다. 그러한 행위는 같은 가문 안에서 프랑스의 왕

위를 이어가는 것을 보장했으며, 나아가 장자세습제를 확고히 하는 데 기여했다.[14]

카롤루스 왕조에서 그러했던 것처럼 11~12세기에 프랑스 군주제는 여전히 어느 정도는 선출제의 외형을 띠고 있었다. 987년에 위그 카페도 주교와 대영주의 회의에서 선출되는 모양새를 띠며 왕위에 올랐다. 그렇게 선출되고 몇 달 뒤에 위그는 아들인 로베르를 '예정된 왕'으로 선택해 즉위시켰다. 그리고 한 번 그렇게 한 뒤로는 로베르와 그의 계승자들도 거의 2세기 정도나 같은 방식을 이어갔다. 1180년부터 1223년까지 왕위에 있었던 필리프 2세는 최초로 이러한 절차를 생략한 왕이었다. 그러나 이미 그러한 계승 방식이 선출제를 대체했고, 운 좋게 남자 계승자도 충분했던 덕분에 카페 왕조는 프랑스의 왕권에 확고히 뿌리를 내리고 있었다. 그래서 1223년 필리프 2세의 아들인 루이 8세는 (공동 왕위에 오르는 절차 없이도) 별다른 어려움을 겪지 않고 왕위를 계승할 수 있었다.

그렇지만 루이 6세의 치세에는 사정이 달랐다. 그 이유는 그러한 절차가 너무 일찍 신중하게 이루어졌기 때문이다. 루이 6세가 아들인 필리프를 계승자로 지정했을 때, 필리프는 미처 4살도 되지 않은 상황이었다. 그로부터 9년 뒤에 필리프는 랭스에서 대관식을 치르며 왕위에 올랐다. 이 대관식은 모든 전례 의식이 수행된 진짜 대관식이었다. 따라서 필리프는 아버지와 함께 완전한 '프랑스의 왕'이었다. 왕실 사무국은 법령에서 '예정된 왕 필리프(Philippus rex designatus)', '젊은 왕 필리프(Philippus rex junior)'라고 부르는 것을 잊지 않았으며, 그가 즉위한 1129년 부활절 일요일부터 왕위에 있던 햇수를 나타내는 것도 빼먹지 않았다.

그날 필리프가 받았던 도유식은 그를 '속'과 '성'의 한가운데에 있는 비범한 인물로 만들었다. 그의 이마와 팔, 어깨에 부어진 신성한 기름은 그에게 다양한 힘, 특히 기적을 행하는 힘을 주었는데, 예컨대 목 림프샘의 염증성 결핵 때문에 생기는 질병인 연주창을 치료할 수 있게 해주었다.[15] '성유'라고 불리며 병에 담겨 랭스의 생레미 수도원에 매우 조심스럽게 보관되어 있던 그 기름은, 496년이나 498년 성탄절에 [메로비우스 왕조의 제1대 왕인] 클로비스(481?~511)가 세례를 받을 때에 하늘에서 날아온 비둘기가 기적처럼 가져왔던 기름과 똑같은 것이라고 한다. 프랑스의 왕은 한 번의 축성만으로도 신과 같은 힘과 능력을 지니게 된다. 그는 신에게서 받은 특별한 은총의 힘으로 칼을 들고 신앙과 정의를 지켜야 한다. 다시 말해 백성들의 구원을 보장하고, 이단들과 싸우고, 왕국의 평화를 유지하고, 공공선을 추구하고, 자비를 베풀어야 한다.

우리는 1129년과 1131년 사이에 젊은 왕 필리프가 '현재의 왕'인 그의 아버지의 일을 도왔는지에 관해서는 알지 못한다. 그러나 우리는 대관식이 그에게 특별한 지위를 주었다는 사실은 안다. 그는 그의 아버지를 비롯한 앞 세대의 카페 왕조의 모든 왕들이나 752년 [카롤루스 왕조의 제1대 왕인] 피피누스 3세(714~768)의 대관식 이후에 왕위에 올랐던 모든 프랑스 왕들처럼, 나아가 성서에서 이야기하고 있는 고대 이스라엘의 왕들처럼 '주님의 기름 바름을 받은 자'이다.

그러하기에 2년 뒤 그가 비천한 농장 돼지의 잘못으로 죽임을 당한 일은 그 시대 사람들이나 바로 다음 세대 사람들이 보기에는 매우 불쾌한 사건으로 여겨졌다. 성유가 더럽혀지고, 신의 의지가 침범당하고, 왕조의 명예가 떨어지고, 왕국이 불경해진 것이다.

왕은 사냥을 해야 한다

이 수치스러운 죽음이 더욱 안타까웠던 것은 쉐제르와 다른 연대기 작가들의 말이 옳다면, 젊은 왕 필리프가 '매력적이고(amoenus)', '활기 넘치는(floridus)' 인물이어서 '선량한 이들의 기대(spes bonorum)'를 한몸에 받고 있었기 때문이다.[16] 물론 틀에 박힌 상투적인 표현일 수도 있겠지만, 아마 어느 정도는 우리가 모르는 어떤 실제 사건이나 태도에 기초해 나온 말들일 것이다. 본래 사제가 될 운명이었다가 뒷날 형을 대신해 왕이 되었던 그의 동생, 다시 말해 왕위를 이을 것으로 예상되지 않았기 때문에 군주가 될 준비를 어려서부터 할 필요가 없었던 동생과는 달랐음을 강조하기 위한 것이 아니라면 말이다. 그것 때문이라면 이해가 된다.

어쨌든 우리가 젊은 왕 필리프의 짧았던 삶에 관해 잘 모르는 것은 분명한 사실이다. 당시 왕실과 왕가의 남자아이들은 7살 때까지 여자들의 손에서 길러졌다. 그들의 주된 관심사는 헝겊으로 만든 동물이나 사람의 모형, 가죽 공, 구슬과 〔뼈로 만든〕 공깃돌, 나무로 된 말이나 무기 같은 장난감과 놀이였다. 기초 교육과 공부는 그 다음에 이루어졌다. 이에 관한 정보는 루이 6세를 통해 얻을 수 있다. 그는 쉐제르를 비롯한 다른 아이들과 함께 생드니 수도원에서 11살 내지 12살까지 '교육'을 받았고, 그 뒤에는 명망 높은 몇몇 개인교사들에게 수업을 받았다.

그러나 우리는 필리프에 대해서는 전혀 알지 못한다. 우리는 그의 아버지가 1098년에 그랬던 것처럼* 그가 기사 서임식을 했는지에 대

---

* 루이 6세는 1098년 5월 24일 아브빌에서 기사 서임식을 했다.

해서도 알지 못한다. 아마도 필리프는 기사 서임을 받기에는 너무 이른 나이에 죽었던 것 같다. 그러나 12세기 전반에도 왕족 젊은이들의 교육에서 승마와 무기 다루기는 중요한 부분을 차지하고 있었다. 필리프도 그 틀을 벗어나지는 않았을 것이다. 어쩌면 솜씨가 좋거나 열심히 했을 수도 있다. 하지만 나이도 어리고, 왕조를 이어가야 한다는 문제 때문에 그는 아버지와 함께 전쟁터에 나가거나, 군사 원정에 참여하거나, 적을 공격을 하거나, 성을 공략하지는 못했을 것이다.

마상창시합에는 참여해 보았을까? 교회가 되풀이해서 금지하고 있었는데도, 〔프랑스 중부 지방을 흐르는〕 루아르강과 〔프랑스 북동부 지방을 흐르는〕 뫼즈강 사이의 지역에서는 11세기 내내 마상창시합이 열렸고, 날이 갈수록 뜨거워지는 그 인기는 꺾일 줄 몰랐다. 1130년대에도 시끌벅적한 젊은이들 무리가 마상창시합에 모여들고 있었다. 그들은 대부분 둘째아들 이하로 구성되어 있었는데, 결혼하지 않아 아버지의 성을 떠나지 않았으나, 이미 기사 서임을 했고, 단조로운 생활에서 벗어나 부와 명예를 찾아 모험을 떠나고 싶어 하는 이들이었다. 마상창시합은 특히 12세기 후반에 번성했는데, 고위 성직자들과 일부 군주들이 반감을 보였는데도 상당한 성공을 거두었다. 우리의 필리프가 죽은 1131년은 이보다는 약간 이른 시기이다. 게다가 그는 공작이나 백작 가문의 둘째가 아니라, 프랑스 왕의 첫째아들이었다. 아울러 그는 아마도 기사 서임을 아직 받지 않은 상태였을 것이다.

전쟁도 아니고, 마상창시합도 아니고, 기사도 아니라면, 남은 것은 사냥이다. 왕은 사냥을 해야만 했다. 나이가 어리고 실제 통치자는 아니었더라도, 그는 지정된 유일한 상속자였다. 루이 6세는 사냥을 좋아했다. 그는 치세 후반에 이르러 몸무게와 비만 때문에 더는 사냥을 하지 못하게 되었는데, 이에 대한 안타까움을 여러 차례에 걸쳐 겉으로 드러내기도 했다. 사냥을 하지 못하는 것은 그가 개인적으로 좋아하는 일을 빼앗긴 것일 뿐 아니라, 왕의 직무를 충실히 수행하지 못하게 된 것이기도 했기 때문이다.

사실 봉건 시대에 왕과 영주들이 벌인 사냥, 다시 말해 말을 타고 사냥개를 몰아서 하는 사냥은 먹을 고기를 얻으려고 했던 활동이 아니었다. 사냥감은 쫓고 맞서고 죽이는 것이지 먹는 것이 아니었다.[17] 사냥해서 얻은 고기는 대부분 개들에게 주어졌다. 게다가 오늘날 일반적으로 알려져 있는 것처럼 싸우거나 죽는 과정에서 흥분한 동물의 고기는 독성을 지니기 때문에 실제로 먹기에도 적합하지 않다.

사냥은 마상창시합과 달리 일종의 여흥이나 스포츠도 아니었다. 대규모 기마전과 군사 원정을 대비해 벌이는 육체 활동도 아니었다. 사냥은 오로지 의례였다. 그것은 힘과 지위의 상징이었으며, 가끔은 통치 행위이기도 했다. 대영주인 왕은 사냥을 해야만 했다. 그는 말을 타고, 자신의 개들과 사람들을 지휘하며, 숲을 가로지르는 모습을 보여주어야 했다. 자신의 숲을 내달리며, 그것이 자기 것임을 알려야 했던 것이다.^{도판 4}

바로 그러한 이유에서 사냥의 첫 번째 임무는 소리를 만들어 내는 것, 아니 소리들 그 자체였던 것 같다. 사냥은 인간과 짐승의 숨소리, 사냥꾼들이 신호를 보내는 소리, 말이 달려가며 내는 소리, 개들이 짖는 소리, 사냥감이 울부짖거나 신음을 흘리며 내는 소리, 나뭇가지가 꺾이는 소리, 수풀이 밟히는 소리, 온갖 종류의 욕설과 격려의 소리였다. 다른 무엇보다도 압도적인 것은 귀를 쑤시는 듯이 세차게 불어대는 호른 소리였다. 먼 곳까지 퍼져가는 그 소리는 말을 타고 벌이는 사냥을 야만적이면서도 성스러운 의식처럼 만들었다. 호른 소리는 사냥의 다양한 순간들을 구획 짓고, 가장 중요한 순간들을 부각시켰다. 그것은 사냥감의 출현을 알리고, 사냥개들을 흥분시키고, 사람들을 불러 모으고, 사냥감을 죽이게 했다.

12세기 초 프랑스에서 나타난 사냥의 계급의식은 카롤루스 왕조 때에도 있었던 것이다. 그러나 그것은 이제 막 변화하고 있던 참이었다. 곰과 멧돼지는 확실하게 예전부터 왕과 영주의 사냥감이었다. 그러나 교회의 영향으로 사슴이 새로 그 역할에 참여하기 시작했다. 그것은 전에 없던 일이었다.

고대 로마인들은 물론이고 켈트인과 게르만인에게도, 서구 사회에서 중세 중반까지 계속해서 가장 높게 평가되었던 것은 곰과 멧돼지 사냥이었다. 이 무서운 두 동물은 그 힘과 용기 때문에 칭송을 받았다. 그들은 죽는 순간까지 달아나거나 포기할 줄 모르고 싸우기 때문이었다. 사냥개를 이용해 몰기는 하지만, 숨통을 끊는 마지막 순간에는 인간이 홀로 그 짐승과 맞서 피투성이가 된 몸과 몸을 서로 부딪치고, 얼굴을 마주보고, 함께 진창에 굴러야 했다. 사냥꾼은 동물의 공격이나 울부짖음, 끔찍한 냄새를 두려워하지 않고, 창이나 칼로 목이나 가슴, 눈 사이를 가격해 죽여야 했다. 곰이나 멧돼지를 상대로 거둔 승리는 언제나 위대한 업적으로 여겨졌다. 극소수만이 상처를 입지 않고 그러한 업적을 이룰 수 있었다.[18]

그러나 사슴 사냥은 무시되거나 경멸되었다. 사슴은 나약하고, 소심하며, 겁이 많은 동물로 여겨졌다. 사슴한테는 삶을 포기하고 죽음을 받아들이는 것조차 무리이다. 그것은 개를 피해 달아나느라 정신이 없다. 이러한 이미지 때문에 어떤 작가들은 적이 나타나기도 전에

달아나는 용기 없는 전사들을 '사슴*(Cervus)*'이라고 부르기도 했다.[19]

하지만 12세기 초부터 개와 말을 이용한 사냥에서 얻는 명예의 등급이 서서히 뒤집히기 시작했다. 그것은 교회의 영향 때문이었다. 사냥을 금지시키기 어렵다고 판단한 교회는 극단의 폭력성과 야만성을 제한할 다른 방법을 찾았다. 그래서 기독교적인 동물인 사슴이 점차 곰과 멧돼지를 누르고 왕실의 사냥감으로 자리를 잡아갔다. 사냥 문헌과 기사문학 작품들에는 이러한 변동을 보여주는 증거들이 많다. 하지만 모두 12세기 후반의 것들이다. 따라서 루이 6세와 그의 아들 필리프는 앞 세대의 왕들과 마찬가지로 왕실 소유의 숲에서 사슴이 아니라 야생 돼지를 사냥했을 것이다.

12세기 전반에 사냥은 의무적인 의례였다. 전쟁만큼이나 수많은 매복과 승자도 패자도 없는 여러 차례의 교전들로 구성되어 있는 사냥에서 왕은 자신의 힘과 용기, 사내다움을 드러내야 했다. 그는 추격하거나 대적한 동물의 숨통을 반드시 직접 끊어서 자신이 집단 안에서 최고의 사냥꾼임을 보여주어야 했다. 다음 세기의 성왕 루이처럼 사냥을 좋아하지 않거나,[20] 루이 7세처럼 그저 그런 사냥꾼인 왕은 자신의 직무를 충실하게 이행하지 않는 것이다. 젊은 왕 필리프는 분명히 이른 나이부터 이러한 직무를 수행할 준비를 했을 것이고, 자신의 아버지처럼 그 일에서 강렬한 기쁨을 느꼈을 것이다.

이러한 사실을 뒷받침하듯이, 일부 연대기 작가들의 말에 따르면 필리프가 죽음을 맞이한 그 비통한 가을날 그는 또래 동료들과 함께 사냥을 갔다 돌아오던 길이었다. 바로 그 순간 '악마의 돼지*(porcus diabolicus)*', 곧 악마가 보낸 돼지가 그의 길을 가로막았던 것이다.

2

사고

젊은 필리프는 1131년 10월 13일 저녁에 몇몇 동료들과 함께 말을 타고 파리로 돌아왔다. 그가 어디에 갔다가 돌아오던 길인지 우리는 정확하게 알지 못한다. 그러나 추측은 할 수 있다. 파리 동쪽으로 그리 멀리 떨어져 있지 않은 뱅센 숲이었을 것이다. 사냥감이 풍부한 그 숲은 카페 왕가의 전용 사냥터였다. 15세의 청년은 아마도 훌륭한 사냥꾼이었을 것이다. 그는 하루 종일 말을 탄 채로 무리를 이룬 또래 청년들을 이끌고 다녔을 것이다.

그들이 그날 동물들을 잡았는지, 아닌지는 알 수 없다. 그들이 사슴 사냥을 한 것으로 보기에는 조금 시대가 이른 감이 있다. 앞서 말했듯이 그 동물은 아직 왕족의 진정한 사냥감은 아니었다. 그러나 곰이라고 보기에는 시대가 너무 늦다. 파리 근교의 숲과 산림에서 곰은 이미 오래 전에 자취를 감추었다.[1] 따라서 그 동물은 아마도 멧돼지였을 것이다. 젊은 사냥꾼들이 빈손으로 돌아오던 것이 아니라면 충분히 그럴 가능성이 있다. 그렇지 않으면 사냥이라고 불린 그 일이 그저 즐겁게 말을 타고 돌아다닌 나들이였을 수도 있다.

쉬제르를 비롯해 이 사고에 관해 이야기했던 역사가들과 연대기 작가들은 사냥에서 돌아오던 길이었는지에 관해서는 언급하고 있지 않다. 가장 그럴듯하고 매력적인 가설은 그날 필리프가 자기 손으로 어마어마한 크기의 암컷 멧돼지를 죽였고, 그 바람에 저녁에 그 암컷의 종족에게 일종의 상징적인 복수를 당하게 되었다는 것이다. 필리프는 비천한 농장 돼지에게 죽임을 당했으니 말이다.

물론 이런 가설로 나아갈 증거는 전혀 없다. 작가들은 젊은 왕의 비극적인 죽음에 관해 이야기하면서, 운명의 가혹함이나 운명의 여신의 잔인함을 강조하는 수준에 머무르고 있다. 그 사건을 교양 있게 표현하려고 했던 이들은 고대 로마의 역사가들에게서 '운명(*fatum*)'이라는 말을 끌어다 썼다. 그렇지만 그날 아침에 죽임을 당했을 사냥감과 그날 저녁에 길을 가로막아 목숨을 앗아간 돼지를 연결할 고리는 없다.

그러나 필리프와 그의 무리가 말을 탄 그날, 루이 6세가 자신의 군대를 파리로 소집했다는 사실은 중요하다. 그는 〔프랑스 북부〕 벡생 지방으로 가서 소요를 일으킨 소영주들을 정벌할 참이었다. 사냥터에는 갈 수 있지만 전쟁터에 나가기에는 너무 어린 필리프는 그 원정에 참가할 수 없었다. 대규모 병력이 출발 준비를 하고 파리의 거리로 집결했다. 루이 6세는 사람들에게 둘러싸여 정신없이 바빴다. 그리고 그렇게 시끌벅적하던 와중에 그는 끔찍한 사고가 일어났다는 소식을 듣게 되었다.

쉬제르의 증언

다수의 12세기 역사가들과 연대기 작가들, 편년사가들이 이 사고에 관한 기록을 남겼다. 그러나 대부분 사고가 일어난 지 한참 지난 뒤에, 때로는 수십 년이나 지난 뒤에 남긴 기록들이다.

먼저 대수도원장 쉬제르가 남긴 기록을 살펴보자. 그는 끔찍한 사고의 소식을 들은 왕과 왕의 측근들이 겪었던 고통의 시간을 직접 똑똑히 목격했던 사람이다. 그리고 뒤따른 후속 조치들, 다시 말해 젊은 왕을 생드니 수도원에 묻고, 필리프의 동생인 루이 7세가 랭스에서 대관식을 올릴 때에도 그 자리에 있었던 사람이다. 쉬제르가 남긴 기록은 그 사건이 일어나고 몇 년 뒤인 1138년과 1143년 사이에 그가 쓴 루이 6세의 전기 『뚱보왕 루이의 생애 *Vita Ludovici Grossi*』 안에 담겨 있다. 그것은 필리프의 죽음에 관한 가장 오래된 기록은 아니지만, 아마도 상황을 가장 정확하게 알고 있었던 이가 남긴 가장 직접적인 증언이기는 할 것이다. 뒷날 가장 널리 베껴지고 옮겨진 것도 쉬제르가 남긴 기록이었다.

전기의 끝부분에 나오는 다음 구절은 쉬제르가 필리프에 관해 처음이자 마지막으로 언급한 것이다. 쉬제르는 교황 인노켄티우스 2세가 프랑스 도착해 루이 6세를 만나고, 생드니를 방문했던 일에 관해 장황하게 말한 뒤에 그 사고에 관해 이렇게 썼다.

> 그 사이에 지금까지 듣도 보도 못한 이례적인 불운이 프랑스
> 왕국을 덮치고 있었다. 선량한 이들에게 희망을 가져다주고 악
> 한 이들을 두렵게 했던, 건강하고 쾌활한 소년이자 루이 왕의
> 아들인 필리프는 어느 날 파리 근교에서 말을 타고 있었다. 그

때 참으로 악마가 보낸 돼지가 그의 앞길에 끼어들어 말과 부딪쳤다. 말은 벌렁 넘어졌고, 말 위에 타고 있던 그 매우 고귀한 소년은 커다란 돌 위로 떨어졌다. 그는 발굽에 짓밟히고, 말의 몸뚱이 아래에 깔렸다. 이 소식을 들은 모든 이들과 도시 전체가 충격과 슬픔에 휩싸였다. 그날은 바로 왕이 원정을 떠나기 위해 자신의 군대를 소집한 날이었다. 모든 사람들이 소리치고, 흐느끼고, 탄식했다.

사람들은 거의 죽을 지경에 이른 그 매우 고귀한 소년을 들어 올려 부근에 있는 저택으로 옮겨갔다. 불행하게도 그는 해질녘에 숨을 거두었다. 그의 아버지와 어머니, 그리고 왕실의 유력인사들이 느낀 고통과 슬픔은 호메로스라도 표현할 수 없는 것이었다.[2]

쉬제르는 현학적이고 과장된 라틴어를 사용했는데, 늘 올바른 것은 아니었다. 그는 과시적인 문체를 쓰려 했고, 너무 빈번히 말을 되풀이했으며, 〔1세기 로마의 시인인〕 루카누스와 같은 고대의 작가들을 어설프게 흉내 내려고 애썼다. 전기에는 루이 6세의 삶에 대한 의례적인 찬사와 극도로 과장된 표현들이 가득하지만, 그의 삶은 그만큼 극찬을 받을 정도는 아니었다.

앞에서 살펴본 짧은 글에서도 이와 같은 흔적을 찾아볼 수 있다. 사건은 "지금까지 듣도 보도 못한(inaudium)" 것이다. 젊은 필리프는 "매우 고귀하고" 소중한 소년이다. 그의 죽음으로 "도시 전체가 … 소리치고, 흐느끼고, 탄식했다." 그의 부모와 대영주들이 느낀 고통은 "호메로스라도 표현할 수 없는 것이었다." 이보다 과장된 단어나 어휘를 사용할 수는 없을 것이다.

그러나 이렇듯 과장된 어휘들로 표현되어 있지만, 이야기는 살아 있다. 쉬제르의 펜 끝으로 사건이 독자들에게 생생하게 전달된다. 돼지는 갑자기 나타나 말의 다리 사이로 뛰어들었다. 말 위에 타고 있던 사람이 떨어지면서 돌에 머리를 부딪쳤다. 그는 자신의 말에 짓밟혔고, 부러지고 으스러질 정도로 말에 깔려 있었다. 이러한 표현들은 마치 눈앞에서 상황이 재현되고 있는 것처럼 여겨질 정도이다. 부모와 그들의 측근들이 느꼈을 고통도 손끝에 만져지듯이 생생하게 전달되고, 독자들의 감정도 끌어들인다.

하지만 여기에는 상세한 날짜와 장소가 빠져 있다. 다른 증언들과는 달리 쉬제르는 사고가 일어난 날이 언제였는지에 관해서는 말하지 않는다. 그것은 의도적으로 "어느 날*(quadam die)*"이라는 모호한 말로 남아 있을 뿐이다. 그토록 중요한 날짜를 그가 잊어버리기라도 했던 것일까? 마찬가지로 쉬제르는 필리프가 살아 있는 아버지와 함께 이미 왕위에 올랐고, 대관식을 치렀다는 사실도 분명하게 밝히지 않는다. 그것들은 매우 중요한 사실들이다. 그런데 왜 그러한 사실들을 밝히지 않고 그냥 지나갔을까? 전기를 쓰고 있을 때의 왕인 루이 7세가 원래는 왕위에 오르게 예정되어 있지 않았던 사실을 너무 많이 떠올리게 할까봐 그랬던 것일까?

쉬제르는 필리프가 사냥터에서 돌아오던 길이었다고 하지 않고, 단지 "파리 근교*(suburbium)*에서 말을 타고 있었다*(equitaret)*"고만 말하고 있다. 이것은 모호하다. 그날의 〔사건이 일어났던〕 시간들에 관해서는 매우 정확하다. 저녁 무렵이었고, 필리프는 부근의 저택에서 "해질녘에*(nocte instante)*" 죽었다. 그러나 이것은 '상투적인 표현*(topos)*'에 지나지 않을 수도 있다. 중세의 이야기들에서는 흔히 해질녘에 죽었다고 나온다. 상징적으로 대낮이나 한밤중에 죽는 것보다 〔황혼이 깃드는〕 그때 죽는 것이 사람의 마음을 더 흔들고 술렁이게 하기 때문이다.

중세의 문헌들은 적혀 있는 그대로 읽어서는 안 된다. 공증인이 작성한 단순한 증서나 목록이더라도 마찬가지이다. 의례적이고 상투적인 문구들이 넘쳐나고, 정확함은 허상에 그치는 경우가 대부분이다. 숫자가 수량보다는 특질을 나타내며, 말한 것보다 말하지 않은 것이 더 중요한 경우가 허다하다. 〔이야기나 사건을 기록한〕 서사 문헌들도 이와 같은 규칙에서 벗어나지 않는다. 오히려 공문서보다 훨씬 심하다. 따라서 글자에 얽매여 정보를 얻으려 해서는 안 된다. 연대기 작가가 어떤 날짜를 말하고, 왕이 붉은 망토를 걸치고 12명의 동료들과 말을 탔다고 서술했다고 해서 그것을 그대로 받아들여서는 안 된다. 그렇다고 사실이 아니라고 말하는 것은 아니다. 단지 해석이라는 문제를 염두에 둔다면, 그렇게 볼 수만은 없다는 뜻이다. 12라는 숫자와 붉은색은 현실에 대한 묘사이기도 하지만, 상징이라는 영역에 포함된 것이기도 하기 때문이다. 이러한 모든 상황을 염두에 두고 살펴보아야 한다.

마찬가지로 어휘도 신중하게 검토해야 한다. 특히 라틴어일 때는 더욱 그러하다. 다른 단어가 아니라 특별한 단어를 선택해서 사용하고 있는 경우는 언제나 중요하다. 완전한 동의어는 드물기 때문이다.

앞서 쉬제르의 문헌에서 발췌해 인용했던 글에서, 강하게 표현된 일부 단어들은 대다수의 흐릿한 표현들과 대조를 이루고 있다. 이것은 어떤 단어들을 강조하는 통상적인 방법이다. 이들 가운데에서 다른 단어들보다 표현력이 풍부하고 과격한 단어는 '악마의(*diabolicus*)'라는 말이다. 필리프가 가는 길에 끼어들어 말의 다리 사이로 돌진한 돼지는 '포르쿠스 디아볼리쿠스(*porcus diabolicus*)'이다.[3] 이 구절을 현대 프랑스어로 옮기기는 쉽지 않다. '악랄한 돼지'라는 말로는 충분치 않다. 라틴어 표현은 분명히 더 노골적이고, 표면적인 의미를 넘어선 어떤 뜻을 나타내고 있다. '악마의' 돼지라고 부름으로써 쉬제르는 우리로 하여금 실제 그 사고에 책임이 있는 것은 돼지가 아니라 악마라고 보도록 유도했다. 돼지는 악마의 도구일 뿐이다. 따라서 '포르쿠스 디아볼리쿠스'는 '악랄한 돼지'나 '악마 같은 돼지'와 같은 흐릿한 표현이 아니라, 오히려 '악마가 보낸 돼지'나 '악마의 도구인 돼지'라고 해석해야 한다.

중세 라틴어에서 〔'악마의'라는 뜻의〕 '디아볼리쿠스(*diabolicus*)'라는 형용사는 매우 제한적이고 까다롭게 사용되었다. 작가들은 그것을 잘못 사용하지도, 대충 얼버무려서 사용하지도 않았다. 막연하거나 비유적인 의미로도 쓰지 않았다. 오직 악마가 그 일을 했을 때에만 그 단어를 끌어들였다. 이 경우도 마찬가지이다.

동시에 쉬제르는 12세기에 행해진 〔'비뚤어진'이라는 의미의〕 '오블리쿠스(*obliquus*)'와 '디아볼리쿠스'의 언어 유희를 염두에 두고 있었을 수도 있다. 똑바로 가지 않고 에두르는 모든 것들은 악마를 닮았다. 그것들이 돌아가고 우회하는 것은 자신의 모습을 감추고 주변을 속이기 위해서이다.[4]

그러나 통상 악마처럼 걷는 것은 여우이지 돼지가 아니다. 대부분의 동물지는 밤에 이리저리 방향을 틀면서 달리는 여우를 지옥의 동물로 여겼다. 어떤 작가들은 세비야의 이시도루스를 본받아서, 한 걸음 더 나아가 여우의 라틴어 이름 '불페스(*vulpes*)'를 그것의 구불구불한 보행을 강조하는 표현인 '볼룬탄스 페디부스(*voluntans pedibus*)'가

변형된 것으로 보기도 했다. 말 그대로 옮기면 '빙글빙글 도는 발'이
란 뜻이다.[5] 똑바로 가지 않고 옆으로 비스듬하게 이동하는 여우는
몸과 마음이 음흉하다. 죄인들도 그와 같다. 그들은 옆길로 샌 인생을
살아가고, 신앙의 진리를 정면으로 보지 않고, 주님의 부름에 등을 돌
린다. 어떤 이들은 여우처럼 위선적이라 교회를 잘 따르는 척을 하지
만, 겉으로만 그럴 뿐이다. 이것은 큰 죄였다.

쉬제르의 머릿속에서 비열한 돼지가 뚫고 나온 길은 '비뚤어진' 길,
다시 말해 악마의 길이 아닐 수 없다. 여기에서는 상징이 사건의 실
체보다 우위에 있는 것처럼 보인다.

그러나 사건의 실체는 알 수 없다. 그것은 길 위로 천방지축 난입한
평범한 농장 돼지였을까? 파리의 길들과 근교에서 하루 종일 주둥이
를 끌며 청소부 역할을 하던 수많은 돼지 가운데 하나였을까?

대답하기란 사실 불가능하다. 그러나 서양의 모든 대도시들에서
12세기부터 17세기까지의 시기에 오물과 쓰레기를 먹고 돌아다니는
돼지들 때문에 전보다 훨씬 많은 사고들이 일어났었던 것만큼은 틀
림없는 사실이다. 중세 도시들에는 돼지가 많았다. 그러나 그들은 돼
지우리는 고사하고 울타리 안에 갇혀 키워지지도 않았다. 그런 일은
근대까지 기다려야 했다. 도시의 돼지들은 거리와 광장, 공터, 강변,
심지어 묘지까지 돌아다녔다. 13세기 초에 필리프 2세는 파리의 '무
고한 아기들의 묘지'* 주변에 높은 장벽을 설치하도록 했는데, 돼지

---

* 파리의 무고한 아기들의 묘지(cimetière parisien des Innocents) : 파리 중
심부에 있던 대규모 공동묘지이다. 영아들을 매장하는 곳이라서가 아니라
헤롯왕에게 살해당한 베들레헴의 아기들을 기린다는 의미로 '무고한 아기
들의 묘지'라고 불린다. 18세기에 도시 위생을 이유로 폐쇄되었다.

들이 무덤을 파헤쳐 시신을 훼손하는 것을 막기 위해서였다.[6)]

옛날부터 도시의 돼지는 돌아다니며 음식을 찾아서 먹는 동물이었다. 이것은 이웃 간의 분쟁과 거리의 사고, 소송의 원인이 되었다. 돼지들은 정원을 망가뜨리고, 저장해 놓은 음식을 먹어치우고, 수레를 넘어뜨리고, 어린이들에게 상처를 입히고, 심지어는 잡아먹기까지 했다![7)] 어느 도시에서나 돌아다니는 돼지에 관한 법률이 제정되었다. 그러나 관련 조항들이 계속해서 되풀이되어 제정된 것을 보면, 그것들이 잘 지켜지지 않았음을 알 수 있다.

파리에서는 13세기에 들어서면서 성 안토니우스 수도회만이 돼지를 길에 자유롭게 풀어놓을 특권을 부여받았다. 이 수도회는 자선활동에 매진하고, 간질의 일종인 맥각병에 걸린 병자들을 보살폈다. 그곳 돼지들의 목이나 귀에 달려있는 작은 방울은 그들을 다른 돼지들과 구분해주는 표식이자 특권을 나타냈다.**도판3**

그러나 파리의 길은 안토니우스의 돼지들만 차지했던 전유물이 아니었다. 16세기까지 그곳에는 다른 많은 돼지들도 돌아다녔다. 전보다 훨씬 엄격해진 1539년 왕실 칙령은 마침내 돼지들의 배회를 끝낼 수 있을 것처럼 보였다. 그러나 툴루즈·루앙·밀라노·쾰른과 같은 프랑스와 유럽의 다른 도시들에서도 18세기까지 배회하는 돼지를 계속 볼 수 있었다. 이따금 나폴리와 같은 곳에서는 진짜로 20세기 초까지도 돼지를 길거리에서 놓아먹이기도 했다.

모리니 연대기

루이 6세의 측근이자 고문이었던 생드니 수도원장 쉬제르는 1131년 10월의 비극적인 사건들을 자신의 눈으로 직접 지켜봤던 사람이었다. 그는 매우 가까이에서 그 일들을 겪었다. 하지만 그는 10년이 지난 뒤에야 기록을 남겼고, 그것은 그 사건에 관해 언급한 최초의 문헌도 아니었다. 게다가 그는 잊어버려서 그랬는지, 아니면 일부러 그랬는지는 모르겠지만, 일부 중요한 정보들을 누락시켜 우리에게 모든 것을 말해 주고 있지는 않다. 쉬제르의 이야기에서 사건이 일어났던 날짜와 장소, 젊은 왕의 품성, 필리프 일행의 그날 행적, 사건의 전조나 징후 등은 짙은 안개에 둘러싸여 있다.

하지만 그 10년 동안 안개로 둘러싸인 그와 같은 내용들에 대해서도 뚜렷한 목소리로 많은 정보를 제공해 왔던 역사가들과 연대기 작가들도 있었다. 분명히 대다수는 검증할 수 없는 것들이다. 하지만 그것들은 모두 그 비극적인 죽음이 가져온 여파와 그 사건이 카페 왕조와 프랑스 왕국에 끼친 영향을 보여주고 있다.

가장 오래된 기록을 남긴 작가는 쉬제르가 아니라 〔파리 남서쪽〕에탕프 인근 모리니에 있던 베네딕트회 수도원의 어느 이름이 알려지지 않은 수도사였다. 그는 그 사건과 그에 뒤따라온 고통스러운 시간들을 직접 목격하지는 못했다. 하지만 그는 그 사건이 일어나고 겨우 몇 달이 지난 1132년에 기록을 남겼다. 그의 정보는 싱싱하고 믿을 만하다.

오늘날 『모리니 연대기*Chronique de Morigny*』라고 불리는 이 문헌은 루이 6세의 재위기와 루이 7세의 재위 초기에 있었던 모든 일들에 관해 매우 훌륭한 정보를 제공해준다. 그 수도원은 왕실 직할지 한가운데에 있었고, 바로 그와 같은 점 때문에 카페 왕조와 궁정의 역사, 왕궁 안의 음모, 왕이 몽트레리 지방의 영주들과 벌인 다툼 등에 관해 많은 사실들을 알고 있었을 것이다. 비록 파편들로만 전해지지만, 라틴어로 쓰인 이 연대기는 12세기 전반의 왕조와 정치의 역사를 연구하는 데 매우 귀중한 사료이다.

그것은 세 부분으로 나눌 수 있는데, 다른 세 명의 수도사가 제각기 작성한 것이다. 첫 번째 부분은 잘 알려진 인물의 작품이다. '테울프(Théulfe)'나 '테우(Théou)'라는 이름으로 불리는 이 작가는 모리니 수도원의 부원장이었다가 나중에는 원장이 되었다. 그는 11세기 말부터 1109~1110년 사이의 사건들에 관해 짧게 언급하고 있다.[8] 세 번째 부분은 1137년부터 1149년까지 다루고 있는데, 이것은 우리가 살펴보고 있는 시기 이후이다. 그러나 두 번째 부분은 우리가 살펴보고 있는 바로 그 시기이다. 이것은 1109년부터 1132년까지 다루고 있는데, 아마도 그 마지막 해, 곧 필리프가 죽은 지 얼마 지나지 않아 작성되었을 것으로 추정된다. 수도사인 작가의 이름은 알려져 있지 않지만, 분명히 수도원장의 명령으로 전임자의 작품을 이어갈 책임을 맡게 되었을 것이다. 그는 필리프의 죽음에 상당히 긴 구절을 할애하고 있는데, 어떤 점들에서는 쉬제르보다도 더 자세하다.

이 평온하고 번창하던 좋은 시기에 예기치 못한 사건이 벌어졌는데, 그 끔찍함으로 세상 모든 이들의 마음을 찢어 놓았다. 고통만큼이나 놀라움을 불러일으킨 그 사건은 모든 이들을 크나큰 슬픔에 빠뜨리고 대경실색하게 했다. 루이 왕의 장남이자 가장 매력적인 소년인 필리프는 왕으로 즉위한 지 2년 반이 지난 14살이었다. 당당한 체격과 호감을 주는 외모를 가진 그는 최고권력을 행사하기로 예정되어 있었으며, 같은 시대 같은 또래의 젊은 왕자들 가운데에서 가장 빼어났다. 그러던 어느 날 그는 몇몇 동료들과 즐거운 시간을 보내고 매우 빠른 말을 타고 파리의 비좁은 길을 지나고 있었다. 돼지 한 마리가 갑자기 앞에 나타나 말의 다리로 뛰어들었다. 말이 넘어지면서 말에 탄 사람도 함께 떨어졌고, 말은 자신의 무게로 그를 으스러뜨렸다. 겁에 질린 젊은 왕의 동료들은 사방으로 달아났다. 사지가 거의 완전히 부서진 그는 가난한 사람들에 의해 가까운 집으로 옮겨졌고, 그곳에서 이튿날 숨을 거두었다. 그렇게 해서, 끔찍한 죽음의 희생자는 살아 있는 자들의 세상을 떠났다. 온화한 소년, 프랑스 왕국의 모든 희망을 짊어졌던 [⋯]

당시 교황은 많은 주교들과 수도원장들, 고위 성직자들, 신학자들, 사제들과 함께 랭스로 돌아가는 길이었다. 소식을 들은 대다수의 군대는 그날 파리로 발길을 돌렸다. 남녀를 가리지 않고 모든 나이, 모든 신분의 사람들이 파리로 모여들었다. 고통은 참기 어려웠고, 탄식이 하늘을 찔렀다. 그런 상황에서는 언제나 그렇듯이 사람들은 저마다 괴로워하면서도 이웃과도 고통을 나누었다. 그 결과 모두가 동요하게 되었다.

젊은 왕의 시신은 생드니 수도원의 교회로 옮겨졌고, 그곳에 묻혔다. 장례식이 거행되는 동안 많은 영주들이 자신들이 겪은 크나큰 고통을 버티지 못하고 졸도해버렸다. 다른 사람들이 매장지까지 그들을 부축해 데려가야 했다. 그의 젊고 아름다운 육신과 대조되는 갑작스럽고 잔혹한 죽음은 슬픔과 연민을 동시에 불러일으켰고, 모든 곳에 침통함을 확산시켰다. [⋯]

그 뒤, 여러 사람들이 어린 소년을 죽음으로 내몬 그 불결한 짐승이 실제로는 결코 존재하지 않았다고 주장했다. 그래서 어떤 이들 사이에서는 그의 죽음이 부왕의 적들이 꾸민 음모 때문에 생긴 일이라는 생각이 확산되었다.[9]

쉬제르처럼 모리니 수도원의 수도사도 상투적이고 의례적인 진부한 말들을 아끼지 않는다. 그러나 그는 생드니 수도원장이 이해할 수 없게 침묵하고 지나갔던 매우 중요한 세부 사항들을 전해준다. 필리프는 단지 루이 6세의 아들인 것에 그치지 않았다. 그는 '2년 반 전'에 즉위한 프랑스의 왕이기도 했다.

그런 그의 죽음이 "갑작스럽게 말 앞에 나타나 돌진한 돼지(*porcus occurrens ex adverso irruit*)" 때문이라는 것은 수치스럽고 불명예스러운 일이었다. 어떻게 평범한 돼지가 매력적이고 활기 넘치며 기대를 받던 젊은 왕을 죽일 수 있는가? 그것은 믿기 어려운 일이었다. 어찌나 그러했던지, 작가가 전하기를 "어떤 사람들은 왕을 살해한 그 동물이 결코 존재하지 않는다고 주장(*fuerunt qui asseverarent bestiam illam per quam puer offocatus est numquam comparuisse*)"하면서, 단지 말에서 떨어졌다고 말하는 것으로 끝맺기도 했다. 그 죽음의 오점에 관해 길게 이야기하는 것은 왕가와 카페 왕조, 프랑스의 군주제 모두를 영원히 더럽히는 것처럼 보였다. 프랑스 왕이 돼지 때문에 죽다니!

모리니의 수도사는 또 다른 유익한 정보도 제공해준다. 예를 들어 그는 젊은 왕의 나이가 '14살 무렵'이라는 것과 사고가 일어났던 순간을 구체적으로 알려주었다. 젊은 왕은 파리의 "골목길(*in angiportu*)"에서 동료들과 "놀고(*luderet*)" 있었다. 분명히 교외 지역도 아니었고, 사냥터에서 돌아오던 길도 아니었으며, 왕실의 군대에 참여해 백성으로 떠날 준비를 하던 것도 아니었다.

수도사의 펜이 기록한 낙마는 쉬제르가 묘사했던 것과 거의 같다. 그러나 사고 장소 가까이에 있던 집에서 필리프가 죽은 시간은 더 뒤로, 다시 말해 '해질녘'이 아니라 "다음날(die sequenti)"로 기록되어 있다. 아마 이것이 진실에 더 가까울 것이다.

또 다른 증언들

모리니 수도원의 연대기와 쉬제르가 전한 이야기 사이에는 오더릭 비탈리스의 증언이 있다. 노르망디 지방 생테브룰 수도원의 수도사였던 그는 12세기 전반기에 관해 많은 정보를 전달해준 역사가 가운데 한 명으로 널리 알려져 있다. 1114년과 1141년 사이에 편찬된 오더릭의 『교회사Historia ecclesiastica』는 수도원의 단순한 연대기가 아니라, 그보다 훨씬 많은 내용을 전해준다. 그것은 프랑스, 잉글랜드, 노르망디의 역사와 루이 6세와 헨리 1세 사이에 벌어졌던 전쟁의 역사를 살펴보기 위한 가장 좋은 사료이다. 작가는 풍부히 여행하고, 조사하고, 검토했으며, 헌장·연보·연대기·성인전과 같은 다양한 자료들에 근거를 두었다. 그리고 궁극적으로는 그 시대에 일어난 사건들에 관해 이야기하고 논평을 했다. 그는 개인적인 의견, 특히 카페 왕조의 왕들에 대한 적대적인 의견을 내는 데 주저하지 않았으며, 도덕주의자가 되는 것도 망설이지 않았다. 그에게 자연재해, 비극적인 사건들, 예기치 않은 잔혹한 죽음은 신이 내린 벌이었다. 곧 희생자나 그의 주변 사람들이 신을 분노하게 해서 벌어진 일들이었다.

오더릭은 젊은 왕 필리프의 죽음에 관해 두 차례에 걸쳐 되풀이해서 말했다. 그러나 그는 사건에 관해 그리 많은 말을 하지는 않았으며, 사고의 앞뒤 사정을 자세히 전하는 데에도 인색했다. 쉬제르와 모리니 수도사가 전한 이야기하고는 달리, 그는 비극이 일어난 것이 저주받은 돼지 때문이 아니라, 단지 "젊은 왕이 파리 근교에서 시종을 쫓으며 놀다가" 말에서 떨어졌기 때문이라고 했다. 이 추격전과 정체불명의 시종에 관해 말한 사람은 오더릭뿐이다. 게다가 사고가 일어난 날짜를 '10월 13일(tertius idus octobris)'이라고 명확하게 말한 사람도 그뿐이다. 그리고 그는 얼마간 반기는 듯한 기색을 보이며 이렇게 덧붙였다. 2년 전에 왕위에 올랐던 필리프는 "온 몸이 잔혹하게 부서졌다(membris horribiliter fractis)." 그는 "고해와 종부성사 없이(sine confessione et viatico)" 숨을 거두었다. 곧 "비참하게 죽은(mortuus miserabiliter)" 것이다.[10] 이러한 표현들은 카페 왕조에 대한 연대기 작가의 적개심을 잘 보여준다.

오더릭 비탈리스와 마찬가지로, 1140년대 작가들 가운데에는 왕의 죽음에 돼지가 했던 역할에 관해서 침묵하면서 보통의 낙마 사고처럼 말했던 사람들이 더 있었다. 대부분 수도사들인데, 그들도 앞뒤 사정이나 낙마의 원인에 관해서는 어떤 정보도 전하고 있지 않다.

그러나 이들은 다수가 아니었다. 오히려 돼지는 점점 더 자주 언급되었고, 수십 년이 지난 뒤에는 이야기의 주역으로 떠올랐다. 여기에는 다음과 같은 명백한 이유가 있었다. 쉬제르의 문헌은 이후 특히 수도원을 중심으로 유포되었다. 그것은 사람들이 내용을 베끼고 덧붙이는 원전의 구실을 하였다. '악마의 돼지'라는 표현은 그 문헌을 읽은 모든 사람들에게 뚜렷한 인상을 남겼고, 그 비극의 한가운데에 돼지를 놓게끔 강하게 유혹했다.

여기에서 그 사건에 관해 언급하고 있는 12세기 전반기와 후반기의 연보와 연대기들을 모두 다 다룰 수는 없다.[11] 그러기에는 수량이 너무 많다. 대개는 프랑스와 영어로 된 것이지만, 독일어와 플랑드르어, 이탈리아어, 이베리아어, 그밖에 더 먼 지역의 언어로 된 것들도 있다. 그러한 문헌들 못지않게 기일표忌日表와 사망자 명부도 젊은 왕 필리프의 죽음을 많이 언급하고 있다. 기일표는 수도원이 명복을 빌어줘야 하는 망자들의 목록을 담고 있는 전례서이다. 사망자 명부는 교구나 수도원에서 죽은 사람들의 이름을 기록해 놓은 장부로 유력인사들이 죽은 날짜도 함께 기재되어 있다. 이것들은 대부분 하나같이 10월 13일에 "돼지에게 살해된 필리프 왕(Philippus rex a porco interfectus)"이라고 표시해 놓고 있다.[12]

그런데 시간이 지날수록 점차 수다스러운 사료들이 늘어났다. 연보, 연대기, 역사서와 갖가지 종류의 서사 문헌들이 최초 증언들에는 언급되지 않았던 세부적인 내용들까지 전달했다. 파리 시내의 길이나 골목, 광장에서 그 사고가 일어났다고 쓴 작가들도 있었다. 심지어 생제르베 묘지 부근이거나 생장 지구나 거리에서 일어났다고 한 작가도 있었는데, 모두 지금의 파리 시청 뒤편에 있는 지역들이다. 1130년대에 파리는 왕국 안에서 규모가 가장 큰 도시였다. 1만2천명 내지는 1만5천명 정도의 사람들이 살고 있었으며, 루이 6세가 가장 오래 머무르던 곳도 파리였다. 그 불행한 일이 교외에서 일어났다고 한 작가들도 있었다. 여기에서는 필리프와 그의 동료들이 산책이나 승마, 여행, 사냥을 마치고 오던 길이었다고 설명되었다.

그러나 빠른 속도로 마지막의 사냥이 다른 것들보다 우위를 차지했고, 그것이 일종의 공식 판형처럼 되었다. 그에 따르면 사고는 사냥을 마치고 돌아오던 길에, 필리프와 동료들이 교외 지역을 지나던 도중에 일어났다. 몇몇 문헌은 말의 털색이 흰색이었다는 둥 회색이었다는 둥 말에서 미적거린다. 나이 어린 사람이 타기에는 너무 큰 말이었다거나, 말의 속도가 교외 지역을 지나가기에는 너무 빨랐다고 하는 문헌들도 있었다.

그렇지만 1160년대부터는 모든 문헌에서 돼지가 간판스타였다. 돼지는 농장을 빠져나와 있었다. 그것은 왼쪽에서 나타나 젊은 기수의 맞은편으로 달려왔다. 돼지는 아이들에게 쫓기고 있었다. 돼지는 말 아래로 숨으려고 말의 다리 사이로 뛰어들었다. 돼지는 말을 놀라게 했다. 말과는 달리 돼지는 자세히 묘사되지 않았으나, 어떤 작가들은 그것을 '수돼지(verres)'라고 했다. 그러는 편이 평범한 '암돼지(porcus)'보다는 그나마 덜 수치스러웠을 것이다. 확실히 수돼지라고 말하는 편이 덜 흠이 있어 보였고, 멧돼지와 크게 달라 보이지도 않았다.[13]

대부분의 사료에서 사고는 여러 단계로 일어난 것으로 묘사되어 있다. 돼지가 말과 충돌한다. 말은 뒷발로 일어서고, 기수가 떨어진다. 그가 커다란 돌에 머리를 부딪친다. 말은 넘어지면서 자신의 무게로 젊은 왕을 완전히 으스러뜨린다. 그가 즉사했다고 말한 작가들도 있었는데, 쉬제르의 증언과는 배치되는 것이었는데도, 그러한 주장은 매우 빈번히 나타났다. 희생자가 집으로 옮겨진 뒤에 해질녘에 죽었다는 작가도 있었고, 한밤중이나 다음 날 아침에 죽었다고 말한 작가들도 있었다. 하지만 그들은 젊은 왕이 아버지와 어머니가 있는 자리에서 숨을 거두었다는 데에서는 이견을 보이지 않았다.

이 마지막 사항은 중요하다. 부모의 이루 말로 표현할 수 없는 고통은 사건의 비극적인 면을 부각시킬 뿐 아니라, 이 죽음에 징벌의 의미가 담겨 있다는 인상을 준다. 실제로 어떤 작가들은 주교 선출권을 놓고 루이 6세와 일부 고위 성직자들 사이에 있었던 갈등을 길게 이야기한 뒤에 이 사건에 관해 다룬다. 선대의 왕들처럼 주교 선출에 관여하고 교회들에 대한 통제권을 유지하려 했던 루이 6세는 투르·부르주·상스의 대주교들과 파리의 주교 에티엔 드 상리스(재임 1123~1142)를 비롯한 몇몇 주교들, 대수도원장들과 갈등을 빚었다. 분쟁을 끝내기 위해 베르나르 드 클레르보와 같은 거물이 직접 여러 차례 중재에 나서야 할 정도였다.

1153년 베르나르가 죽은 지 얼마 지나지 않아 전설이 하나 퍼지기 시작했다. 주교들을 향한 왕실의 간계에 분노한 베르나르가 본보기가 될 징벌이 왕에게 내려질 것이라고 경고하면서 왕의 맏아들인 필리프의 죽음을 예언했다는 내용이었다.

베르나르는 환시를 통해 낙마 사고와 젊은이의 죽음, 고통에 넋을 잃은 왕이 자신이 홀대했던 주교들과 대수도원장들 앞에 겸허하게 무릎을 꿇는 모습을 보았다고 한다.[14] 이 환시에서 왕을 살해한 돼지는 등장하지 않는다. 그러나 성 베르나르의 전기를 가장 먼저 쓴 클레르보 수도원의 수도사 조프루아 도세르(1115?~1200?)는 왕과 유독 대립했던 고위 성직자 앙리 드 브아로그로 이를 얄궂게 암시하고 있는 것처럼 보인다. '멧돼지 앙리'라는 별칭으로 불렸던 이 상스 대주교는 교황이 시행했던 전면적인 교회 개혁을 열렬히 지지했던 인물이었다.[15] 우리는 1125년 무렵의 문서들에서 자주 발견되는 앙리의 별칭이 어디에서 온 것인지 정확하게 알지 못한다. 그러나 카페 왕조의 속마음에 야생돼지와 집돼지에 대한 적개심이 있었음을 보여주는 증거라고 주장하고 싶은 충동이 강하게 생기는 것은 사실이다.[16]

일부 역사가와 연대기 작가들은 이보다는 더 간접적으로 루이 6세에 대한 적개심을 드러냈다. 그들은 젊은 필리프가 '다마스쿠스로 가는 길'에 말에서 떨어졌다고 말했다. 중세 기독교 문화에서 모든 낙마 사고는 다마스쿠스로 가는 길에 일어났던 사도 바울의 낙마를 상기시켰고, 이때 예수가 그에게 했던 "사울아, 사울아, 왜 나를 박해하느냐?"(사도행전 9:4)라는 말을 인용하게 했다.

그러나 이 일에서 잘못을 저지른 사람은 말에 타고 있던 젊은이가 아니라, 그 젊은이의 아버지였다. 그는 주교들을 박해한 교회의 적이었고, 신은 그의 아들을 데려가는 것으로 그에게 벌을 내렸던 것이다.

왕자들의 죽음

흔히 생각하고 있는 것과는 달리 12세기 사람들은 비교적 오래 살았다. 아무튼 16세기나 17세기 사람들보다는 오래 살았다. 적어도 왕들과 왕자들은 그랬다. 그들은 태어나고 죽은 날이 우리에게 알려져 있는 특별한 중세의 사람들이다. 분명히 유아 사망률은 매우 높았고, 많은 여성들이 애를 낳다가 죽었다. 그러나 60살이나 70살 가까이 살거나 그보다도 더 오래 사는 사람이 아주 드물지는 않았다. 프랑스의 왕과 왕비들에서도 그런 사례를 찾아볼 수 있다. 루이 6세는 아버지인 필리프 1세와 마찬가지로 56살에 죽었다. 그의 아들인 루이 7세는

60살에, 손자인 필리프 2세는 58살에 죽었다. 우리는 젊은 왕 필리프의 어머니인 아델라이드 왕비가 태어난 해를 정확히 알지는 못한다. 그러나 1154년 숨을 거둘 때에 그녀는 아마 60살 정도 되었을 것이다. 그녀의 며느리, 다시 말해 루이 7세의 첫 번째 아내이자 젊은 왕 필리프에게는 제수씨가 되는 그 유명한 아키텐 공녀 알리에노르는 1122년에 태어났다. 1204년 죽었을 때에 그녀는 82살이었다. 알리에노르는 모두 10명의 아이를 낳았는데, 1167년 마지막으로 출산을 할 때 그녀의 나이는 45살이었다! (이 마지막 출산에서 낳은 아이가 실지왕이라고 불리는 잉글랜드의 존 왕이다.)

일반적으로 고위 성직자들은 왕들보다도 더 오래 살았다. 베르나르드 클레르보는 63살이 되던 해에, 쉬제르는 70살이 되던 해에 죽었다. 1181년부터 1185년까지 교황으로 재임했던 루키우스 3세는 90살 가까이 살았다. 12세기는 심지어 우리에게 100살이 넘게 산 사람들에 관한 기록도 남기고 있다. 길버트 수도회의 창시자인 길버트 셈프링엄은 1083년에 태어나서 1189년에 죽었다.

12세기의 프랑스와 잉글랜드를 놓고 계산해 보면, 한 해 1천 명의 아이들이 태어난다고 가정하면 그 가운데 600명이 10살까지, 500명이 30살까지, 300명이 50살까지, 40명이 75살까지 살았다.[17] 유아기의 사망에서 벗어나기만 하면 성년이 되고, 그보다 더 오래 사는 것도 드문 일이 아니었다.

이런 이유 때문에 15살이던 필리프 왕의 죽음은 그 시대 사람들에게도 뜬금없고 깜짝 놀랄 만한 일로 느껴졌다. 왕이 고작 15살에 죽는 것은 매우 합당치 않게 보였다. 그래서 쉬제르를 비롯한 작가들이 '소년(*puer*)'이라는 단어를 선택했다. 그것이 '청년(*adulescens*)'이라는 단어보다 때 이른 죽음과 그로부터 발생하는 온갖 고통들을 더 잘 부각시키기 때문이다. 하지만 중세에는 12세에서 15세 사이에 '소년기 (pueritia)'를 거쳐 '청년기(adulescentia)'로 접어든다고 일반적으로 여겨지고 있었다.

그런데 그 시절에는 한창 나이에 예기치 못한 죽음을 맞이한 왕자들이 많았다. 가장 유명한 비극은 잉글랜드의 왕인 헨리 1세의 자식들을 한꺼번에 죽게 만든 1120년의 화이트호 난파 사고이다. 이 일은 자세히 알아볼 필요가 있다. 우리가 살펴보고 있는 시대와 같은 시기에 일어난 사건이었고, 그 결과가 오래 영향을 끼쳤기 때문이다.^{도판 8}

1120년 11월 25일 노르망디의 궁정에 머무르던 헨리 1세는 잉글랜드로 돌아가기 위해 코탕탱 반도로 갔다. 날씨가 좋지 않았다. 헨리 1세 일행은 바르플뢰르 항구에서 두 척의 배에 나누어 탔다. 첫 번째 배에는 헨리 1세와 대영주들이 탔다. 그리고 더 큰 두 번째 배에는 왕실의 젊은이들과 많은 선원들이 탔다. 오더릭 비탈리스의 말에 따르면, 그 배에는 3백 명 정도의 사람이 타고 있었는데, 그 가운데에는 140명의 왕자들과 젊은 영주들, 그리고 "모두가 왕이나 공작, 백작의 딸들인 신분 높은 27명의 여인들"도 있었다.[18] '화이트호(White Ship)'라는 이름으로 불린, 건조된 뒤에 처음 출항하는 이 배에는 너무 많은 탑승 인원이었다. 선원들은 항해에 서툴렀고, 바다는 거칠었다. 밤이 되어 선장은 앞을 거의 볼 수 없었다. 그는 지금도 여전히 위험한 뱃길로 여겨지고 있는 바르플뢰르 해협을 지름길로 선택했다. 전해지는 이야기에 따르면, 그 배를 타고 있던 사람들은 좋은 포도주를 지나치게 마시는 바람에 만취해 있었고, 심지어 선장인 토마스마저도 취해 있었다고 한다. 언제나 그렇듯이 한밤에 암초에 부딪쳐 부서지면서 배는 바다 아래로 빠른 속도로 가라앉았다. 헤엄을 칠 줄 아는 사람은 거의 없었다. 수영은 왕실에서 가르치는 교육 과목의 하나가 아니었으며, 그것은 선원들한테도 마찬가지였다. 마침내 〔루앙 출신으로 알려진〕 베롤드라는 사람 하나만 살아남았다. 그는 배의 큰 활대에 매달려 간신히 목숨을 건졌고, 그 사건에 관한 자세히 이야기를 후대에 전했다.

이 난파 사고로 잉글랜드의 헨리 1세는 후계자이자 〔마틸다 왕비와의 사이에서 낳은〕 유일한 적자인 17살의 윌리엄 아델린(1103~1120)을 비롯해 여러 명의 딸들과 (20명이 넘는!) 혼외 자식들 대부분을 잃었다.[19] 헨리 1세의 전기에는 그가 그날 이후에는 결코 웃거나 미소를 짓는 모습을 보이지 않았다고 기록되어 있다. 그 일이 있고 15년 뒤에 왕은 남성 후계자를 남기지 않은 상태에서 죽었다. 그의 죽음은 왕위 계승의 위기를 불러왔고, 내전으로 얼룩진 혼란의 시기를 가져왔다. 1135년부터 1154년까지 20년 가까이 지속된 내전은 대륙, 곧 노르망디와 앙주 지방으로까지 확산되었다. 그리고 프랑스의 왕들인 루이 6세와 루이 7세는 이와 직접 연관되어 있었다.

잉글랜드 왕 헨리 1세의 자식들이 죽은 일은 11년 뒤에 일어난 프랑스의 젊은 왕이 죽은 사건처럼 상당한 파문을 불러일으켰다. 사건의 비극적인 성격 때문만이 아니었다. 12세기에 익사는 매우 끔찍한 죽음으로 여겨졌기 때문이다. 바다는 그 사람이 행해야 할 마지막 성사를 앗아간다. 심지어 이따금은 자신의 깊은 어둠 안에 실종자의 시신을 붙잡아 두어 매장도 허락하지 않는다. 그래서 익사는 커다란 죄를 저지른 사람에게만 내려지는, 희생자를 지옥의 심연으로 직접 끌고 들어가는 잔인한 형벌이었다. 배를 타고 항해에 나서, 바다와 그것의 위험에 맞서는 것은 전혀 경탄할 만한 일이 아니었으며, 나아가 유쾌한 일도 아니었다. 그것은 오히려 걱정과 동정만을 불러왔다. 그러한 모험에 뛰어드는 것은 미치거나 저주를 받았거나 해야 벌어지는 일이었다. 그리고 그런 행동은 대부분 치명적인 결과를 가져오기 마련이었다.

'성왕'으로 불리는 루이 9세의 전기를 쓴 장 드 주앵빌(1224?~1317)이 14세기 초에 들려준 이야기를 예로 들 수 있을 것이다. 장은 1248년에 성왕 루이가 처음으로 참가했던 십자군 원정 때에 왕을 수행하며 지중해를 건넜다. 성왕의 다른 많은 동료들처럼 장도 공포에 질려 있었다. "바다로 나가려는 사람은 지극히 무모한 자이다. 그는 큰 위험에 빠져 치명적인 죄를 저지르게 될 수도 있다. 그는 다음날 아침에 자기가 물 밑에 있게 될지도 모르는 상태에서 밤에 잠자리에 들기 때문이다."[20] 익사는 모두 품위 없고 비천하며 끔찍한 죽음이었다. 배가 난파된 장소는 정도의 차이는 있을지언정 모두 귀신이 출몰했다. 그런 곳들에서는 한밤이나 폭풍우가 부는 날이면 익사한 자들의 떠도는 영혼들이 나타나 자신들을 거부한 기독교식 장례를 애걸하며 울부짖었다.

이제 뭍으로 돌아와서 봉건시대에 대영주들과 왕자들, 심지어 왕들까지 죽음으로 몰아넣었던 활동에 관해 살펴보자. 그것은 '사냥', 특히 멧돼지 사냥이었다. 앞서 살펴보았듯이 필리프는 사냥을 하다가 죽은 것은 아니었다. 그러나 '아마도' 사냥을 갔다가 돌아오던 길에 죽었을 것이다.

그보다 앞서 프랑스의 젊은 왕 하나도 사냥을 하다가 목숨을 잃은 일이 있었다. 카롤루스 왕조의 마지막 왕인 루로비쿠스 5세(967?~

987)이다. 사고는 987년 5월 22일 상리스 부근에 있는 전설적인 아라트 숲에서 일어났다. 19살이던 왕은 그곳에서 멧돼지를 사냥하고 있었다. 그는 사냥개들을 데리고 혼자서 사냥감을 몰다가 말에서 떨어졌다.[21] 그의 죽음은 충격적이었고, 한 세기 반 뒤에 일어난 필리프의 죽음처럼 새로운 전개의 밑바탕이 된 사건이었다. 루도비쿠스 5세는 후계자가 없었다. 그해 6월, 고위 성직자와 봉건 가신들로 이루어진 의회는 카롤루스 왕조 출신이 아닌 사람을 새로운 프랑스 왕으로 선출했다. 그는 바로 프랑크 공작이던 위그 카페였다. 이 선출은 프랑스 왕국에 새로운 왕조를 탄생시켰다. 멧돼지가 역사의 흐름을 바꾼 것이다.

비록 상황은 다르더라도, 987년과 1131년에 일어난 두 사건이 지니고 있는 유사성은 당혹스러울 정도이다. 거기에는 두 명의 젊은 왕, 두 건의 낙마 사고, (하나는 야생동물이고 하나는 가축인) 두 마리의 돼지, 두 개의 왕위 계승 문제, 두 개의 왕조의 혼란, 오랜 기간 끼친 영향 때문에 일어난 두 개의 왕실의 변동이 있다.

이와 같은 유사성은 3세기 뒤에 일어난 사건에서는 소름끼칠 정도로 더 커진다. 더 나이가 있고 더 유명한, 프랑스의 또 다른 왕이 멧돼지를 사냥하던 도중에 입은 부상으로 죽은 사건이다. 바로 1314년 11월에 '미남왕'으로 불리는 필리프 4세가 죽은 일이다. 이 사건에 대해서는 마지막 장에서 자세히 살펴보겠다.

일단 지금은 시간을 거슬러 올라가서 야생 돼지 때문에 왕족이 죽은, 또 다른 두 개의 죽음에 관해 이야기하려고 한다. 첫 번째는 잉글랜드의 왕이자 노르망디의 군주인 윌리엄 1세의 둘째 아들인 리처드 노르먼디(1054?~1075)의 죽음이다. 이 젊은 왕자는 형인 [노르망디 공작) 로베르 2세와 함께 1080년 가을에 런던 근처에서 사냥을 하다가 14살의 나이에 죽었다. 그는 윈체스터 대성당에 묻혔다.

다음은 그보다 더 오래되었지만 더 유명한 젊은 군터의 죽음이다. 그는 카롤루스 대제의 사촌이자 봉신이면서 30년 가까이 서로 대립했던 바이에른 공국의 군주 타실로 3세(741?~796?)의 아들이었다. 이 죽음도 젊은 사냥꾼과 야생 돼지가 관련된 사냥에서 일어난 사고로 발생했다.

사건은 오스트리아의 숲 주변에서 발생했다. 아버지와 수하들이 아직 크렘스강을 건너지 않아 자신과 떨어져 있을 때, 군터는 거대한 멧돼지와 홀로 맞섰다. 하지만 군터는 자신이 죽이려고 했던 동물의 저항에 치명적인 상처를 입었고, 타실로 3세와 그의 군대가 도착하기도 전에 숨을 거두었다. 장남을 잃고 상심한 공작은 결코 완전히 회복하지 못했다. 10년 뒤에 그는 결국 카롤루스 대제에게 항복을 하고, 얼마간은 강압에 의해 자신의 영지와 멀리 떨어진 노르망디의 주미에주 수도원으로 들어가 수도사가 되었다.

전설들이 재빨리 군터의 죽음을 낚아챘다. 일부 연대기 작가들에 따르면 잘츠부르크의 주교인 베르길리우스(700?~784)는 바이에른 공작에게 그가 저지른 불경함과 폭정, 수많은 배반, 이교도들인 아바르족과 맺은 동맹을 비난하며 군터의 죽음을 예언했다고 한다. 타실로 3세에게 호의적인 다른 사료에 따르면, 카롤루스 대제가 보낸 두 사절에게 매수된 수렵 담당관이 멧돼지를 흥분시켜 혼자 있던 젊은 공자에게 돌진하게 했다고 한다. 그래서 그의 죽음은 음모로 비롯된 것으로 여겨지면서 거의 순교처럼 다루어졌다.[22] 100년 뒤에 이름이 알려지지 않은 어떤 연대기 작가는 수많은 자세한 사항들을 덧붙이며 이렇게 말했다. 타실로 3세는 아들의 비명소리를 들었지만 강을 건너느라 시간이 걸렸다. 그가 도착했을 때 군터는 이미 죽어 있었고, 멧돼지도 옆에 쓰러져 있었다. 며칠 뒤에 같은 숲에서 바이에른 공작은 세 개의 촛불이 타오르고 있는 수풀 사이에 커다란 사슴이 있는 것을 목격했다. 그는 이를 신의 계시로 받아들여 아들이 죽은 장소인 지금의 〔오스트리아〕 오베뢰스터라이히주의 크렘뮌스터에 수도원을 세우겠다고 결심했다고 한다.

크렘뮌스터 수도원은 지금도 여전히 존재하며, 80여명의 베네딕트회 수도사들이 머무르고 있다. 그곳의 휘황찬란한 도서관은 오스트리아에서 가장 화려한 도서관 가운데 하나이다. 13세기 중반에 군터를 위한 새로운 묘가 수도원 교회 안에 마련되었다. 18세기에 그곳은 모조리 바로크 양식으로 개축되었지만, 군터의 묘는 여전히 회랑 입구에 남아 있다.

매우 고전적인 고딕 양식으로 만들어진 이 와상의 젊은이는 사냥 복장을 하고 있으며, 손에는 뿔피리를 들고 있다. 그의 발밑에는 개가 한 마리 있고, 오른쪽 옆에는 거대한 돼지가 하나 있다. 그런데 이상하게도 그것은 멧돼지라기보다는 집돼지처럼 보인다. 이 집합체에는 아마도 애초에 여러 가지 색깔로 장식되었을 것으로 보이는 흔적이 강하게 남아 있다. 젊은 공자의 긴 옷은 붉은색이고, 외투는 파란색이며, 머리카락은 금색이다. 그렇지만 돼지는 온통 검은색이다.**도판 5**

3

불결한 동물

필리프가

카페 왕조에서 왕의 아들들 가운데 축성의 의식을 거치고 왕관을 쓰고 난 뒤에 아버지보다 먼저 죽은 맨 처음 인물은 아니었다. 앞 세기에도 이미 그런 일이 일어났다. 로베르 2세의 맏아들인 위그(1007~1025)는 왕위에 오르고 6년이 지난 1025년에 17살의 나이로 죽었다. 위그의 왕관은 동생인 앙리 1세가 차지했다. 그 뒤 13세기에 이르러 아버지가 살아 있을 적에 아들이 축성을 받고 왕관을 쓰는 관습이 마침내 사라졌다.

그러나 이밖에도 많은 왕자들, 곧 프랑스의 왕위를 물려받을 후계자들이 아버지보다 먼저 세상을 떠났다. 예컨대 뒷날의 '성왕' 루이에게는 먼저 죽은 세 명의 형이 있었는데, 그들의 아버지(루이 8세)와 당대의 왕인 할아버지(필리프 2세)가 아직 살아 있을 때였다. 그들 가운데 두 명은 몇 주밖에 살지 못했으나, 셋째인 알퐁스(1209~1218)는 8살까지 살았다. 마찬가지로 성왕 루이의 아들이자 후계자인 미래의 필리프 3세(1245~1285)에게는 '작은 루이(*Ludovicus junior*)'라고 불린 두 살 터울의 형(1243~1260)이 하나 있었는데, 17살에 죽었다.[1]

이 젊은 왕자들의 죽음은 고통스럽기는 했지만 결코 비천하지는 않았다. 그들 가운데 어느 누구도 카페 왕가와 프랑스 왕국에 불명예를 가져오지 않았다. 그러나 1131년 10월 13일에 일어난 필리프의 죽음은 곧바로 명백한 오점으로 여겨졌다.

그 이유는 오직 하나였다. 프랑스의 젊은 왕은 질병으로 죽지 않았다. 전염병에 휩쓸려 죽은 것도 아니었다. 그는 십자군 원정이나 전쟁, 마상창시합, 사냥 도중에 죽지도 않았다. 독살이나 배신과 같은 음모의 희생자도 아니었다. 그는 자신의 백성들을 보호하거나 신앙을 지키기 위해 목숨을 바친 것도 아니었다. 아니, 그는 하찮은 돼지의 잘못 때문에 죽었다. 미개하고, 비루하고, 지저분하고, 게걸스럽고, 저열하고, 역겹고, 불결하기 짝이 없는 그 짐승 말이다!

더럽혀진 왕조

12세기의 연보와 역사책, 연대기들이 젊은 왕의 죽음을 묘사하는 데 사용했던 어휘들을 살펴보는 것은 그 시대와 바로 뒷시대 사람들의 눈에 그의 죽음이 어떻게 보였는지를 분명히 알 수 있게 해준다. 그것들만큼 과격한 표현들이나 과장되고 의례적인 문구들도 없을 것이다. 그의 치욕스런 죽음을 강조하는 데 쓰인 어휘들은 필리프의 고결함과 온화함, 젊음을 묘사하는 데 쓰인 표현들과는 매우 대조적이었다. 번갈아가며 나타나는 그 어휘들은 '비참한*(misera)*', '불쌍한*(miserabilis)*', '처참한*(horrenda)*', '무참한*(horribilis)*', '끔찍한*(atrox)*', '수치스러운*(turpis)*', '비루한*(ignominiosa)*', '고약한*(invidiosa)*', '불결한*(sordida)*', '천한*(infomis)*', '추잡한*(immunda)*' 등과 같은 것들이었다. 이 목록은 1200년대를 넘어가면서 더 길게 늘어났다. 때로는 같은 작가가 쓴 글에서 하나가 아니라 두세 개 이상의 형용사가 그의 죽음을 규정하기 위해 함께 쓰이기도 했다. 이는 문체상의 효과일 뿐 아니라, 사건을 읽거나 들었을 때 매우 강렬한 인상을 받았다는 증거이기도 하다. 사건은 그 자체가 '놀랍고*(inauditum)*', '믿기 어려우며*(incredibile)*', '어처구니가 없는*(formidolosum)*' 일로 규정되었다.[2]

역사가들에게는 이 풍부한 어휘들의 목록에서 일부 낱말들이 다른 것들보다 중요해 보인다. 젊은 왕의 죽음이 불행하고, 가엾고, 심지어 끔찍한 일이었다는 데는 모두들 동의한다. 작가들이 그 죽음을 언급하면서 과장된 어휘를 사용하는 것은 놀랍지 않다. 그런데 어떤 작가들은 그 죽음이 수치스럽고, 불명예스러우며, 불경한 일이라고 평한다. 이것은 매우 자극적인 용어들이다. 중세 라틴어에서 이런 표현들은 배신자나 그리스도의 적이자 기독교 신앙의 적인 악마 하수인의 '죽음*(mors)*'을 말할 때에나 사용되었다. 필리프는 분명히 여기에는 해당되지 않는다. 그런 형용사들은 필리프의 인격이나 행실과는 관련이 없다. 필리프가 죽음을 맞이한 방식과 그 죽음이 그의 가문과 왕국에 남긴 오점을 나타낼 뿐이다. 불결한 짐승, 왕을 살해한 돼지는 왕국 전체를 더럽히고 흠집을 냈다.

봉건시대에 왕과 왕자, 영주는 좀처럼 개별적으로 다루어지지 않았으며, 대부분 그가 속해 있는 집안과의 연관 속에서 파악되었다. 그의 행동은 개인적인 것일지라도, 그의 혈육과 일가친척 모두에게 함께 적용되었다. 좋은 것이든 나쁜 것이든 말이다. 찬양과 징벌은 언제나 집단의 범주 안에 존재하고 있었다.

이를 잘 보여주는 문학의 사례는 『롤랑의 노래』인데, 초기 판본이 나온 시기가 필리프가 죽은 시점과 가깝다. 거기에서 배신자 가늘롱은 사라센과 손을 잡고 롤랑의 죽음을 가져온 인물로, 카를로스 대제와 그의 동료들에게 재판을 받고 형벌에 처해진다. 그는 사지가 찢기는 벌을 받았다. 가늘롱의 모든 일족도 그의 배신과 연결되어 비참한 운명을 그와 나누어 짊어져야 했다. 그래서 30명에 이르는 그의 혈족들이 교수형에 처해졌다.[3]

형벌에 적용되는 것은 '명예(fama)', 곧 가문이나 왕조의 명성에도 마찬가지로 적용되었다. 이것은 봉건적 감수성의 핵심 개념이다. 명망이 높은 어떤 사람의 영광은 그의 모든 혈족이 함께 나눠가졌다. 제1차 십자군의 영웅인 고드프루아 드 부이용(1060?~1100)과 그가 속해 있던 볼로뉴의 명망 높은 백작 가문이 그 좋은 본보기였다.

이것은 정반대의 상황에서도 마찬가지였다. 구성원 개인의 비겁함과 반역, 서약 위반은 그의 모든 일가친척의 명예도 실추시켰다. 특수한 상황이기는 하지만, 젊은 왕 필리프의 죽음처럼 그것은 간접적으로도 일어났다. 분명 필리프 자신은 배반도 하지 않았고, 맹세를 어기지도 않았다. 하지만 그를 덮친 운명은 수치스런 것이었고, 불명예스러운 그의 죽음은 가문 전체가 덮어써야 할 멍에였다. 불명예는 집단적인 것이었다.

카페 왕가에 1130년대만큼 안 좋았던 시절도 없었다. 왕조는 특별한 명성을 누리지 못했다. 왕실은 허약했고, 내부의 싸움으로 혼란스러웠다. 그리고 왕의 권력은 노르망디 공작에서 잉글랜드 왕에 이르는 강력한 봉건 군주들과 경쟁 관계에 있었다. 미래는 불확실해 보였다. 루이 6세는 늙고 뚱뚱하고 아팠다. 그의 장남은 이제 막 15살이 되던 해에 죽었다. 남은 둘째아들은 고작 10살밖에 되지 않았으며,[4] 병약하고 통치에 흥미가 없었다.

무엇보다 987년의 사건에 대한 기억이 가문을 언제나 짓누르고 있었다. 가문의 시조인 위그 카페가 카롤루스 왕조의 멸망을 발판으로 삼아 선출되었던 일은 프랑스 왕에 반대하는 일부 세력들에게는 여전히 왕위를 찬탈한 것으로 여겨지고 있었다. 게다가 이웃한 왕국들에 있는 여러 왕조들은 '민중의 소리(vox populi)'를 내세우거나, 나중에는 교황에게서 축성을 받은 성인 왕을 자신들의 조상이라고 자랑하고 있었다.[5] 어떤 가문들은 자신들이 영광스러운 카를로스 대제의 후손이라고 과시했다. 그들의 혈관에는 카를로스 대제의 피가 흐르고 있었다.[6] 하지만 카페 왕조한테는 아무것도 없었다. 그들은 여전히 정통성과 영광을 찾고 있었다. 그들은 오명은커녕 불명예조차 무시하고 넘어갈 여력이 없었다. 이곳저곳을 배회하다가 왕을 살해한 악마의 돼지가 일으킨 불명예를 감당할 수 있는 시기가 아니었다. 불결한 그 짐승이 카페 왕가 전체를 더럽힌 것처럼 보였다.

다음 장에서는 프랑스 왕과 측근들이 이러한 오점을 지우기 위해 행했던 조치들에 관해 살펴볼 것이다. 그러나 그보다 앞서 우리는 그 오점의 성격과 범주에 관해 먼저 살펴보아야 할 것이다.

최대한 부드럽게 표현해서 그것은 별난 일이었다. 그 사건은 가늘롱이 상징하는 비겁함이나 배반과는 아무 상관이 없었다. 위그 카페의 비루한 기원을 따질 일도 아니었다. 그는 무지렁이가 아니었고, 하찮은 봉신도 아니었다. 심지어 1793년 1월 루이 16세의 재판에서 일부 국민의회 의원들이 주장했던 것처럼 푸줏간 주인의 손자도 아니었다. 아니, 그는 왕국에서 가장 세력이 강한 영주인 프랑크 공작이었다. 나아가 그 오점은 그 무렵 루이 6세와 주교들 사이에 빚어졌던 새로운 반목 때문도 아니었고, 하물며 루이 6세의 아버지인 필리프 1세의 결혼 사건 때문도 아니었다.

필리프 1세는 아름답고 풍만하고 육감적인 앙주의 공작부인 베르트라드 드 몽포르를 차지하기 위해 합법적인 부인인 베르트 드 올랑드와 이혼했다. 필리프 1세는 남은 여생을 베르트라드와 부부로 살았다. 교회는 역정을 냈다. 교황은 왕을 파문하고, 프랑스 왕국에서의 성무 집행도 금지시켰다. 프랑스인을 위한 축성도, 성사도, 영적 구원도 금지되었다. 그러나 바로 그 순간 제1차 십자군 원정에 나서기 위한 준비가 시작되었다. 추문의 규모는 컸으나, 기간은 짧았다. 필리프 1세는 베르트라드와 이혼하겠다고 약속했다. 비록 약속은 어정쩡하게 지켜졌으나 파문과 금지령은 철회되었고, 교황과 왕은 화해했다.[7]

30년이 지난 1131년에 이 사건은 더 이상 도마 위에 오르지 않고, 카페 왕조에 치욕을 안기지는 못했다. 사실 더러운 짐승인 돼지가 일으킨 젊은 왕의 죽음에 비하면 다른 모든 것들은 하찮게 보인다. 과오와 오점은 서로 다른 것이며, 뒤의 것이 훨씬 더 지우기 어렵다.

중세 기독교에서 사실 돼지는 죄의 표상이라기보다는 순결하지 않음의 상징이다. 그것은 가장 불결한 짐승이다. 여기에는 다양한 원인이 있는데, 첫 번째 이유는 성서에서 찾을 수 있다.

중세에 성서는 성스러운 책, 신앙의 기준, 절대적인 도덕이었을 뿐 아니라, 과학적인 작품, 특히 자연사 영역에서 참조하기에 유용한, 신뢰할 만한 백과사전이었다. 성서는 최고의 권위를 지닌 채 다양한 차원에서 읽히고 주석이 달렸으며, 신학과 포교·교육·상징의 바탕이 되었다. 그런데 성서에서 돼지의 상징은 어떤 관점에서 그려졌든 간에 언제나 나쁘게 해석된다. 그것은 하찮고 배척받는 혐오스러운 동물이자 가장 비루하고 천한 창조물이다.^{도판 9}

이와 같은 기독교 가치체계에서 돼지에게 부여하는 저열한 이미지의 근원은 아주 멀리까지 거슬러 올라간다. 이 문제는 더 자세히 살펴볼 필요가 있다. 젊은 필리프와 그의 아버지 루이 6세에 대해 주목해 보았으니, 이제는 이 책의 세 번째 주인공에 대해 살펴보자. 돼지 말이다.

성서의 유산, 유대교와 돼지

성서 시대에 아시아와 아프리카의 접경 지역에서 어떤 사람들은 돼지고기를 먹고 어떤 사람들은 먹지 않았다. 돼지고기를 먹지 않는 사람들 가운데 일부는 돼지가 썩은 고기와 오물을 먹는 더럽고 비루하기로 유명한 동물이라서 그렇게 했다. 그러나 돼지고기를 먹지 않는 이유는 다양했다. 예컨대 〔그리스 남쪽의 섬인〕 크레타와 〔소아시아 중앙 고지대인〕 갈라티아 지방의 사람들은 돼지를 신성한 동물로 생각해서 그 동물의 고기를 먹지 않았다. 중동의 일부 지역과 인도의 여러 지방에서도 마찬가지였다.[8]

히브리인들에게는 별다른 이유가 없었다. 돼지고기를 먹지 못하게

한 것은 모세의 율법이 이스라엘인들에게 부과한 것으로,[9] 결코 의문시되지 않았다. 그래서 현대 이스라엘 국가가 세워질 때에도 돼지 사육은 전국에서 금지되었으며, 지금까지도 여전히 부분적으로 금지되고 있다. 사람들은 그러한 금지의 이유를 오랫동안 궁금하게 생각해왔다. 금지는 돼지고기만이 아니라 살아 있는 돼지한테도 가해졌다. 그것을 만져서는 안 된다. 더불어 돼지의 가죽으로 만든 샌들·구두·벨트도 금지되었으며, 그것의 내장·젖·분비물·내장이나 심지어 이름마저도 거부되었다. 그래서 다수의 랍비들과 일부 작가들은 돼지를 부르거나 적는 것을 꺼린다. 돼지의 불결함이나 그 동물과 관련된 금기에 대해 이야기할 때도 말이다. 예컨대 탈무드에서는 돼지의 이름을 말하지 않고 '다른 것(davar aher)'이라는 모호하고 애매한 표현을 사용하고 있다.[10]

이러한 금기가 나타난 원인을 설명하기 위해 가장 자주 거론되는 것은 위생 차원에서 그랬을 것이라는 내용이다. 구약성서에는 돼지가 오물을 먹는다고 되풀이해서 나온다. 12세기의 위대한 (유대 철학자이자 의사인) 마이모니데스(1135~1204)를 비롯해 대부분의 주석가들은 위생을 금기의 동기로 본다. 돼지는 불결하다. 그 동물은 진창에서 뒹굴고, 오물을 먹기 때문이다. 자신의 배설물까지도 말이다.[11] 근대의 의사들과 영양학자들은 돼지고기가 잘 소화되지 않고, 더운 지방에서는 빨리 상한다고 덧붙인다. 다양한 해충과 질병을 피하기 위해서는 그것을 금지하는 편이 더 낫다는 것을 히브리인들은 일찌감치 깨달았을 것이다. 그들 주변 지역에 사는 페니키아인과 이집트인이 (적어도 그들 역사의 어떤 시기 동안에는) 그랬을 것처럼 말이다. 에티오피아처럼 더 먼 곳에 사는 사람들도 마찬가지이다.

그러나 위생과 기후가 금기의 원인이었다는 주장은 그다지 받아들여지지 않는다. 히브리인과 이웃해 같은 기후 조건을 지닌 지역에서 살던 모아브인과 암몬인 같은 고대 근동의 많은 민족들은 돼지고기를 즐겨 먹었기 때문이다. 게다가 아주 먼 곳에 있는 뜨거운 나라들, 예컨대 인도차이나 반도나 말레이 제도, 태평양의 많은 섬들에서 돼지고기는 합법적이며, 오롯이 좋은 식품으로 여겨지고 있다. 먼 옛날부터 말이다. 그러므로 기후 때문이라는 말은 설득력이 없다.[12]

유대 문화에서 돼지를 불결하다고 표명한 것은 아마도 위생이 아니라 상징적인 이유 때문이었을 것이다. 모든 사회는 어떤 동물들에 대해 다양한 성격의 금기들, 특히 음식 금기를 가지려는 욕구를 지니고 있다. 음식 금기는 일상생활이나 일반화된 감수성에서 큰 부분을 차지하고 있지만, 그 사회의 구성원들은 이것을 거의 특별하게 생각하지 못한다. 예를 들어 현대 서구인들은 개와 고양이를 먹지 않는다. 하지만 유럽에서 어느 누가 이것을 고대 사회에서 볼 수 있는 다른 동물들에 관한 금기와 유사한 것으로 의식하겠는가?

그런데 어째서 히브리인들은 토끼, 말, 당나귀, 낙타, 달팽이, 새우, 여러 종류의 새와 같은 다른 동물에 관한 음식 금기들보다 돼지에 관한 음식 금기를 상징적으로 가장 우위에 놓은 것일까? 그리고 돼지에 관해서는 왜 다른 동물들처럼 고기 사용을 금지하는 범위를 넘어서서 이름을 부르는 것까지 금지하게 된 것일까?

몇몇 학자들은 토테미즘을 금기의 동기로 제시한다. 히브리인들에게 돼지는 신화적 친족, 곧 그들 원시 부족의 토템 동물이라서 금기가 되었다는 것이다. 프로이트의 학설에 영향을 받은 일부 인류학자들이 제시했던 이 가설은 지금은 폐기되었는데, 그것이 주로 아메리

카와 오세아니아 지역들과 관련된 문화적 관습을 근동 지방에 억지로 꿰어 맞추려 했기 때문이다.[13] 그러나 일찍이 〔1세기 그리스의 작가인〕플루타르코스와 같은 일부 고대의 작가들도 돼지를 숭배하지도 않고 숭배한 적도 없는 히브리인들이 돼지고기를 금기시하는 것을 의아하게 생각했다는 사실을 염두에 둘 필요가 있다.[14]

19세기에 이따금 제기되었던, 역사적 특성에 근거를 둔 가설은 더 견고하고, 더 (지나치게?) 단순하다. 그 주장에 따르면, 고대에 근동의 많은 지역에서 신에게 바치는 동물로 쓰였던 돼지는 가나안에서도 우상 숭배를 위한 제물로 바쳐지는 동물이었을 것이다. 가나안인은 히브리인이 도착하기 전에 팔레스타인 지역을 차지하고 있던 사람들이었다. 동물에 대한 추방은 분쟁지역에서 중요한 구실을 한다. 바로 그 때문에 히브리인들은 가나안인과 그들의 믿음·관습을 업신여기는 것을 넘어서, 순결함과 불결함이라는 폭넓고 복잡한 구별짓기를 통해 자신들을 가나안인과 구별하려 했던 것은 아닐까? 그래서 불결한 세상에서 자신들의 순결함을 주장하면서 정체성을 확인했던 것은 아닐까? 이러한 가설은 현대의 많은 역사가들과 인류학자들을 매혹시켰다.[15]

어떤 〔특정 문명이나 문화가 역사시대로 접어들지는 못했으나 다른 문화에서 그 존재가 인식되어 기록된 시기인〕 원사시대原史時代를 연구하는 학자들은 훨씬 더 멀리까지 거슬러 올라간다. 돼지는 정착해 농경생활을 하던 부족이 선호하는 동물이었고, 그 때문에 초기 히브리인들처럼 유목생활을 하던 부족에게는 외면되고 멸시를 받게 되었다는 것이다. 유목민이 기르는 양, 염소, 낙타와 같은 동물들은 모두 그들을 따라 이동할 수 있지만, 돼지는 그렇게 하지 못한다. 개체수가 늘어날수록 물이 많이 필요해지는 돼지 사육이 물이 귀한 근동 지방에서는 문제가 되었을 것이라고 지적하는 사람들도 있다. 어떤 사람들은 돼지를 숲에서 기르던 옛 관습에 주목한다. 숲이 빈약한 지역에서는 돼지에게 곡물을 먹여야 하는데, 그러면 돼지가 인간이 먹어야 할 음식의 상당 부분을 가로채는 꼴이 될 수밖에 없다는 것이다.[16] 마지막에 소개한 이런 설명들은 근거가 확실해 보인다. 하지만 고대 종교를 연구하는 역사가들이 받아들이기를 꺼리는 실증주의적인 모습을 지니고 있다.

더 매력적인 가설은 최근에 와서 다양한 인류학자와 기호학자들이 발전시킨 분류학적인 설명이다. 그들은 돼지가 「레위기」와 「신명기」에서 불순하다고 선언하고 있는 유일한 동물이 아니라는 사실에 주목한다. 오히려 반대이다. 돼지는 개별적으로 고려되고 있지 않으며, 불순하다고 여겨진 다른 동물들과 함께 다루어지고 있다. 그들 가운데 일부는 오물과 썩은 고기를 잘 먹지만, 일부는 전혀 먹지 않는다. 그러므로 관련된 동물들의 습성이나 식습관을 내세우기보다는 동물학 지식과 분류체계에서 출발하는 편이 더 낫다. 성서시대에 동물을 분류하는 방식은 당연히 오늘날의 것과는 달랐다. 불순하게 여겨지고 금기시된 동물들은 통상적인 분류 기준으로는 묶이지 않은 듯하다. 그들은 '범주 바깥에' 있고, 분류되지 않는 위험하고 의심스러운 동물들이다. 돼지는〔소·양·낙타처럼 되새김질을 하는〕반추동물과 마찬가지로 갈라진 발굽을 가지고 있지만, 되새김질은 하지 않는다. 까마귀·독수리와 같은 맹금류들은 날아다니지만, 고기를 먹는다. 새우·가재·뱀장어와 같은 수중 생물들은 물속에서 헤엄을 치며 살아가지만, 비늘과 지느러미가 없다.[17]

일찍이 일부 랍비들은 성서의 금기들을 오로지 신의 뜻에서 비롯된 것으로 보고, 그것들에 관한 합리적인 설명을 찾으려는 시도들에 대해 헛되고 옳지 못하다는 태도를 취했다. 그러나 그들의 주장에 동조하지 않는 한, 고대 근동 특히 히브리인들의 음식 금기들을 이해하기 위해서는 고개를 다른 방향으로 돌려야 한다. 그리고 분류학적 가설이 그 방향이 될 수도 있을 듯하다.

그런데 그것보다 월등하지는 않지만, 마찬가지로 쓸모가 있는 또 다른 단서도 있다. 바로 생물학이 제공해주는 단서이다. 몇몇 덩치 큰 유인원들을 제외하면 돼지는 해부학적으로나 생리적으로 인간과 가장 닮은 동물이다. 근대 과학은 날마다 이를 새롭게 확인한다. 그러나 고대의 신화와 의학은 이미 그러한 사실을 잘 알고 있었다. 돼지는 고대부터 인간의 가까운 사촌으로 알려져 있었다. 여기에서 이 동물을 둘러싼 많은 금기들의 이유를 찾을 수는 없는 것일까?

인간과 돼지의 친족관계

실제로 인간과 돼지가 사촌지간이라는 생각은 매우 오래된 것이다. 신화적인 이야기들에서 그것은 주로 '변신'이라는 주제로 표현된다. 사람이 돼지로 바뀌거나 돼지가 사람으로 변모하는 식으로 말이다. 예컨대『오디세이아*Odysseia*』제10권에는 이런 이야기가 나온다.

트로이가 멸망한 뒤에 바다를 떠돌던 오디세우스와 동료들은 아이아섬에 상륙했다. 그 섬은 무서운 마녀 키르케의 소유였다. 그녀는 그들을 환영하며 만찬을 제공했다. 하지만 그 섬을 찾은 방문자들에게 언제나 그러했던 것처럼, 그들에게도 약을 탄 음료를 먹이고는 요술 지팡이로 내리쳐 돼지로 변하게 했다. 헤르메스 신이 준 약초 덕분에 변신을 모면한 오디세우스는 키르케를 죽이겠다고 위협했다. 하지만 마녀에게 반한 오디세우스는 그녀를 사랑하게 되어 한동안 함께 살았다. 그는 키르케에게 부탁해 동료들에게 인간의 본성을 되찾아주었다.[18]

중세에 인간에서 돼지로 변신한다는 주제를 널리 퍼뜨린 것은 〔4세기 뮈라의 주교로 산타클로스의 유래가 된〕 성 니콜라우스에 관한 전설이었다. 이 이야기에서는 어른인 전사들이나 뱃사람들이 아니라 어린아이들이 새끼 돼지로 변한다. 전설의 출처는 〔프랑스와 독일의 접경 지역인〕 로렌 지방으로 보이는데, 허리까지 오는 작은 인물들을 묘사한 상이 잘못 이해된 데에서 비롯된 것 같다.

기근에 시달리던 도시에서 세 명의 고아가 푸줏간 주인에게 잠자리와 음식을 제공해 달라고 요청했다. 그는 그렇게 하겠다고 하고서는 그들을 가두어 죽였다. 그리고 마치 돼지인 것처럼 소금에 절여 통에 담아두었다. 그런 뒤에 그는 좋은 고기로 속여 손님들에게 팔 속셈으로 아이들의 몸을 토막 냈다. 다행히 중세 기독교의 위대한 기적 수행자 가운데 한 사람인 니콜라우스 성인은 단지 성호를 긋는 것만으로도 토막 난 조각들을 모아 아이들을 되살려냈다.[19]

근대와 현대의 연극과 문학 작품들도 인간 남자나 여자가 수퇘지나 암퇘지로 변하는 장면을 포기하지 않았다. 요즘 소설인 『자명한 이치 *Truismes*』(1996년)에서 작가인 마리 다리외세크는 서서히 암퇘지로 변해가는, 그리하여 인간 사회에서 여성들을 희생시키는 억압들에서 완전히 자유롭게 되는 젊은 여자의 이야기를 들려준다. 암퇘지가 된

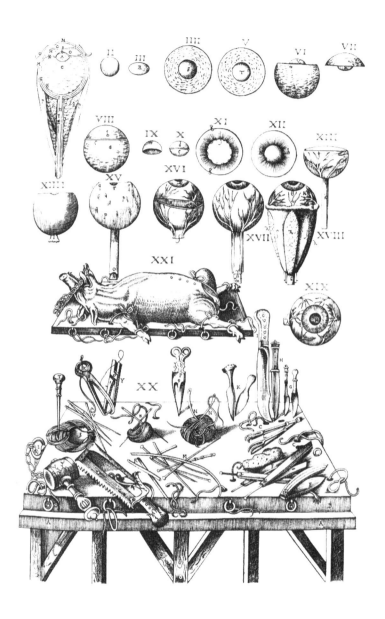

그림 4 16세기 해부학 책의 삽화

그녀는 인간 여성이었을 때보다 자유롭고, 명석하고, 심지어 인간적이기까지 하다.

이따금 이것은 변신이 아니라, 대체이자 모방의 문제이기도 하다. 돼지는 인간을 대체하거나 인간처럼 행동한다. 그리고 이것은 대개 작가들이 인간들의 행동을 비판하거나 사회의 모든 악덕들에 빛을 비출 기회가 된다. 기원전 4세기에 이미 플라톤은 서구 문화의 바탕이 된 문헌들 가운데 하나인『국가*Publica*』의 제2권에서 건국을 앞둔 이상적인 국가를 감각과 몸의 욕구만을 충족시키는 것이 유일한 목표인 (그의 시대에 살던 사람들의 나라인) '돼지들의 국가'와 대립시켰다. 게다가 대화들에서 그는 언제나 돼지와 돼지치기에게 몹시 야박하다. 그에게 돼지는 가장 비천한 동물이고, 돼지치기는 사회 최하층의 상징이다.[20]

아리스토텔레스는 다른 차원에서 이를 반영한다. 그는 여러 차례 되풀이해서 돼지와 인간 사이에 존재하는 해부학적이고 생물학적인 인접성을 강조했다.[21] 그런데 그렇게 말한 것이 그가 처음이 아니었다. 고대 이집트와 중동의 의사들이 그보다 앞서 그와 같은 사실을 강조했다.[22] 그 뒤 그리스와 아랍 과학이 그러한 사고를 다시 확인하고 발전시켰으며, 뒤이어 중세 서양에도 그러한 사고가 전해졌다. 작가들은 인간 내부의 해부학적 기관이 돼지의 것과 동일하거나 거의 동일하다는 데 이견을 보이지 않았다.

그래서 중세의 의과대학들에서는 인체 해부학을 암퇘지나 수퇘지를 해부하는 것으로 가르쳤다. 교회가 죽은 인간의 몸을 가르는 것을 금지했으므로, 돼지가 인간의 사체를 대신해 교재가 되었다.^{그림 4} 예를 들어 14세기 초 (이탈리아 동북부) 파도바와 (프랑스 남부) 몽펠리에에서는 교수들과 학생들이 한 해에 약 5백 마리의 돼지를 사용했다. 암퇘지의 해부도를 인간 여성의 내부 장기에 대한 상세한 설명과 함께 싣고 있는 문헌들도 여럿 있는데, 이 문헌들은 암퇘지와 여성의 장기가 동일하다고 싣고 있다.

이 주제와 관련해서 가장 오래되고 (19세기까지!) 가장 널리 보급되었던 문헌은 이탈리아 남부 살레르노에 있던 유명한 의과대학에서 나왔다. 그것은 『돼지 해부학Anatomia porci』이라는 책으로, 작가는 외과 의사이자 교수인 '코포(Copho)'라고만 알려진 인물이다.[23] 이 문헌은 이 책이 다루고 있는 사건이 일어난 시기인 12세기 전반기에 편찬되었으며, 〔돼지를 뜻하는〕'포르쿠스(porcus)'는 곧 〔육체를 뜻하는〕'코르푸스(corpus)'와 같다는, 돼지와 인간의 친족관계를 완벽하게 표현하고 있는 라틴어 말장난에 바탕을 두고 있다. 강한 상징적 영향력을 지닌 이 철자 바꾸기는 17세기까지 다른 의학 문헌들에서도 발견된다.

그러나 중세 말과 근대 초에는 먼저 이탈리아에서, 그 다음에는 유럽의 나머지 지역들에서 교회의 엄격한 금지가 얼마간 완화되었다는 사실에 주의를 기울여야 한다. 이제 외과 의사들은 학생들에게 인간 해부학을 가르치기 위해 돼지를 사용하는 대신에 인간의 몸, 특히 이제 막 처형을 당한 죄인들의 시체를 해부할 수 있게 되었다.[24]

인간을 가장 닮은 세 동물

중세 문화에서 인간과 가장 닮았다고 생각되는 동물은 셋이 있었다. 바로 원숭이와 곰, 그리고 우리가 지금까지 이야기했으며 앞으로도 살펴볼 돼지였다.

많은 고대 작가들, 특히 아리스토텔레스와 플리니우스는 원숭이가 사람과 가장 닮았다고 보았다.[25] 중세 중기의 몇몇 저자들도 때때로 이러한 생각을 제시하기도 했다. 하지만 이러한 사고는 기독교적 가치관과 갈등을 빚었다. 인간이 신의 형상을 본떠 창조되었다고 보는 기독교에서는 어떤 동물도 인간과 닮았다고 하기에는 불완전했다. 게다가 중세의 감수성에서 원숭이는 의심할 것도 없이 가장 비열하며 가장 사악하게 묘사된 동물이었다.[26] 음란하고 혐오스러운 존재인 원숭이가 신의 형상을 하고 있는 인간과 닮았다는 것은 있을 수 없는 일이었다.

그렇다면 당시의 기독교적 가치관과 신념은 나날이 재발견되고 존중되던 아리스토텔레스의 유산, 나아가 오랜 세월 몇 단계를 거치며 되풀이해서 베껴져 왔던 플리니우스의 백과사전에서 비롯된 지식과 어떻게 조화를 이룰 수 있었을까? 스콜라 철학은 13세기 중반에 이르러 마침내 해결책을 발견했다. 원숭이는 인간의 '본질*(per naturam)*'을 닮은 것이 아니라, 단지 '모방*(per imitationem)*'만 하고 있을 뿐이다. 원숭이는 닮아 보이기는 하지만, 실제로는 인간과 전혀 닮지 않았다.[27] 라틴어에서 원숭이를 가리킬 때 사용하는 '시미아*(simia)*'나 '시미우스*(simius)*'라는 말처럼, 원숭이는 '시늉*(simule)*'을 하고 있을 뿐이다. 원숭이는 이렇게 속이고 기만하고 있다고 해서 더욱 악마처럼 여겨졌다. 원숭이는 신을 '시늉'하는 존재인 '악마의 표상(figura diaboli)' 이었다.

이런 이미지는 근대까지도 계속 강하게 남아 있었다. 18세기가 되어서야 인간과 원숭이가 먼 육체적 친족 관계에 있다는 가설이 다시 새롭게 등장했다.[28] 그래서 1859년 다윈의『종의 기원On the Origins of Species』이 생물변이설*과 생물간 친족설과 관련된 모든 이론들을 뒤엎으며 모습을 드러낼 기반을 마련할 수 있었다.

원숭이는 너무 추하고 악마 같아서 자격을 잃었고, 많은 중세 작가들은 곰을 사람과 가장 닮은 동물로 보았다. 사실 언뜻 보기에는 어떤 동물도 뚜렷하게 사람의 겉모습과 같지는 않다. 그러나 곰은 덩치만 훨씬 클 뿐, 사람과 꼭 닮은 모습으로 창조된 동물이다. 곰은 사람과 마찬가지로 몸의 외관이 길쭉하게 생겼으며, 대부분의 네발짐승들과 달리 직립할 수 있다. 게다가 뒤꿈치를 포함해 발 전체로 땅을 디디며 걷는다. 물론 중세 작가들은 그러한 특성을 '척행성蹠行性'이라는 말로 구체화해 나타내지 않았고, 그러한 용어를 들어보지도 못

---

* 생물변이설(transformisme) : 다윈의 자연 선택설에 앞서 나타난 19세기의 진화이론. 하나의 종이 여러 세대에 걸쳐 완전성을 획득하기 위해 다른 종으로 변화한다는 것으로 1809년 프랑스의 생물학자 라마르크(Lamarck, 1744~1829)가 주장하였다. 라마르크와 다윈의 차이점은 생물 종의 진화에서 전자는 '획득형질의 유전'을 후자는 '생존경쟁'을 우위에 두었다는 점이다. 예컨대 라마르크는 기린이 양질의 꼭대기 나뭇잎을 먹기 위해 목을 늘이다보니 오늘날의 목이 긴 기린으로 변하게 되었다고 보았지만, 다윈은 우연히 목이 길게 태어난 기린이 목이 짧은 기린보다 양질의 나뭇잎을 섭취할 기회가 더 많아 생존과 번식에 유리한 안정된 종으로 정착할 수 있었다고 주장했다.

했다. 하지만 그들은 그것이 인간들이 공유하는 특성임을 알고 있었다. 게다가 중세의 작가들은 일단 가죽을 벗겨놓으면 곰의 몸이 사람과 같다고 말했다.[29] 곰으로 변장하는 의식이 다른 동물보다 훨씬 손쉬운 것도 이 때문이다. 중세 내내 고위 성직자들이 '곰 역할극(ursum facere)'이라 부르며 헐뜯었던 그 의식은, 마찬가지로 금기시되었던 사슴·나귀·황소의 '역할극'보다 훨씬 쉬웠다. 곰으로 변신하려는 사람은 단지 털옷을 입거나 어깨에 걸치고는 다리를 넓게 벌리고 걷기만 하면 됐다.

그러나 곰과 사람의 유사성이 단지 변장을 할 때에만 확인되지는 않았다. 그 동물은 사람처럼 행동했다. 곰은 서거나 앉을 수 있으며, 옆으로 눕거나 배를 보이고 똑바로 누울 수도 있다. 그리고 달리고, 수영하고, 다이빙하고, 구르고, 기어 올라가고, 점프하고, 춤을 출 수도 있었다. 12세기에 동물지를 쓴, 이름이 알려지지 않은 어떤 작가는 육중한 겉모습과는 전혀 다른 그 동물의 민첩함과 재빠름, 장애물을 빠져나가거나 피할 수 있는 능력에 주목했다. 어떤 관찰자는 곰이 자주 머리를 들어서 하늘이나 별을 바라보며 명상을 한다고 감탄하기도 했다.[30] 백과사전들이 돌아가면서 강조했던 것은 곰이 앞발로 물건을 움켜쥐거나 들거나 던질 수 있다는 사실이었다. 곰은 앞발을 사용해 우아하게 산딸기를 집어들었으며, 흐르는 물속에서 솜씨 좋게 물고기를 잡았다. 반대로 꿀을 얻기 위해 벌집을 거칠게 부수어 산산조각내기도 했다.[31]

곰은 일반적으로 분별력 있는 존재로 여겨졌으나, 널리 알려진 폭식 습관은 곰을 부주의한 동물로 만들었다. 많은 이야기들에서처럼, 『여우이야기』에 등장하는 곰 '브렁(Brun)'은 꿀에 대한 지나친 사랑 때문에 봉변을 당하고, 여우의 속임수에 걸려들고, 농부들에게 맞거나 털이 깎이고, 사자에게 놀림당하고, 다른 동물들 앞에서 웃음거리가 된다.[32]

돼지의 경우에는 〔사람과의 유사성이〕 비교적 덜 강조되었던 것 같다. 생김새에서 사람의 모습이 한눈에 드러나지는 않기 때문이다. 우리가 살펴보았듯이, 돼지는 몸 내부와 관련이 있다. 중세의 의학은 아랍 세계에서든 비잔티움 제국에서든 기독교 세계에서든 모두 고대 의학을 본받아 몸속 구조 때문에 돼지를 사람과 가장 가까운 동물로 여겼다. 이것은 현대 의학에서도 분명하게 확인되었다. 우리는 바로 그러한 이유 때문에 조직, 소화기, 비뇨기, 피부 등과 관련된 부속물을 원숭이보다는 돼지에게서 훨씬 더 많이 얻고 있다. 해부학적으로, 생리학적으로 인간과 돼지는 가장 가까운 친족이다.

일부 문화권에서 돼지와 관련해서 오랜 세월에 걸쳐 지속되어온 금기들은 돼지와 인간 사이에서 나타나는 이러한 큰 생물학적 유사성에 뿌리를 두고 있을 가능성이 있다. 그와 같은 친족 관념은 고대 사회에서 매우 일찍부터 나타났을 것이고, 여러 학문들을 통해 여러 세기를 거치며 점차 분명하게 확인되었을 것이다.

유전 형질을 규정하는 인자들에서 원숭이가 돼지보다 좀 더 인간과 일치하는 비율이 높다고 하더라도, 인간의 최초의 해부학적이고 생리학적인 사촌은 돼지였다. 지금도 매우 많은 실험들이 대형 유인원이 아니라 돼지를 대상으로 이루어지고 있다. 물론 원숭이가 대부분 보호종인데 비해서, 돼지는 4대륙 모두에서 풍부해 공급이나 도덕·윤리적 문제들로부터 자유롭기 때문이기도 하다. 돼지의 많은 개체수와 쉬운 번식은 (안타깝게도!) 그것이 실험실의 동물이 되어 과학의 목적을 위해 희생되는 것을 적법하게 보이게 한다. 간·비장·쓸개·부신·갑상선·난소·심장·혈액·위·창자·췌장 등 돼지의 대부분의 기관과 분비액이 수십여 종의 의약품에 들어가 있다. 다른 어떤 동물도 이렇게나 많은 의학적 산물을 제약업에 제공하지는 못했다. 인슐린과 같은 일부 산물의 경우에는 지금도 매우 커다란 규모로 소비되고 있다. 게다가 오늘날 돼지는 약품만이 아니라, 수술에도 유용하게 쓰인다. 돼지의 여러 장기들, 특히 심장과 간은 사람에게 이식할 수 있다. 물론 거부반응과 같은, 이식에 이따금 동반되는 다양한 성격의 복잡한 문제들이 완전히 극복되지는 않았다. 하지만 앞으로 이종이식 분야에서 돼지의 장기가 인간 장기의 결함을 보완해줄 것임은 명확해 보인다.[33]

해부학적이고 생리학적인 친족관계 때문에 선호되는 이러한 활용들은 돼지고기를 둘러싼 금기나 거부와 분명히 대립된다. 의학적인 목적으로 돼지 장기로 만든 제품을 [몸속으로] 흡수하는 것은 잘못인가? 금기를 지키는 것이 생명을 지키거나 구하는 것보다 중요한가? 위반은 (예를 들어 돼지에게서 얻은 심장 판막과 같은) 그러한 불결한 동물의 장기나 조직을 인체에 넣는 것까지 포함되는가?

이러한 질문들에 대해 명확한 답변을 얻기란 어렵다. 그러나 그 질문들은 공간의 조건이 매우 다르고 멀리 떨어진 곳에 있는 여러 고대사회들에서 관찰되는 돼지고기에 대한 맹목적인 금기를 이해할 수 있는 실마리를 역사학자와 인류학자들에게 제공해준다. 오늘날까지도 이어지고 있는 이러한 금기는 위생·먹을거리·기후·토템이 원인이라기보다는 단지 인간과 돼지 사이의 생물학적 친족 관계 때문은 아니었을까? 물론 명확한 지식을 얻기까지는 수천 년이 걸렸겠만, 그저 돼지 살코기에서 인간의 살과 같은 맛이 난다는 것을 깨달은 바로 그날 그러한 금기가 탄생한 것은 아니었을까? 그 시대의 몇몇 증거들은 이러한 맛의 유사성을 힘주어 말하고 있다.[34] 인간의 살과 돼지의 살이 똑같은 맛이라면, 돼지고기를 먹는 것은 식인이나 매한가지 아니었겠는가?

돼지와 이슬람교

중세로 다시 돌아가 이슬람 국가들로 눈길을 돌려보자. 무슬림의 돼지고기 금기도 유대인의 돼지고기 금기와 마찬가지로, 그저 위생이나 기후 때문이라기보다는 상징적인 기원을 가지고 있는 것 같다. 하지만 바로 그 때문에 원인을 이해하기는 쉽지 않다.

무함마드 이전에 이미 아랍 부족들은, 같은 지역을 돌아다니는 다른 유목부족들과 마찬가지로, 이 불결하기로 이름 높은 동물의 고기를 먹는 행위를 그만두었다. 게다가 옛 세계의 많은 사회들처럼 그들에게도 고기는, 정화의 힘을 지닌 야채와는 정반대로, 모두 순결함이나 건강과는 거리가 먼 것이었다. 그것은 유대교와 기독교 전통에서도 마찬가지였다. 타락하기 전에 아담과 이브는 완전한 채식주의자였다.

음식 금기와 관련된 문제에서 꾸란은 구약성서보다 훨씬 더 분명하고 확실하다. 꾸란은 와인과 술, (이름이 명시된 유일한 종인) 돼지고기만이 아니라 정해진 몇 가지 의례들을 지키지 않고 도살된 동물의 고기를 모조리 금지하고 있다. 특히 질식해서 죽은 것, 떨어져 죽은 것,

뿔에 들이받혀 죽은 것, 야생동물한테 찢기거나 가격당해 죽은 동물의 고기가 그러하다.

그런데 사실 이러저러한 종류의 고기를 금지한 것보다 더 보편적인 것은 피에 관한 금기이다. 유대교도 마찬가지이지만, 목을 베는 의례의 절차들은 무엇보다도 도축하는 동물의 피를 완전히 빼내게 하는 데 목적을 두고 있다. 그리스와 로마에서 동물을 제물로 바치는 의식에서도 대부분 행해졌던 것처럼, 피를 완전히 빼내려면 일정한 의례에 따를 필요가 있었다.

그런데 꾸란 율법의 해석자들 가운데에는 돼지고기 금기를 이 동물의 생체 구조를 이유로 설명하는 사람도 있었다. 돼지는 목이 없거나 거의 없기 때문에 의례에 따라 도살할 수 없다는 것이다! 그러나 이와 같은 설명은 간단명료하기는 하지만, 솔직히 받아들이기에는 시원찮다. 꾸란이 많은 장들을 돼지에게 특별히 할애하면서, 다른 동물과는 다른 지위를 그 동물에 부여하고 있기 때문이다.[35] 유대인의 경우처럼 금기는 음식의 문제를 벗어나 돼지 자체와 살아 있는 돼지에까지 확장된다. 금기는 가죽·털·약재처럼 돼지에게서 얻을 수 있는 부속물에도 똑같이 적용된다.

그러나 중세 기독교도들의 눈에 돼지에 대한 무슬림들의 태도는 유대인들보다 덜 엄격해 보였는데, 그것은 사실 종교라기보다는 문화였기 때문이다. 나아가 그것이 더 유연했기 때문일 수도 있다.

우리가 살펴보고 있는 시기인 십자군 시대에 몇몇 작가들은 기독교도든 이슬람교도든 꾸란에서 율법으로 정하고 있는 돼지고기 금기를 설명하기 위한 여러 가지 전설들을 제시하였다. 특히 성지의 프랑크인들이 12세기에 꾸며낸 다음과 같은 이야기는 서양에서 중세 말기까지 널리 유포되었다.

무함마드는 불신자들에게 설교를 하면서 만약 그들이 개종을 하면 신이 인간에 대한 사랑의 표시로 꿀과 케이크를 보내줄 것이라고 약속했다. 그리고 예언자는 산꼭대기에 있는 덤불 밑에 드러나지 않게 구덩이를 파 놓고는, 그곳에 미리 꿀과 케이크를 가져다 놓았다.

그러나 그가 청중들을 데리고 갔을 때, 구덩이 안에는 음식을 모조리 먹어치우고 포만감에 빠져 잠자고 있는 돼지들만 있었다. 그 순간 무함마드는 매우 영리하게도 자신을 따라온 사람들에게 이렇게 말했다. "보십시오. 이 돼지들이 우리보다 앞서 신의 선물을 찾아냈습니다. 그러니! 잘 알아두십시오. 돼지들은 신의 적입니다. 그들의 고기를 먹지 마십시오. 그들을 기르지 마십시오. 돼지들은 저주를 받았습니다."[36]

이것은 금기가 생긴 이유를 이해시킬 의도로 만들어진 전설들 가운데 하나이다. 그러나 매우 경건한 이슬람교도들에게 이유를 설명하려는 노력은 전혀 필요하지 않으며, 옳지도 않다. 그들에게 신의 명령은 따질 필요가 없는 것이고, 예언자의 말도 그렇다. 그러므로 돼지에 관한 금기는 꾸란이 여러 차례 반복해서 서술하고 있는 것만으로도 충분하다. 금기의 이유를 찾는 것은 헛된 짓이며, 신의 뜻에 어긋나는 일이다.

기독교와 돼지

꾸란을 떠나 성서로 돌아가 보자. 구약성서에서 돼지는 가장 불결한 동물이며, 이교 세계와 이스라엘의 적들에게 가장 먼저 부여되는 상징이다. 돼지치기가 되는 것은 히브리인에게는 금지된 일이며, 최악의 타락을 상징한다. 신약성서에서도 이러한 부정적인 전통은 유지된다. 예컨대 방탕한 아들 우화에서 모든 재산을 탕진한 아들은 돼지치기가 될 수밖에 없었다.[37]

실제로 복음서들은 돼지에게 구약성서보다 더 나은 운명을 마련해주지 않았다. 복음서들은 그리스도와 사도들이 게라사인들의 지방에서 맞닥뜨린 귀신들린 자의 일화를 상세히 전하고 있다.

수많은 악마들이 그 사람 안에 들어가 앉아서 그가 평범한 삶을 살지 못하게 했다. 그는 계속 넋이 나가 있었으며, 무덤에서 살면서 옷 입기를 거부했다. 예수는 악마들에게 그 사람에게서 나와 근처 산에 풀어놓고 키우던 돼지 무리로 들어가라고 명령했고, 악마들은 그렇게 했다. 귀신들렸던 사람은 정신을 되찾고 기도를 올렸다. 그러나 2천 마리에 달하는 돼지들은 산꼭대기에서 티베리아스 호수로 뛰어들었다.[38]

복음서의 이 구절은 중세 설교가들에게 매우 강한 인상을 준 듯하다. 그것은 수많은 설교에서 반복되고 논평되었으며, 돼지를 악마의 상징물 가운데 하나로 만드는 데 일조했다. 악마는 돼지의 모습을 하고 사람들을 괴롭힐 뿐 아니라, 돼지처럼 꿀꿀대고, 돼지처럼 시궁창에서 뒹굴기를 즐긴다.

마찬가지로 중세 기독교에게 돼지는 유대인과 유대교의 상징이었

그림 5 돼지의 젖을 빨아먹는 유대인을 묘사한 그림

다. 작가들과 예술가들은 조롱삼아 유대인들에게 멸시를 받는 이 동물을 유대인을 나타내는 형상들 가운데 하나로 삼고는 했다. 중세에 반유대주의가 성행했음을 증언하는 이 반전 장치는 기독교가 자기 세계에 틀어박혀 주변 문화들에 문을 닫기 시작했던 12세기에서 13세기로 넘어가는 시점에 나타나 현대 이전까지 꾸준히 지속되었다. 도상들은 유대인을 돼지로 내세우는 이 볼거리를 다양한 방식으로 표현했다. 그러나 점차 하나의 이미지가 다른 모든 것들보다 우위에 서기 시작했다. 그것은 유대인들이 대체로 아이들의 모습을 하고 암퇘지의 젖을 열심히 빨아대고 배설물을 먹는 장면을 묘사한 것이었다.그림 5 13세기 중반에 독일 라인란트 지방에서 탄생한 〔'유대 암퇘지'라는 뜻의〕 이 '유덴자우(Judensau)' 도상은 그림과 조각을 넘어서 나중에는 판화로도 새겨져 인쇄되어 유럽 전역으로 퍼져갔다. 이것은 트리엔트 공의회(1545~1563) 이후에는 점차 드물어졌으나 완전히 사라지지 않았다. 그리고 현대에 들어와 나치의 선전물들에서 화끈하게 재등장했다.[39]

아울러 돼지는 중세 기독교에게는 악마의 상징이었으며, 무엇보다 수많은 악덕과 죄악들의 표상이었다. '더러움(sorditas)'과 '탐식(gula)'에서 '분노(ira)', 나아가 '음욕(luxuria)'까지 말이다. 그래서 로마네스크 시대의 기둥머리 조각에서부터 16세기 문장에 관한 책에 이르기까지, 돼지는 사람으로 의인화된 이 각각의 악덕들이 올라타 있거나 데리고 있는 동물로 묘사되었다.

더 간단히 말해서 돼지는 죄악과 죄인들의 전형적인 상징이었다. 죄인들은 돼지처럼 살거나 돼지처럼 행동한다. 이러한 비유는 교부들의 설교에서부터 뒷날 프로테스탄트 개혁가들의 설교에 이르기까지 너무 빈번히 나와 식상할 지경이었다.

좀 더 독창적인 비유는 돼지를 이단에 다시 빠지거나, 자신이 저지른 죄를 고해한 뒤에 다시 악덕과 잘못으로 돌아가는 사람에 빗대는 것이었다. 그들은 신약성서에 나오는, "개가 자기가 토한 것을 도로 먹고 바보가 어리석은 짓을 또 하듯이, 몸을 씻고 나서 다시 진창에 뒹구는"[40] 암퇘지의 이미지로 표현되었다.

그러나 수많은 부정적인 기록들이 그 동물을 무겁게 짓누르고 있었지만, 기독교는 이따금 돼지에게 중요한 역할을 맡기기도 했다. 이 점에서 기독교는 유대교나 이슬람교와는 달랐다. 그 두 종교는 돼지를 조금도 좋게 보지 않는다. 하지만 기독교에는 좋은 돼지, 성인들의 동료인 돼지가 존재한다. 가장 유명한 것은 성 안토니우스(255?~356)의 돼지이다. 그 성인의 전기는 살펴볼 필요가 있다.

안토니우스의 삶은 그의 전기를 최초로 작성한 아타나시우스 (296?~373)를 통해서 잘 알려져 있다. 아타나시우스는 자신의 스승이자 친구였던 안토니우스가 죽은 뒤 몇 년 지나지 않아 그의 생애를 말과 글로 남겼다.

안토니우스는 서기 255년 무렵에 이집트의 귀족 가문에서 태어났다. 젊은 나이에 부모를 잃은 그는 그리스도의 부름을 받아 모든 재산을 정리하고 사람이 전혀 없는 황야로 들어갔다. 거기에서 그는 악마의 습격을 받았다. 악마는 그를 유혹하거나 두렵게 만들려고 여러 차례 되풀이해서 시도했다. 그러나 그리스도와 마찬가지로 안토니우스도 번번이 악마를 쫓아내고 승리를 거두었다. 그의 명성이 점차 높아지면서 제자들이 그들 따르기 시작했다. 안토니우스는 그들 가운데 일부를 받아들여 사막에서 공동으로 수도생활을 하는 집단을 최초로 만들었다. 그래서 그는 전통적으로 '대수도원장'이라고 불리며, 수도원의 아버지로 여겨진다. 집단이 점점 더 커지자 문제들이 생겼고 악마는 다시 안토니우스를 유혹하려 했다. 하지만 소용없었다. 그 뒤 은둔을 향한 갈망에 다시 사로잡힌 이 성자는 더 깊은 황야로 들어가 102살까지 홀로 살았다.

성인전과 전설은 안토니우스의 전기를 일찍부터 독식하였으며, 황야에서의 유혹에 관한 일화들을 풀어놓기를 좋아했다. 악마는 처음에는 화려하고 벌거벗은 여자들로 변신하여 그를 유혹하려 했다. 다음에는 싸움을 벌여 그를 기도에서 멀어지게 하려 했으며, 다양한 종류의 무시무시한 야생동물로 변신해 그를 두려움에 떨게 하려고도 했다. 아타나시우스는 그 야생동물들이 사자, 늑대, 곰, 황소, 뱀, 전갈이었다고 말했다. 돼지는 어디에도 나오지 않았다.

그러나 은둔자 안토니우스가 서구에 이력서를 내밀게 되면서 이집트의 황야는 유럽의 황야, 다시 말해 숲으로 변했다. 그리고 멧돼지가 점차 그를 공격한 야수들 가운데 하나가 되었다. 몇 세기를 거치면서 그 야수들은 두 종류의 동물, 다시 말해 서양에서 특히 두려워했던 숲의 동물들인 늑대와 멧돼지로 간추려졌다. 그리고 끝내는 멧돼지 하나만 남게 되었다. 전설이 아타나시우스의 원본에서 벗어나 자유롭게 된 것이다.[41]

둘의 사이는 계속해서 점점 더 벌어졌고 서기 1천년 이후에는 문헌과 이미지들에서 멧돼지가 평범한 집돼지로 바뀌어 나타났다. 변화는 문학과 도상만이 아니라 상징에서도 일어났다. 전에 멧돼지는 악마가 숨어 있는 사나운 야수이자 해로운 동물로 나타났다. 그러나 이제 돼지는 거룩한 수도원장의 충실한 동료로 등장한다. 그것은 성인의 삶과 고난을 함께하는 다정하고 든든한 동물이다.

왜 이런 변동이 일어났을까? 왜 야생동물이 가축으로 바뀌었으며, 악마의 도구가 친근한 동물로 변화한 것일까? 아직까지 이 물음에 대한 답은 찾지 못했다.[42]

더러움과 '돼지 같음'

위대한 성 안토니우스의 명성이 높았지만, 그의 전설과 그에 대한 숭배가 모든 돼지들을 존엄하게 보이게 해 줄 정도까지는 아니었다.

성인전과는 별개로 이 동물은 고대 근동과 중동 지방에서 지녔던 나쁜 평판을 중세 서양에서도 유지했다.

이것은 아마도 돼지의 폭식과 잡식 때문일 것이다. 새끼 돼지는 태어나자마자 어미의 젖으로 달려가 형제들과 자리다툼을 하며 공간을 최대한 많이 차지하려고 한다. 다 자란 돼지는 하루 종일 음식을 찾아다니며, 오물과 썩은 고기를 포함한 거의 모든 것을 게걸스럽게 먹는다. 그리고 어떤 측면에서 돼지한테는 육식의 본능도 있는데, 이것은 소나 양, 말한테는 없는 것이다. 돼지의 탐식과 오물을 먹을 수 있는 능력은 그것을 불결한 동물로 만들었다. 이것은 까마귀, 여우, 곰, 나아가 인간까지 모든 잡식 동물들한테도 마찬가지였다.

앞서 말했듯이 고대 의학은 인간과 돼지의 해부학적 유사성을 가장 먼저 강조했다. 뒷날 기독교는 그것을 우화와 설교에서 인간과 돼지를 동시에 깎아내릴 근거로 삼게 되었다. 돼지는 언제나 인간과 너무 닮아서, '너무나 인간적'이라는 이유로 고통을 겪었다.

요컨대 중세의 상징체계는 돼지를 중세 라틴어에서 〔'목구멍'을 의미하는〕 '굴라(gula)'라는 단어로 표현되는, 현대 프랑스어로는 완벽하게 옮기기 어려운 〔'탐식貪食'이라는〕 악덕을 통상적으로 상징하는 대상들 가운데 하나로 삼았다. 돼지는 끊임없이 열려 있는 입, 벌어진 아가리, 깊은 구렁텅이이다. 돼지는 결코 하늘을, 다시 말해 신을 바라보지 않는다. 돼지는 아래만 바라보며, 지상에서 음식을 찾으려 한다. 그렇게 함으로써 돼지는 캄캄한 지하 세계인 지옥의 신화에 참여한다. 돼지는 지옥의 동물이다.

악마의 풍요로운 동물지에서 돼지는 숫염소, 곰, 원숭이, 두꺼비, 까마귀, 뱀, 용 등과 나란히 윗자리를 차지하고 있다. 로마네스크 시

그림 6 히에로니무스 보스의 그림에 등장한 돼지

대에 교회의 기둥머리에서 이미 지옥의 동물로 등장했던 돼지는 고딕 시대의 조각과 중세 말기의 종말론적 그림에서는 한결 더 자주 나타났다. 예컨대 〔지옥에 대한 묘사로 유명한 화가〕 히에로니무스 보스*는 인간의 악덕과 타락을 보여주는 그의 유명한 작품들에 돼지를 여러 차례 출연시켰다.^{그림6}

타고난 식탐과 더불어 어두운 털색도 돼지를 고통스럽게 했을 수 있다. 사냥 문헌에 나오는 대표적인 '검은 짐승'인 멧돼지처럼,[43] 유

---

* 히에로니무스 보스(Hieronymus Bosch, 1450?~1516) : 네덜란드의 화가. 종교적인 주제의 그림을 주로 그렸으나, 일반적인 종교 그림들과는 다른 독창적인 상상력과 독특한 양식으로 표현했다. 특히 인간의 타락한 모습과 지옥의 군상을 신비롭고 사실적으로 묘사해 '악마의 화가'나 '지옥의 화가'라고 불렸다.

럽의 집돼지는 오랜 기간 분홍색이나 흰색이 아니라 갈색 · 회색 · 검은색 · 얼룩덜룩한 색으로 나타났다. 유럽 돼지의 털이 밝아진 것은 18세기에 육류의 생산성을 높이기 위해 아시아의 돼지와 교배시키면서부터이다.

오늘날 대부분의 유럽 돼지들은 아름다운 장밋빛을 지닌 흰색이다. 그리고 모든 돼지 사육자들은 돼지가 다른 동물들보다 더러운 동물이 아니라는 사실을 알고 있다. 돼지는 물을 좋아하고, 공간이 충분하고 너무 덥지만 않으면 깨끗한 상태로 살아간다. 돼지는 땀을 배출하기 어렵기 때문에 열을 식히려고 계속 물이나 진흙을 찾는 것이다. 그리고 돼지는 시력이 매우 좋지 않아서 진창이든 뭐든 아무 곳이나 밟는 것이다.

그런데 중세에 이러한 낮은 시력도 타락으로 여겨지고는 했다. 시각은 오감 가운데 가장 가치 있는 것이다. 신은 빛이다. 어둠 속에 살고 있는 모든 것들, 올빼미 · 고양이 · 여우 · 두꺼비처럼 앞을 보지 못하거나 야행성인 동물들은 신의 적들, 곧 악마의 하수인들이다. 게다가 돼지한테서 가장 발달한 감각으로 나타나는 후각과 촉각은 가장 육체적이고 가장 저열한 것으로 여겨지고 있었다. 따라서 돼지는 야만적이고 멍청한 생물이다. 「마태오 복음서」(7:6)가 전하고 있는 그리스도의 말씀이 상기시켜 주듯이 말이다. "돼지들에게 진주를 던지지 말라"는 말은 곧 "신성한 것들을 더럽히지 말라"는 뜻이다.

돼지는 더러움과 탐식의 상징이었지만, 상대적으로 최근까지 음욕의 속성은 별로 부여되지 않았다. 그 역할은 숫염소나 당나귀, 특히 개와 같은 다른 동물들이 선점하고 있었다. 〔현대 프랑스어로 '음탕한 짓'이라는 의미의〕 '돼지 짓거리(cochonneries)'라는 단어를 만든 것은 '돼지

(cochon)'이지만, 고대부터 중세 중기까지 여러 세기 동안 욕정이나 음란함과 관련된 동물은 돼지가 아니라 개였다. 지중해 사회들이 보기에 개는 돼지만큼 불결한 짐승이었으며, 유난히 추잡해 보이는 성적 행위를 하는 동물이었다. 특히 암캐는 이상하게도 암돼지보다 훨씬 더 음란하게 나타났다.

돼지가 '색정광(cochon)'이라는 의미를 갖기 위해서는, 나아가 다른 수많은 악덕들에 더해 음욕까지 떠안기 위해서는 개에 대한 재평가가 정말로 열렬하게 행해진 근대 초까지 기다려야만 했다. 그때 개는 인간의 충실한 벗이 되었고, 이는 오늘날까지 이어진다.

그런데 개를 재평가하기 위해서는 그 동물의 음란함을 벗겨내야만 했다. 그래서 개한테서 돼지에게로 일종의 상징적 전이가 일어났다. 15세기와 17세기 사이에 돼지는 개를 대신해 가장 음탕한 동물이 되었다. 이제 음란한 행위에 몰두하는 남자와 여자들은 '돼지 짓거리'를 하는 것이다. 프랑스어에서 이 단어는 17세기 말까지 그러한 의미를 갖지 않았으며, 이전에는 단지 돼지를 기르는 일을 가리켰다.

그렇지만 모욕의 영역에는 아직도 고대 가치체계의 흔적이 어느 정도 남아 있다. 그래서 지금도 여성을 '암캐'라고 하는 것이 '암돼지'라고 하는 것보다 더 모욕적인 느낌을 준다.[44]

숲에서 도시로

돼지는 부정적인 상징성을 지니고 있었지만, 중세의 육류 식단에서는 맨 앞자리를 차지하고 있었다. 소는 주로 쟁기를 끌거나 거름을 주는 데 사용되었다. 나이가 들어 죽은 소의 고기는 질겨서 그리 환영받지 못했다. 고기를 얻기 위해 소를 기르는 농민은 드물었다. 하지만 농민들은 양 몇 마리를 기르거나, 가장 흔하게는 돼지 한두 마리를 길렀다. 거의 모든 집의 육류 저장소에 일 년 내내 보관하고 먹기 위해 돼지고기를 소금에 절여 훈제한 것이 있었다. 소비량은 계절에 따라, 그리고 사냥이나 낚시로 얻은 수확물이나 집에서 기르는 날짐승에 따라 달랐다. 11월과 12월에 소비량이 가장 높았으며, 사순절 기간에 가장 낮았다. 겨울 들머리에 돼지를 잡으면 한동안은 평소에 어쩔 수 없이 먹었던 소금에 절인 고기가 아니라 '신선한 고기(carnis recens)'를 먹을 수 있었다.**도판 10** 신선한 고기는 볶거나 삶았다. 드물게 돼지기름으로 튀기기도 했으나, 결코 굽지는 않았다.[45]

〔돼지의 비계와 살코기를〕 훈제하고 염장한 고기 덕분에 넉넉한 농민들과 도시민들은 거의 1년 내내 고기를 먹을 수 있었다. 가장 일반적인 고기 요리는 〔베이컨의 원형인〕 '라르(lard)'라고 부르는 고기를 완두콩에 섞어 수프나 죽으로 만들어 먹는 것이었다. 햄, 다시 말해 돼지고기를 소금에 절여 훈제해 놓은 것은 꼼꼼하게 관리되고 지켜진 재산이었다. 햄 도둑은 문학 작품에서 흔하게 나타나는 소재였다. 『여우 이야기』의 다양한 판본들처럼 말이다. 12세기 말에 가장 오래된 판본이 등장한 이 문헌은 진정한 '굶주림의 이야기'이다. 그와 유사한 우화와 동화에서 푸줏간 주인은, 흔히 잔인하고 해로운 착취자나 농민들의

미움을 받는 인물로 그려지는 방앗간 주인처럼 부당하게 재산을 모은 사람으로 나온다.

그런데 돼지는 먹이기도 쉬운 동물이다. 게걸스럽고 잡식성인 이 동물의 식단은 까다롭지 않다. 돼지는 썩은 고기도 먹고, 오물이나 배설물, 심지어 자신의 똥오줌이 섞인 것까지 먹는다. 그래서 더럽다는 평판과 금기들이 돼지를 따라다니는 것이다. 중세 시대에 몇몇 작가들은 돼지가 섭취하는 비루하고 비천한 음식과 돼지고기의 탁월한 맛 사이에 존재하는 역설을 강조했다. 어떤 이들은 이를 신의 기적이나 선물로 보기도 했다.[46]

농촌에서는 돼지들이 밭이나 포도밭에 멋대로 돌아다니지 못하게 하려고 농장 주변의 울타리 안에 가둬 두기도 했다. 그러나 대개 마을의 모든 돼지들은 한 곳에 모여 있었고, 마을 공동의 돼지치기가 무리를 관리하고 있었다. 그는 돼지 무리를 황무지, 도로 주변, 수풀 주변, 특히 숲으로 몰고 다니면서 풀어놓았다. 일종의 마을 '공무원'인 돼지치기는 머리가 모자라는 사람이나 아주 가난한 어린 소년이 맡고는 했다. 돼지치기와의 일상적인 교류는 품위를 손상시키는 행동으로 여겨졌다. 돼지들을 숲으로 몰고 갔을 때면 돼지치기는 저녁에 마을로 돌아오지 않고 가축들과 가까운 곳에 있는, 중세 사회에서 크게 배척을 당했던 또 다른 사람들인 숯쟁이나 벌목꾼의 그것과 비슷한 오두막에서 잠을 잤다. 그런데 돼지치기들은 봉건시대 농촌의 삶에서 중요한 역할을 했다. 일반적으로 한 명의 돼지치기가 60마리의 돼지를, 다시 말해 서른 가구의 돼지를 돌봤다.**그림 7**

일정한 면적의 토지 안에 있는 돼지의 숫자를 다른 동물의 숫자와 비교해 추정하기란 어려운 일이다. 하지만 11세기 말 잉글랜드의 경

그림 7 중세의 돼지치기

우에는 『둠즈데이 북Domesday Book』*에 실린 탁월한 자료 덕분에 정확한 계산이 가능하다. 『둠즈데이 북』은 왕이 각각의 봉신들에게 부과할 세금과 군사 할당량을 정확히 결정할 수 있게 해준 일종의 포괄적 토지대장이다. 그에 따르면 각 주들은 보통 소보다 돼지를 3배 많이 길렀으며, 돼지보다는 양을 3배 많은 길렀다. 예를 들어 1086년 잉글랜드의 중심부에 위치한, 인구 약 3만 명의 작은 주 러틀랜드에는 정확하게 말이 1,026마리, 소가 3,167마리, 돼지가 11,414마리, 양이 31,650마리가 있었다.[47] 이 무렵 대륙에서는 지중해 연안 지역을 제외하고는 양이 차지하는 비율이 더 낮았다.

경제적으로나 상징적으로나 중세에 돼지는 숲의 동물이었다. 돼지는 섭취하는 음식의 대부분을 숲에서, 특히 너도밤나무와 참나무 아래에 떨어져 있는 열매들에서 찾았다.**도판 11** 카롤루스 대제의 시대부터 유럽 대부분의 지역에서는 산림이나 숲의 크기를 그곳에서 1년 동안 기를 수 있는 돼지의 수를 기준으로 산정했다. 예컨대 11세기 파리에서는 100마리의 돼지를 키우기 위해 150헥타르가 필요했다. 2세기 뒤인 성왕 루이의 통치 시기에는 돼지 1마리를 기르는 데 1헥타르나, 때로는 그 미만도 충분하다고 여겼다. 그러나 방목할 수 있는 권한과 숲에 동물을 풀어놓는 것이 허용되는 기간과 숫자는 세밀하게 규제되기 시작했다. 앙시앵레짐 말기까지 그러했다.[48]

---

* 잉글랜드 정복왕 윌리엄 1세(재위 1066-1087)의 명령으로 1086년 만들어진 토지대장이다. 일부 지역을 제외한 잉글랜드 전역을 주 단위로 나누어 장원 소유주와 규모, 경작지와 숲의 면적, 농노와 자유농민의 수, 가축의 수, 방앗간, 양어장, 토지 평가액 등을 세세하게 기록했다. 중세 유럽의 사회상을 보여주는 귀중한 자료이다.

그림 8 거리를 돌아다니는 돼지

　돼지는 숲의 땅바닥에 정말로 해롭기 짝이 없는 행동을 한다. 돼지는 지표면에서 충분한 음식을 찾아내지 못하면 땅을 판다. 그렇게 해서 나무뿌리를 노출시키거나 파괴하고, 묻혀 있던 씨앗을 파내 풀과 나무가 다시 자라나는 것을 방해한다. 따라서 돼지는 염소나 양처럼 식물에 직접 해를 끼치지는 않지만, 매우 파괴적인 동물이다.

　고대 갈리아 시대에, 그리고 중세 중기까지는 숲이 면적을 측량할 수 없을 정도로 넓게 펼쳐져 있었으므로 돼지는 거의 야생 상태로 자유롭게 살아갈 수 있었다. 그 뒤 개간과 벌채가 동시에 행해지면서 숲의 면적이 줄어들었다. 더 이상 돼지 떼의 출입이 일 년 내내 허용되지 않았다. 그들은 정해진 기간에만 숲으로 들어갈 수 있었고, 그마저도 점점 더 엄격하게 통제되었다. 몇 세기에 걸쳐 제한이 점점 더 강화되면서 시골사람들의 분노를 불러일으킬 정도가 되었다. 더구나

영주의 돼지 떼는 그들의 돼지 떼보다 언제나 우선시되었다.[49)]

도시에서 돼지는 돼지우리나 축사에서 사육되지 않았고, 정원과 뒤뜰, 공터나 골목에서 길러졌다. 도시의 돼지들은 어떤 돼지치기도 따르지 않았다. 돼지는 대부분 도시를 떠돌아다니며 청소부 역할을 했다. 돼지는 집과 가게, 장터, 시장에서 나오는 쓰레기와 찌꺼기들을 먹었는데, 심지어 묘지에 있는 것도 먹었다. 앞서 말했듯이 13세기 초에 필리프 2세는 돼지들이 무덤을 파헤치지 못하게 막으려고 파리에 있는 '무고한 아기들의 묘지' 주변에 높은 장벽을 설치했다. 유사한 결정이 1243년에 〔잉글랜드 중부〕요크에서 있었고, 1302년 〔프랑스 북부〕루앙, 1337년 〔벨기에 서북부〕브뤼주, 1385년 〔프랑스 동부〕낭시, 1416년 〔독일 남부〕뉘른베르크에서도 있었다.**그림 8**

도시의 돼지들은 떠돌아다니며 음식을 찾아서 먹는 동물이었다. 따라서 문제나 분쟁, 사고를 일으켰다. 13세기에 벌어진 소송들 가운데 상당수에 돼지가 등장한다. 그들은 상점에 들어가고, 정원을 망쳤으며, 짐수레나 저장고의 음식을 먹어치우고, 아이들을 다치게 (심지어 먹어치우기까지) 했다. 돼지들의 배회는 정말이지 많은 사고들을 발생시켰고, 그 가운데 일부는 젊은 왕 필리프의 죽음을 가져온 1131년 10월 파리에서의 사고처럼 엄청난 결과를 불러오기도 했다. 이제 다시 그때로 돌아가 보자.

4

얼룩 지우기

12세기의 연보와 연대기들이 돼지 때문에 죽

은 젊은 왕 필리프의 죽음을 표현했
던 다양한 형용사들 가운데에서도 다른 것들보다 유독 자주 되풀이
해서 사용된 낱말이 있다. 바로 '불명예스럽다(*infamis*)'는 말이었다.
이 낱말은 '수치스럽다'나 '더럽다'라는 말의 애매모호한 동의어가 아
니었다. 의미가 더 명확했으며, 더 넓은 파급력을 지녔다. 어원학적
으로 '불명예스럽다'는 것은 '명예(*fama*)', 다시 말해 개인이나 집단의
평판이나 명성이 '훼손된(*in-*)' 것을 뜻한다. 문제는 바로 여기에 있었
다. 카페 왕조의 '명예'가 진창에 빠졌고, 더럽혀졌으며, 훼손되었던
것이다. '왕'이라는 지위가 갖는 위신과 존엄도 마찬가지였다.

이것들은 매우 빠르고 철저하게 복구되어야 했다. 그러나 불행하게
도 루이 6세는 곧바로 그러한 일을 할 수 없었다. 그 시대의 많은 이
들은 그가 갑작스럽게 맏아들을 잃게 된 충격에서 쉽게 헤어나지 못
했다고 증언하고 있다. 아내인 아델라이드 왕비와 마찬가지로 그가

느낀 고통은 결코 형식적인 것이 아니었다. 그것은 진짜였고, 엄청났으며, 극심했다. 왕은 더 이상 예전의 그가 아니었고, 측근들도 그가 제정신을 차리게 도울 수 없었다. 심지어 랭스에서 공의회를 열 준비를 하고 있었으며, 왕의 둘째아들인 10살 난 루이 왕자의 대관식이 치러지기 전날 밤에 프랑스 국왕과 대화를 나눈 교황 인노켄티우스 2세조차도 왕을 위로하거나 진정시킬 수 없었다. 교황은 여러 차례 되풀이해서 위로의 말을 건넸다. "필리프는 이 세상에서 오래 머무르기에는 너무나 완벽해서 […] 그는 이제 주님과 함께 합니다. 그의 짧은 삶은 분명히 살아 있는 모든 이들에게 귀감이 될 것입니다."[1]

그러나 아무 소용이 없었다. 왕의 절망은 끝을 보이지 않았다. 크게 낙담한 통치자는 무기력하고 속수무책이었다. 그리하여 왕의 가장 가까운 조언자이자 친구, 버팀목이었던 생드니 수도원장 쉬제르가 직접 문제의 해결을 떠맡고 나설 수밖에 없었다.

젊은 왕이 죽은 바로 그 날, 쉬제르는 사건을 둘러싼 뒷말들을 억누르고 왕조의 미래를 보호하기 위해 두 가지 중대한 결정을 내렸다. 하나는 생드니 수도원의 왕실 묘역에서 열린 장례식이었고, 다른 하나는 뒤이어 랭스의 대성당에서 열린 새로운 대관식이었다. 그는 군주제의 의식들을 신성하게 연출해서 불운을 몰아내고, 악마의 도구인 불길한 돼지를 잊게 할 수 있으리라고 믿었다.

생드니에서의 장례식

필리프는 10월 13일에 죽었고, 15일에 생드니에 안장되었다. 왕족과 대영주들은 17일에 랭스에 도착했고, 25일에 그곳에서 어린 루이의 대관식이 치러졌다. 두 개의 행사가 조금의 머뭇거림도 없이 잇따라 진행되었다. 모든 일이 12일 안에 다 이루어졌다. 쉬제르는 왕과 왕의 측근들, 왕국 모두가 끝없는 애도에 빠지지 않게 하려고 애썼다. 더구나 교황이 프랑스에 있었다. 교황의 존재를 왕권의 위엄을 회복시키는 데 이용해야 했다. 교황 인노켄티우스 2세는 그 전해에 자신을 로마에서 쫓아낸 대립교황 아나클레투스 2세(재위 1130~1138)를 몰아내기 위한 교회회의를 랭스에서 열려고 준비하고 있었다. 랭스는 그 며칠 동안 기독교 세계의 수도였다.

규정에서 다소 벗어난 교황 선거는 1130년 2월의 분열을 불러왔고, 마침내 의견의 일치를 보지 못해 2명의 교황이 선출되는 지경에 이르렀다. 한 명은 아나클레투스 2세로 로마 교황청과 강력한 왕인 시칠리아의 루지에로 2세(1095~1154)의 지지를 받았다. 다른 한 명은 인노켄티우스 2세로 명성은 더 높았지만, 추기경 회의에서는 더 적은 수의 지지를 받았다. 그는 로마를 벗어나 [이탈리아 중부] 토스카나 지방으로 피신했고, 나중에 다시 [프랑스 남동부] 프로방스 지방으로 건너왔다.

서방 세계의 군주들은 대부분 인노켄티우스 2세의 편을 들었다. 특히 루이 6세는 쉬제르와 베르나르 드 클레르보의 조언 아래 더 적극적으로 그를 지지했으며, 독일 황제인 로타르 3세(1075~1137)와 잉글랜드의 왕인 헨리 1세에게 인노켄티우스 2세를 합법적인 교황으로 받아들이자고 설득했다. 1130년 가을에 교황은 프랑스에 있었다. 그는 먼저 〔프랑스 동부〕 클뤼니로 갔다가 〔프랑스 중부〕 클레르몽페랑을 거쳐서 이듬해 봄에 마침내 쉬제르의 환영을 받으며 생드니에 도착했다.[2] 그 사이에 교황은 〔독일의〕 황제와 잉글랜드 왕과 접촉해서 자기편으로 만들었다.

어쨌든 1131년 10월에는 기독교 세계의 대다수가 인정한 합법적인 교황이 랭스에 있었다. 그 기회를 이용해 교황에게 죽은 이의 동생인 어린 루이의 대관식을 직접 집전해 달라고 요청해야 했다.

하지만 그러기 전에 먼저 이제 막 죽은 청년을 땅에 묻어야 했다. 장례식은 비극적인 사고가 일어난 지 이틀 뒤에 생드니 수도원의 교회에서 열렸다. 쉬제르는 이렇게 말했다. "그는 수많은 주교들과 유력인사들이 참석한 가운데, 거룩한 삼위일체 제단 왼쪽에 있는 왕실 묘역에 왕으로 묻혔다."[3]

장례식이 있은 지 8년이나 10년이 지난 뒤에 쓴 이 글에서 쉬제르가 그 일을 왕실 차원의 의식이었다고 강조한 데에는 이유가 없지 않았다. 우리는 필리프가 아버지가 살아 있을 적에 축성을 받고 왕관을 쓴 온전한 왕으로서 당연히 왕실 묘역에 안치되었다는 것뿐 아니라, 무엇보다 그 무덤이 생드니 수도원에 있다는 것, 바로 그곳 교회 내부의 〔가장 중심부인〕 교차랑*의 제단에 있다는 사실을 기억해야 한다.

쉬제르는 1122년부터 생드니의 수도원장이었고, 자신의 수도원과 교회를 돋보이게 할 이 기회를 결코 놓칠 리 없었다. 그 글을 쓸 때, 쉬제르는 수도원 운영을 전면적으로 개편하고, 교회를 부분적으로

---

* 교차랑(croisée du transept) : 십자가 형태의 성당 건축물에서 중앙의 회랑이 교차하는 공간

개축하고 있었다. 왕실 묘역은 교회의 꽃이었다. 그는 교회를 탈바꿈하기 위해 많은 돈을 지출했다. 최고의 장인들과 뛰어난 유리 세공인들을 불러들였고, 그때까지 알려져 있지 않았던 파란색 색유리를 거금을 들여 사들였다. 한참 뒤에 역사가들은 그 유리를 '샤르트르의 파랑(bleu de Chartres)'이라고 잘못 불렀다. 하지만 코발트를 주성분으로 한 파란색 색유리는 실제로는 생드니 수도원의 스테인드글라스에서 처음 등장한 뒤에 르망과 방돔으로 이어졌고, 마지막으로 샤르트르로 퍼져간 것이다. 그것은 쉬제르의 몫이므로 마땅히 쉬제르에게 돌아가야 한다.^{도판 12} 쉬제르는 1140년대의 '현대 미술'이라 불릴 만한 눈에 확 띄는 세련된 색으로 자신의 교회를 장식했다. 그는 알리고 싶었다. 신의 거처이자 왕들의 무덤인 생드니 수도원의 영광을 표현하기 위해서라면 어떤 아름다움도 결코 지나치지 않다는 사실을 말이다.[4]

당시 가장 가까운 과거에 죽은 프랑스 왕인 필리프 1세는 1108년 8월 생드니 수도원이 아니라 [프랑스 중북부] 생브누아쉬르루아르의 수도원에 묻혔다. 그러나 필리프를 수도원 교회에 안장하는 일은 그의 할아버지 때보다 훨씬 중요했다. 만약 젊은 필리프가 생드니 수도원이 아니라 다른 곳에 매장된다면 오래 이어져온 전통이 끊어진 것처럼 보일 위험이 컸다. 그래서 쉬제르와 그의 수도사들은 재빠르게 움직였다. 그리고 그 젊은이가 온전한 왕이었으며, 따라서 예로부터 내려온 왕들의 묘역에 합류해야 한다는 것을 크고 강경한 목소리로 상기시켰다. 바로 '생드니 수도원' 말이다!

실제로 메로베우스 왕조 때부터 생드니 수도원의 교회는 몇몇 왕들의 묘지로 사용되었다. 최초로 그곳을 무덤으로 선택해서, [3세기 파리의 초대 주교이자 순교자인] 성 디오니시우스(saint Denis)와 그의 두 동료 루스티쿠스와 엘레우테리우스의 곁에 묻히기를 바랐던 왕은 639년에 죽은 다고베르투스 1세(603?~639)였다. 그의 아들 클로비스 2세(635~657)도 657년에 똑같이 했다. 그러나 그들의 후손들 가운데 여럿은 파리나 인근의 다른 곳을 자신의 묘지로 택했다. 시간이 지나 카롤루스 왕조의 몇몇 통치자들이 다시 이 전통을 계승했다. 처음 시작했던 것은 '단신왕(le Bref)'이라고 불리는 피피누스 3세(714~768)인데, 생드니 수도원의 교회는 그가 754년에 교황 스테파누스 2세(재위 752~757)로부터 왕관을 수여받은 곳이기도 했다. 마지막으로 생드니 수도원에 묻힌 카롤루스 왕조의 군주는 877년에 죽은 '대머리왕' 카롤루스 2세(823~877)였다.

하지만 생드니 수도원을 왕실 묘역으로 만드는 데 결정적인 역할을 한 것은 카페 왕조 초기의 왕들이었다. 위그 카페는 996년에, 로베르 2세는 1031년에, 앙리 1세는 1060년에 잇따라 그곳에 묻혔다. 그렇기 때문에 필리프 1세가, 그가 특별히 아꼈던 생브누아쉬르루아르의 베네딕트회 수도원에 묻히겠다고 요청했던 것은 오히려 특이한 일이었다. 쉬제르와 오더릭 비탈리스가 전하고 주장한 말들에 따르면, 왕은 삶의 마지막이 되어서야 그러한 소원을 밝혔다고 한다. 그 이유는 그 자신의 행실 때문이었다. 그가 간통 행위로 여러 해 동안 파문되었기 때문에 자신은 선대의 왕들과 같은 묘역에 묻힐 자격이 없다고 말했다는 것이다. 일부 연대기 작가들은 더 조롱조로 말하기도 했다. 그들은 만약 그가 생드니 수도원에 묻혀 명망 높은 선조들과 함께 있게 되었다면, "그의 치세에 대한 기억이 형편없는 것이 되어버릴 뻔했다"고 썼다.[5]

어쨌든 루이 6세는 아버지의 유언을 존중했다. 1108년 8월 초에 필리프 1세는 생브누아쉬르루아르로 옮겨져 안장되었다. 그러나 1131년 아직 어린 아들을 묻어야 할 때에 루이 6세는 쉬제르의 사려 깊은 충고를 받아들여서 생드니 수도원을 아들의 무덤으로 선택했다. 마찬가지로 6년 뒤인 1137년 7월 죽음이 점차 다가오고 있다는 것을 느꼈을 때에도, 루이 6세는 자신을 프랑스 왕들의 전통적인 묘역에 묻어 달라고 부탁했다.[6]

젊은 왕 필리프의 무덤은 지금도 생드니 대성당에서 볼 수 있다. 그러나 12세기에 처음 만들어진 그대로는 아니고, 적어도 부분적으로는 13세기 중반에 다시 만들어진 것이다. 그는, 자신은 전혀 알지 못하는 제수씨, 루이 7세의 두 번째 왕비 콩스탕스 드 카스티야(1136?~1160)와 나란히 가로 회랑의 북쪽 어귀에 누워 있다.

와상에 묘사된 필리프는 젊고, 수염이 없으며, 왕관을 쓰고 있고, 오른손에는 꽃무늬로 장식된 왕의 홀笏을 쥐고 있다. 이 모습은 1263~1264년 무렵에 성왕 루이가 왕실 무덤을 완전히 새롭게 다시 꾸밀 때에 새겨진 것이다. 이 재편은 성왕 루이 치세에 추진된 대규모 사업 가운데 하나이자, 정치적이면서 동시에 예술적이고 왕조적인 계획이었다. 이 작업은 1240년대에 그때까지의 무덤들의 위치를 확인하면서 시작되었다. 그 뒤에는 가로 회랑을 많이 확장했으며, [제단과 회중석 사이에 있는] 성가대석 앞 공간과 같은 영역을 만들었다. 작업은 1265년까지 계속해서 단편적으로 진행되었는데, 마지막 대규모 공사는 1262~1265년에 있었다. 어떤 무덤들은 위치가 바뀌었고, 어떤 무덤들은 새로 만들어지거나 보수되었다. 다른 곳으로 옮겨지거나 없어진 무덤도 있었다. 오직 왕과 왕비들의 무덤만 보존되었

그림 9 돼지에게 살해된 필리프의 와상

다.[7] 우리의 젊은 왕 필리프도 그들 가운데 하나였다. 이것은 그가 다른 이들과 마찬가지로 진정한 왕으로 여겨졌음을 보여준다.

아마도 1262년에 만들어졌을 그의 와상은 13세기 장례 조각상의 가장 아름다운 얼굴들 가운데 하나를 보여준다. 불행하게도 와상 전체가 혁명기의〔문화 예술 파괴 행위인〕반달리즘 때문에 수난을 겪었고, 1793년부터 1817년까지는 프티오귀스탱 수도원의 작은 창고에 임시로 보관되기도 했다. 그래서 코와 오른손, 왼손 엄지, 왕관, 왕의 홀은 다시 만들어야 했다.[8] 그림 9

랭스에서의 대관식

필리프를 안장하자, 이제 그의 동생인 루이에게 신경을 써야 했다. 루이는 대관식을 치르기 위해 서둘러 랭스로 보내졌다. 왕실 일가와 친족들, 여러 명의 봉건 대영주들은 10월 17일에 랭스에 도착했다. 그들은 18일 생레미 수도원*의 회당에서 열릴 공의회에 참석하기 위해 그곳에 와 있는 많은 고위성직자들을 목격했다. 루이 6세는 24일에 그곳으로 왔는데, 교황이 위로의 말을 건넸지만 여전히 슬픔에 잠겨 있었다. 그는 계속해서 자신이 사랑했던 죽은 아들에 대해 이야기했다.

쉬제르가 다시 직접 나섰다. 대립교황 아나클레투스 2세가 직위에서 쫓겨나고, 유죄 판결을 받아 파문되면서 공의회의 최우선 과제가 해결되었다. 그러자 쉬제르는 곧바로 인노켄티우스 2세에게 이제 막 10살이 되어가는 어린 루이의 대관식을 집전해 달라고 부탁했다.

대관식은 다음날인 10월 25일 랭스의 노트르담 대성당에서 기존의 관례에 따라 치러졌다. 생레미 수도원의 수도사들은 수도원에 보관되어 있던 귀중한 성유병을 가지고 행진했다. 그 안에는 왕들이 도유식을 할 때 사용되는 신성한 기름이 들어 있었다. 그 옆에서는 생드니 수도원의 수도사들이 '레갈리아(regalia)', 다시 말해 왕의 권력을 상징하는 물건들을 가지고 행진했다. 생드니 수도원에 보관하고

---

* 생레미(Saint-Rémy)는 496년 프랑크 왕국의 클로비스를 기독교로 개종시켰다고 전해지는 성 레미기우스(Saint Remigius, 437?~533)를 가리키는 프랑스어이다. 랭스 대성당은 성 레미기우스의 유해가 안치된 곳으로 알려져 있어서, 프랑스 왕들의 대관식은 그곳에서 치러졌다.

있다가 대관식을 할 때마다 가져와서 새로운 왕의 몸을 장식하는, 왕관·긴 홀·짧은 홀·반지·칼·어깨 끈·〔신발 뒤쪽에 붙이는〕 박차·〔짧은 상의인〕 튜닉·망토와 같은 것들이었다.[9]

그렇지만 그때까지의 관례와 비교했을 때 딱 하나 다른 것이 있었다. 젊은 왕에게 대관식을 행해주는 이가 랭스 대주교나 그 밑에 있는 주교들 가운데 하나가 아니라, 바로 교황이라는 사실이었다. 그때까지 교황한테서 직접 왕관을 받은 왕은 4세기 전인 754년에 생드니에서 대관식을 치른, 카롤루스 대제의 아버지 피피누스 3세뿐이었다. 따라서 이것은 앞으로 시작될 젊은 왕 루이의 치세가 축복을 받게 되리라는 좋은 징조였다. 아울러 그것은 비천한 돼지 때문에 더럽혀진 카페 왕조를 정화하기 위한 첫 번째 작업이기도 했다.

대관식이 열렸던 도시가 언제나 랭스였던 것은 아니다. 생드니·메스·오를레앙·콩피에뉴·수아송·랑·누아용이 돌아가면서 그러한 역할을 수행했다. 예를 들어 카롤루스 왕조의 마지막 왕인 루도비쿠스 5세는 979년에 콩피에뉴에서 대관식을 치렀다. 그의 계승자인 위그 카페는 987년에 누아용에서 대관식을 올렸으며, 위그 카페의 아들인 로베르 2세는 5년 뒤에 오를레앙에서 대관식을 올렸다. 랭스 안에서도 생레미 수도원은 헤아릴 수 없을 만큼 큰 가치를 지닌 성유병을 보관하는 문제를 놓고 그곳의 대성당과 경쟁을 벌이고는 했다. 전설에 따르면 하늘에서 비둘기가 그 성유병을 가지고 내려왔으며, 그 안에 담겨 있는 성유로 〔프랑크 왕국의 왕인〕 클로비스가 세례를 받았다고 한다.

카페 왕조의 왕들 가운데 랭스 대성당에서 처음 대관식을 올린 왕은 앙리 1세이다. 그는 자신의 아버지가 살아 있을 때인 1027년에 왕관을 받았다. 그 뒤 루이 6세·앙리 4세·루이 18세, 이 세 명의 왕을 제외한 프랑스의 모든 왕들이 랭스 대성당에서 대관식을 올렸다. 루이 18세(1755~1824)는 혁명과 제정의 급변기에 왕위에 올라서 축성을 받지도, 왕관을 쓰지도 못했다. 그러나 그의 동생인 샤를 10세(1757~1836)는 1825년에 랭스에서 대관식을 올렸다![10] 앙리 4세(1553~1610)가 1594년 샤르트르에서 대관식을 치른 이유는 내전과 종교전쟁 때문에 랭스로 가는 길이 막혔기 때문이었다. 그의 적들이 그곳을 점령하고 있었다. 루이 6세는 1108년 8월 초에 오를레앙에서 대관식을 올렸는데, 그가 자신의 아버지 필리프 1세를 생브누아쉬르루아르에 안장한 직후였다.[11] 이복형제인 망트 백작이 일으킨 소요, 랭스의 대주교를 비롯한 몇몇 주교들의 반란, 의붓어머니의 음모와 같은 왕국 안의 상황이 대관식을 서둘러 올릴 수밖에 없게 했다. 대관식은 랭스보다 거리가 가까운 오를레앙에서 상스 대주교의 집전으로 치러졌다. 그러나 이것은 랭스한테는 약이 오르는 일이었다. 랭스의 모든 사제들과 도시 전체가 자신들의 특권을 잃지는 않을까 걱정했다. 그래서 루이 6세는 왕이 된 뒤에는 자신의 두 아들 필리프와 루이의 대관식을 별 어려움 없이 랭스에서 잇따라 치를 수 있었다. 전통은 재개되었고, 16세기 말까지 중단되지 않았다.

중세 신학자들에게 대관식은 엄격히 말하면 성사聖事가 아니라, 신의 은총으로 변환이 이루어진다는 점에서 오히려 일종의 '신비'에 가까웠다. 그것은 구약성서에 나오는 고대 이스라엘 왕들이 고유하게 행했던 왕실 의례를 각색해서 물려받은 것이었다. 왕실 사무국의 문서들과 왕국 인장의 명문에서 되풀이되는 경구인 '신의 은총'으로 프랑스의 국왕은 왕이 되었다. 지상에서 그는 교황이 아닌 신의 대리자로서 다양한 사명을 수행해야만 했다. 그는 신앙을 지키고, 백성들의 구원을 보장하고, 왕국의 평화를 유지하고, 교회와 기독교인들을 보호하고, 공정하게 정의를 수호해야 했다. 이러한 다양한 사명들은 새로운 왕이 복음서에 선서하는 맹세로 표현되었다. 그리고 13세기에는 이단과 맞서 싸우는 새로운 사명이 추가되었다.^{도판 13}

그러나 대관식 과정에서 가장 강조되었던 것은 맹세가 아니라 〔기름을 바르는〕 도유의 절차였다. 왕은 성유병에 들어 있는 거룩한 기름으로 주교한테 도유의 의식을 받았다. 몸의 일곱 군데에 기름을 발랐는데, 이것은 매우 상징적인 숫자였다. 우선 정수리와 가슴에 바르고, 두 어깨 사이에 발랐다. 뒤이어 오른쪽 어깨와 왼쪽 어깨에 바르고, 끝으로 오른팔과 왼팔의 관절에 기름을 발랐다. 아랫도리는 불순한 부위이므로 제외되었다. 기름을 바르는 이 의식은 왕이라는 한 인간의 본성을 바꿔 놓았다. 그는 침해할 수 없는 존재로 변해, 더 이상 단순한 평신도가 아니게 되었다. 그는 부분적으로 성직자의 위계, 곧 사제의 위계에 합류해서 그 뒤로는 〔빵과 포도주를 함께 받는〕 양형영성체[*]를 할 수 있게 되었다. 무엇보다 그는 초자연적인 힘을 얻어서 기적을 행하며, 특히 결핵으로 유발되는 질병으로 목 림프절의 염증을 특징으로 하는 연주창을 치료할 수 있게 되었다. 그래서 그는 대관식

---

* 양형영성체(兩形領聖體) : 성체인 빵과 성혈인 포도주를 함께 받는다는 의미. 초기에는 사제와 평신도 모두가 양형영성체 방식으로 성찬을 했다. 그러나 중세 중기로 접어들면서 사제들에게만 양형영성체가 허용되었고, 평신도는 특별한 날을 제외하면 성체인 빵만 받을 수 있었다. 15세기에는 평신도도 성직자처럼 빵과 포도주를 모두 받아야 한다고 주장하는 양형영성체파가 등장했는데, 교회는 그들을 이단으로 규정하고 억압했다.

다음날 열리는 대규모 경축 전례에서 이렇게 선언했다. "왕은 그대를 만지고, 신은 그대를 치료한다." 루이 6세는 연주창에 손을 대기 (아울러 치료하기) 시작했던 첫 번째 프랑스 왕인 듯하다. 그리고 루이 16세는 그 일을 했던 마지막 프랑스 왕일 것이다.[12]

1131년 10월, 맏아들 필리프가 죽은 지 12일 만에 루이 왕자가 랭스에서 서둘러 대관식을 치른 것은 정치나 왕조 계승의 필요 때문만은 아니었다. 그것은 새로운 왕을 보호하기 위한, 거의 마법에 가까운 수단이기도 했다. 신의 징표를 새겨 넣어서, 왕조 전체에 영원히 남게 될 얼룩을 희미하게 하려고 애썼던 것이다. 카페 왕조는 그렇게 성유를 앞세워 돼지의 피고름에 맞섰다!

하지만 그 시대 사람들이나 늙은 왕 자신, 그의 측근들에게는 그것만으로는 충분치 못했던 것 같다. 루이 6세의 행동이 그 증거이다. 6년 뒤 죽을 때까지 그는 잠시도 쉬지 않고 신앙 행위에 몰두했으며, 교회에 한껏 호의를 베풀었으며, 끊임없이 참회를 했다. 마치 그의 눈에는 맏아들을 잃은 그 사고가 신의 징벌처럼 보이는 것 같았다. 돼지한테 왕을 살해하도록 만든 것은 분명히 악마였다. 하지만 신도 그렇게 되도록 그냥 놓아두었다. 이것이 루이 6세가 되뇌었던 말일 것이다.

카페 왕조는 죽은 젊은이의 할아버지, 곧 간통 행위로 여러 해 동안 파문되었던 필리프 1세의 잘못을 속죄해야 했다. 더불어 루이 6세 자신이 저지른 잘못도 속죄해야 했다. 그는 왕국의 주교들을 부당하게 대우했고, 성지를 향한 원정에 참여하지 않았으며, "자신의 배를 숭배했다."[13] 그는 신을 화나게 했다. 젊은 왕 필리프는 아버지와 할아버지가 저지른 죄 때문에 죽었다. 영혼의 평화를 얻고, 죄를 씻고, 신의 용서를 구해야 했다.

그래서 루이 6세는 자신의 치세 끝 무렵에 교황청, 프랑스 교회, 고위 성직자, 성직자, 수도사들과 가까운 관계를 유지했다. 교회와 대수도원에는 상당한 선물과 특권이 주어졌다.[14] 파리는 루이 6세의 편애를 받았던 것 같다. 그곳은 아직 현대적 의미와 같은 왕국의 '수도'는 아니었다. 당시의 왕정은 여러 곳을 순회하며 이루어졌고, 이런 방식은 오랜 기간 계속되었다. 그러나 루이 6세는 전임자들보다 더 자주 파리에 머물렀다.

필리프가 사망한 지 얼마 지나지 않아 루이 6세와 그의 왕비 아델라이드는 〔파리 북부의〕 몽마르트에 생피에르 수도원을 세웠다. 왕은 수도원에 아낌없이 은혜를 베풀었고, 1154년에는 왕비가 몸소 그곳에 묻혔다. 마찬가지로 루이 6세는 〔파리 인근의〕 생빅토르 수도원에도 여러 차례 증여를 했는데, 1113년에 그가 수도참사회원*의 시설로 세운 그 수도원에서는 지적 활동이 매우 활발히 이루어졌다.

---

* 수도참사회원(chanoines réguliers) : 수도서원을 하고 수도회 규칙에 따라 공동생활을 하는 사제들을 가리키는 말이다. 교황 그레고리우스 7세의 교회개혁운동과 함께 나타났으며, 초대교회 사도들처럼 공동생활을 영위하는 아우구스티누스회의 규범을 참사회 규칙으로 삼았다.

두 번째 필리프

왕과 왕비가 그들의 맏아들이 죽은 지 얼마 지나지 않아서 내렸던 또 다른 결정은 우리를 놀라게 한다. 그러나 출신과 가문에 관한 우리의 현대적 사고와 비교했을 때 그런 것이지, 중세시대와 앙시앵레짐, 심지어 19세기까지도 그러한 결정은 그리 유별난 일이 아니었다. 새로 가지게 된 아이가 사내아이일 때, 먼저 죽은 아들의 세례명을 물려주는 것 말이다.

이 일은 첫 번째 필리프가 죽은 지 몇 달 지나지 않아 이루어졌다. 유감스럽게도 루이 6세와 아델라이드 왕비의 일곱 번째 아들인 두 번째 필리프가 태어난 날이 언제인지는 정확히 알지 못한다. 1132년 여름이 끝나갈 무렵에 태어났다면, 비극적인 사고가 일어난 지 몇 주 뒤인 1131년 크리스마스 무렵에 임신한 것이리라. 당시 왕비는 37살이나 38살로 여전히 임신이 가능한 나이였다. 게다가 두 번째 필리프가 그녀의 마지막 아이도 아니었다. 왕비는 두 명의 아이를 더 가졌다. 하나는 1131년에 태어나 1176년에 죽은 콩스탕스라는 딸이다. 다른 아이는 1135년 가을에 파리에서 태어났다가 바로 그 해에 죽어서 생빅토르 수도원에 묻혔는데, 남자아이였는지 여자아이였는지는 알려져 있지 않다.[15]

우리는 두 번째 필리프의 정확한 출생일을 모르지만, 그의 삶에 대해서는 꽤 잘 알고 있다. 아주 어렸을 때부터 그는 성직자가 되기로 예정되어 있었으며, 많은 성직록을 받았다. 그는 퐁투아즈의 생멜롱 수도원과 코르베유의 생스피르 수도원, 에탕프의 노트르담 수도원의 수도원장 직위를 수여받았으며, 투르의 생마르탱 대성당의 참사회원이었다가 나중에 수석참사회원이 되었다. 성인이 된 뒤에 그는 콩피에뉴의 생코르네이유 수도원에서 재정관리인이자 수석참사회원이 되었다. 그곳은 그의 선조인 위그 카페가 987년에 프랑스 왕으로 선출된 장소이기도 했다. 그 뒤 그는 쉬제르와 어머니 아델라이드 왕비의 후원 아래 파리 노트르담 대성당의 부주교가 되었다. 1159년 6월에는 노트르담 대성당의 주교로까지 선출되었으나, 스스로 그러한 책임을 맡기에 부족하다고 여겨 피에르 롱바르(1096?~1160)에게 그 자리를 넘겼다. 피에르 롱바르는 16세기까지 모든 신학 입문자들의 참고서로 사용되었던 『명제집Libri Sententiarum』이라는 유명한 책을 쓴 사람이다.[16] 필리프는 2년 뒤인 1161년 9월 4일에 죽었다. 그는 왕의 아들이자 동생인 자신의 출신을 자랑스럽게 여겼던 고위 성직자로 추모되었으나 언제나 현세의 쾌락을 적대시했던 것은 아니었다. 특히 그는 1150년 콩피에뉴에서 교황이 요구했던 참사회원으로서의 역할과 개혁을 거부하며, 오랫동안 교회의 재정관리자 직위를 유지했다. 그래서 왕국에서 가장 부유한 사람 가운데 한 명이 되었다.

루이 6세의 두 아들이 잇달아 그들의 할아버지와 같이 필리프라는 이름을 지닌 것은 왕조의 구도에서 중요한 의미를 지닌다. 전에는 서양에서 거의 쓰이지 않던 이 세례명은 그때부터 확실하게 루이·앙리·로베르처럼 카페 왕조 인명의 유산 안에 포함되기 시작했다.

이 중요한 독창성은 몇십 년 동안 카페 왕조를 서유럽의 다른 왕가들과 구별하게 해주었다. 중세에 플랜태저넷 왕가의 잉글랜드 왕들 가운데에는 필리프가 없다. 이베리아반도나 스칸디나비아의 왕조들에서도 마찬가지이다. 독일의 경우에는 그 이름을 가진 군주가 딱 한 명 있다. 신성로마제국의 황제 프리드리히 1세의 아들이자 1208년에 암살된 필립 폰 슈바벤이다. 하지만 그는 황제가 아니라 로마인들의 왕(재위 1198~1208)*이었을 뿐이다.

프랑스의 카페 왕조에서 필리프란 이름이 등장하게 된 계기는 이 책의 첫 번째 장에서도 밝혔듯이 1051년에 앙리 1세가 동방의 키예프 공국 출신인 안느 왕비와 결혼한 일이었다. 그리스어에서 비롯된 이 이름은 부부의 맏아들에게 처음으로 붙여졌다. 아버지가 죽고 난 뒤에 1060년부터 1108년까지 왕위에 있었던 그는 후대에 필리프 1세라는 이름으로 불렸다. 필리프 1세 자신은 셋째아들인 망트 백작 필리프(1093~1135?)에게 그 이름을 물려주었는데, 반역을 꾀하는 마음이 가득했던 이 필리프 왕자는 자신의 형인 루이 6세와 자주 맞부딪쳤다.

카페 왕조에서는 12세기부터 필리프라는 이름이 널리 쓰이기 시작하면서 점차 '앙리(Henry)'라는 이름을 밀어내게 되었다. 앙리는 12~15세기에 대부분의 유럽 왕가들에서 가장 널리 사용된 이름이었다. 하지만 프랑스에서는 1009년에 태어난 앙리 1세와 1519년에 태어난 앙리 2세 사이에 무려 500년 가까운 시간이 흘렀다. 이것은 매우 의미심장한 현상이다. 〔왕권의 상징인〕 레갈리아와 대관식, 아울러 나중에 살펴보게 될 문장에서처럼 프랑스 왕은 이름의 영역에서도 기독교 세계의 다른 왕들과 구별되기를 바랐다. 프랑스 군주제를 상

---

* 로마인들의 왕(roi des Romains) : 신성로마제국 황제로 선출되었으나 아직 교황의 승인 하에 대관식을 치르지 못한 사람 또는 차기 황제로 지명된 황태자를 의미한다. 로마왕이나 독일왕이라고도 부른다. 필립 폰 슈바벤의 경우 그와 황제 자리를 놓고 경쟁한 오토 4세와 달리 교황 인노켄티우스 3세의 인정을 받지 못했다.

징하는 이미지는 오랫동안 다른 군주제와는 달랐다.

다시 필리프라는 이름으로 돌아가 살펴보자. 12세기 중반부터 그 이름은 카페 왕조의 모든 가지들에까지 점차 풍성하게 퍼져갔다. 왕위를 차지하는 맏아들의 가계에서 그 이름은 이제 루이라는 이름과 번갈아 가며 왕의 맏아들에게 두 세대에 한 번씩 주어졌다. 할아버지의 이름을 쓰는 것이 사실상 관례로 자리를 잡은 것이다. 그러나 이따금 장남이 아버지보다 먼저 죽는 바람에 교차하면서 나타나는 순번의 흐름이 깨지는 경우도 있었다. 그럴 때에는 두 명의 루이나 두 명의 필리프가 잇달아 나타나게 된다. 13세기를 예로 들어 살펴보면, 1226년 루이 9세는 루이 8세의 뒤를 이었다. 루이 9세의 큰형인 필리프가 10살이라는 어린 나이로 일찍 죽었기 때문이다. 마찬가지로 1285년에 필리프 4세는 필리프 3세의 뒤를 이었다. 맏아들인 루이가 아버지 필리프 3세보다 먼저 죽었기 때문이다. (본문 뒤에 첨부한 카페 왕조 왕들의 계보를 보라.)

여기에 더해 우리는 루이 8세와 블랑슈 드 카스티야 왕비 사이에서 1223년 이전에 태어난 9명의 자식들이 왕실에서 할아버지의 얼굴을 본 최초의 아이들이었다는 사실도 염두에 두어야 한다. 필리프 2세는 1223년에 죽었고, 당시 9살이던 성왕 루이는 뒷날 자신에게 훌륭한 귀감이자 본보기가 되었던 명망 높은 할아버지에 관한 추억을 즐겨 이야기하곤 했다.

1131년에 세상을 떠난 우리의 젊은 왕 필리프는 전혀 그렇지 못했다. 그는 자신의 할아버지를 알지 못했고, 이름이 같은 형제도 없었다. 그는 가까운 친척이든 먼 친척이든 자신과 세례명이 같은 친족을 알지 못했다. 그가 짧은 인생을 살았던 당시만 해도 그것은 너무 일렀다. 하지만 두 세대가 지나자 카페 왕가에는 필리프가 급격히 늘어났다.

왕국의 대영주들 가운데에서 최초로 그 이름을 갖게 된 사람은 1143년에 태어나서 1191년에 성지에서 죽은 필리프 달자스(1143~1191)로 보인다. 플랑드르와 베르망두아의 백작이던 그는 필리프 2세의 세 명의 대부 가운데 하나였다. 따라서 필리프 2세는 그로부터 이름을 받았을 수도 있다. 그러나 우리는 1143년에 필리프 달자스가 어째서 그의 선조들에게는 잘 알려져 있지 않았으며, 플랑드르의 백작인 그의 아버지 티에리 달자스와 앙주 백작 풀크 5세의 딸인 어머니 시빌 양쪽 모두의 조상들에게는 없는 필리프라는 세례명을 받았는지, 그 이유에 대해서는 알지 못한다. 그것을 그 당시 프랑스 국왕의 형제이며, 12년 전에 돼지에게 치욕스러운 죽임을 당한 우리의 가련한 필리프에 대한 추모 때문이었다고 생각해도 될까? 확인할 수 있는 방법이라고는 전혀 없으며, 가설은 너무 빈약해 보인다.

불행한 통치의 시작

젊은 왕 필리프가 죽은 뒤에 행해진 모든 조치들, 다시 말해 생드니에서의 장례식, 랭스에서의 대관식, 또 다른 필리프의 탄생, 왕실 수도원의 설립, 그 뒤에 지속된 교황과 교회의 지지는 늙은 왕 루이 6세의 고통과 꺼림칙함을 점차 누그러뜨려 주었다. 그는 1137년 8월 초에 죽었다. 세상을 떠나기 전에 그는 (앞으로 루이 7세가 될) 자신의 어린 아들 루이를 아키텐 공작 기욤 10세의 유일한 상속녀와 결혼시키는 데 성공했고, 그 일을 매우 만족스럽게 여겼다. 알리에노르는 15살밖에 되지 않았지만, 그녀는 미래의 프랑스 왕에게 루아르강과 피레네산맥 사이에 있는 〔프랑스 남서부 지역의〕 넓은 영토를 가져다줄 것이기 때문이었다. 그것은 오늘날 프랑스의 약 20개 주에 해당하는 면적이다. 물론 이것은 인적 결합에 지나지 않아, 아키텐의 영주들은 프랑스 왕이 아니라 오로지 미래의 프랑스 왕비에게만 경의를 보이면 됐다. 하지만 늙고 뚱뚱한 왕이 죽어가고 있던 바로 그 순간에 〔아키텐 지방의〕 보르도에서 치러진 이 결혼식은 카페 왕조에 눈부시도록 반짝이는 희망의 빛을 조금이나마 되돌려주는 듯했다.

어린 공주는 아름답고 지적이었으며, 활기차고 쾌활했으며, 그다지 종교적이지 않고 매우 자유분방했다. 그녀는 남쪽 왕국 특유의 어떤 삶의 방식을 궁정에 가져왔다. 그런데 과연 공주가 침울하고 신앙심이 깊었으며, 걱정이 많고 흥겨움과 새로운 것을 별로 내켜하지 않는 남자인 그녀의 남편과 잘 지낼 수 있었을까? 몇 달 동안은 그 시대 사람들도 그럴 수 있으리라고 믿었지만, 곧 실상을 마주해야 했다. 젊은 부부는 잘 맞지 않았다.

게다가 남자는 불임이었다. 8년 동안 아이가 태어나지 않았고, 이 것은 궁정과 왕의 측근들을 당황하게 만들었다. 실제로 나중에 샹파뉴 백작과 결혼할 첫 번째 딸 마리(1145~1198)가 태어나려면 1145년까지 기다려야 했다. 이것은 육신의 쾌락과 육체적 결합을 그다지 즐기지 않은 것처럼 보이는 왕의 잘못이었을까? 아니면 여왕의 잘못이었을까? 그녀는 24살이 다 되어서야 첫 아이를 낳았다. 12세기에 이 것은 첫 출산으로는 늦은 나이였다. 그렇지만 아마 책임은 알리에노르 왕비가 아니라 루이 7세한테 있었을 것이다. 그녀는 나중에 9명의 아이를 더 낳았다. 10명의 아이 가운데 두 명의 딸은 루이 7세의 자식이었고, 나머지 8명은 잉글랜드 플랜태저넷 왕가의 왕인 헨리 2세의 자식들이었다. 미래에 존 왕이 될 마지막 아이는 1167년에 태어났는데, 그때 알리에노르는 45살이었다! 참으로 비옥한 왕비였다.

루이 7세는 부부 관계와 후계자 문제에 더해 국정을 담당할 능력에도 문제가 있었다. 이것은 그 자신도 인정했던 것이다. 루이 7세는 왕의 직무를 담당할 준비가 되어 있지 않았다. 그는 파리 노트르담 대성당의 성당학교에서 자랐으며, 성직자로서의 경력을 쌓을 운명이었다. 왕위에 오르지 않았다면 그는 많은 성직을 얻었을 것이고, 왕실 수도원장과 주교의 직위를 거쳐서 점점 더 중요한 자리에 오르다가 분명히 랭스 대주교로 경력을 마쳤을 것이다. 뒷날 그의 남동생 앙리(1121~1175)가 틀에 박힌 듯한 이 경로를 그대로 밟았다. 그러나 1131년 떠돌아다니던 비천한 돼지, 그 끔찍한 '악마의 돼지' 때문에 전혀 다른 결정이 내려졌다. 맏아들인 필리프가 죽었고, 둘째아들인 루이가 왕위 계승자가 되었다. 그때부터 루이 6세가 죽은 1137년까지의 6년 동안 무슨 일이 있었을까? 무슨 일 때문에 어린 루이는 왕의 역할과 미래의 직무에 대해 더 잘 교육을 받지 못한 것일까? 병이 들고 슬픔에서 헤어나지 못한 아버지는 필리프에게 했던 교육자로서의 역할을 루이에게는 잘 하지 못했던 것 같다. 그렇다면 쉬제르는 무엇을 하고 있었을까? 그는 왜 장차 프랑스 국왕이 될 루이의 교육을 더 잘 통제하지 못한 것일까? 모를 일이다. 생드니 수도원의 개편과 그가 왕국 안에서 가장 아름답게 만들고 싶어 했던 수도원 교회의 개축 계획 때문에 너무 바빴기 때문이었을까? 하지만 새로운 통치가 시작된

지 3년만인 1140년에 상황은 정말 심각해졌다.

어쨌든 젊은 루이 7세는 실제로 왕으로서의 역할을 할 준비가 거의 되어 있지 않았다. 그는 왕위에 오른 지 2년도 되지 않아 왕권의 행사에 해를 끼치고 개인의 명예를 떨어뜨리는 여러 정치적 실수를 저질렀다. 비록 최근에 와서 역사가들이 역사에 남은 루이 7세의 부정적인 이미지를 어느 정도 수정했지만,[17] 그가 통치 초기부터 서투르고, 순진하고, 우유부단하고, 이따금 쓸데없는 고집을 부리곤 했다는 점에 관해서는 평가가 달라지지 않았다.

게다가 개인적인 차원에서 그는 여리고 침울한 사람이었다. 그에게는 유능한 측근의 명확한 충고와 사기를 북돋아줄 격려가 필요했다. 그렇지만 아버지의 정책이 이어지고 아버지의 옛 고문들이 남아 있던 얼마간의 시간이 지나자, 그는 그것들로부터 떨어져 나왔다. 그 순간 어머니인 아델라이드 왕비도 왕과 멀리 떨어져 있었다. 그녀가 남편이 죽은 지 채 1년도 되지 않아 프랑스의 원수元帥이자 몽모랑시의 영주인 마티유 1세(1100?~1160)와 재혼했던 것은 분명한 사실이다. 얼마 뒤에는 쉬제르도 국정에서 배제되었다.

루이 7세는 참으로 다양한 고위 성직자들에게 화를 냈다. 교황은 물론이고, 서방 기독교 세계 전체의 사상적 지도자인 그 위대한 베르나르 드 클레르보에게도 그러했으니 말이다. 교회 전체가 루이 7세와 대립하고 있는 것처럼 보였다. 이는 매우 모순된 상황이었다. 그는 신앙심이 지나치게 깊은 군주였으며, 살면서 여러 번이나 되풀이해서 자신은 프랑스의 왕이기보다는 평범한 수도사이기를 더 바란다고 밝혔기 때문이다.

이 모든 불화의 근원은 주교 선출에 있었다. 문제는 새롭지 않았다.

군주와 교황 가운데 누구에게 교회참사회가 선출한 새로운 주교들을 서임할 권리가 있는가? 이 질문은 몇 세기 동안 프랑스와 교황청의 관계를 경직시켜 왔다. 루이 7세는 자신의 전임자들처럼 자신이 원하는 후보자를 밀어붙이려 했다. 그는 1138년 [프랑스 북동부의] 랑그르에서, 1141년에는 [프랑스 중부의] 부르주에서 그렇게 했다. 이와 같은 일들은 그에게 타격으로 돌아왔다. 그는 그렇게 함으로써 랑그르에서 어느 시토회 수도사를 후보자로 밀었던 성 베르나르의 분노에 불을 붙였다. 교황 인노켄티우스 2세의 분노도 촉발되었다. 교황은 자기 손을 벗어나 부르주에서 치러진 새 대주교의 임명식을 보려고 하지도 않았다. 사태가 악화되었다. 적절한 조언을 받지 못한 루이 7세는 10년 전에 랭스에서 자신에게 대관식을 올려준 인노켄티우스 2세에게 대들었다. 마침내 그는 파문을 당했으며, 왕국의 일부에는 성무 집행 금지령이 내려졌다.

여기에 또 다른 재난도 추가되었다. 서임권 투쟁 위에 그야말로 봉건 전쟁까지 더해진 것이다. 결혼을 둘러싼 갈등으로 티보 드 샹파뉴(1090?~1152) 백작과 싸움을 벌이던 사촌 라울 드 베르망두아(1094?~1152)를 지원하기 위해 루이 7세는 자신의 주요 봉신인 티보의 영지로 쳐들어갔다.[*] 비트리앙페르투아, 다시 말해 지금의 비트리르 프랑수아까지 군사 작전이 행해졌고, 1143년 1월에 왕은 그곳을 점령하는 데 성공했다. 왕의 병사들은 도시로 들이닥쳐 약탈하고 집들

---

[*] 라울은 티보의 여동생 엘레오노르(Éléonore de Champagne, 1104~1141)의 남편이었다. 그러나 라울은 아키텐 공작의 딸 페트로닐 다키텐(Pétronille d'Aquitaine)과 결혼하기 위해 1142년 엘레오노르와 이혼했고, 이 일로 티보와 라울은 충돌했다.

을 불태웠다. 그리고 나중에는 일부 주민들이 피난처로 삼았던 교회 안에까지 불을 질렀다. (왕의 승인이 있었을까, 없었을까?) 죽은 사람이 1천 명이 넘었다. 이 고의적인 학살은 서방 세계 전역에 엄청난 파장을 불러일으켰다. "교회로 피신한, 천 명이 넘는 신의 아들딸들을" 기독교 왕국의 왕이 불태워 죽인 것이었기 때문이다.[18]

루이 7세 십자군에 참가하다

수치심과 죄의식에 짓눌리고 압도되어 공포에 휩싸인 루이 7세는 전쟁을 신속히 멈추고 샹파뉴 백작과 강화를 맺었다. 완전히 당황해서 어찌할 줄 모르던 그는 자신뿐 아니라, 집안 전체가 저주를 받았다고 생각했다. 악마가 보낸 불길한 돼지가 파리의 길거리에 난입한 뒤로, 그의 형인 필리프가 죽은 뒤로, 프랑스 군주제와 카페 왕조는 모든 면에서 나쁜 길만 걷고 있었다. 1131년에 생긴 얼룩은 작아지기는커녕 더 커져만 가고 있는 것처럼 보였다.

사태를 수습하기 위해 쉬제르와 베르나르가 나섰다. 쉬제르는 왕에게 교황과 화해하고, 교황이 밀고 있는 후보자를 부르주의 주교로 받아들이라고 충고했다. 얼마 지나지 않아 교황 인노켄티우스 2세가 죽은데다가 새로운 교황이 회유하려는 모습을 보였으므로 루이 7세는 이 충고를 잘 따랐다. 왕국과 왕을 짓누르고 있던 성무집행 금지령과 파문이 걷혀졌다. 한쪽에서는 베르나르가 왕의 고해를 들어주었다. 베르나르는 왕에게 속죄를 행할 것을, 다시 말해 성지로 떠날 것을 권했다. 사실 이 클레르보의 수도원장은 얼마 전에 팔레스타인에 있는 기독교 국가들의 프랑크인들이 매우 심각한 어려움에 놓이게 되었다는 사실을 알게 되었다. 〔제1차 십자군 때에 터키 남동부에 세워진〕 에데사 백국伯國이 이슬람 세력에게 점령되었고, 예루살렘 왕국마저 위태로워 보였다. 그들은 도움이 필요했다. 마침내 루이 7세는 쉬제르의 충고를 받아들이지 않고 십자군 원정에 나서기로 결심했다.

이렇게 된 데에는 왕국과 제국에서 행해진 성 베르나르의 장엄한 설교가 한몫했다. 그는 1146년 부활절에 〔프랑스 중부〕 베즐레에서 수많은 군중을 앞에 두고 왕과 왕비, 왕국의 모든 대영주들에게 십자군에 참가하라고 권유했다. 그 뒤 그는 황제와 황제의 친척들도 그렇게 하도록 설득하기 위해 독일로 갔다. 그는 어디에서나 큰 성공을 거두었고, 십자군에 참여하려는 사람들이 늘어났다. 모두가 떠나고 싶어했다. "도시와 성들이 황량한 들판처럼 바뀔 정도였다"는 연대기 작가의 과장 섞인 말은 당시 베르나르의 설교가 얼마나 큰 설득력을 발휘했는지를 보여준다.[19] 자신이 이미 불신자들에게 맞서 승리했다고 생각해 처음에는 머뭇거리던 〔독일의 황제〕 콘라트 3세(1093~1152)도 원정에 나서기로 결심했다.

루이 7세는 성지로 향한 여정이 자신은 물론이고 아버지와 할아버지의 잘못까지 지워줄 것이라고 생각했다. 이들 3대는 모두 교회의 계명이나 교황의 뜻을 지키지 않아 한때 파문을 당했던 시기가 있었다. 이 파문의 시간을 속죄해야 했다. 더불어 그의 형 필리프의 비천한 죽음이 가문 전체에 남긴 얼룩을 십자군의 승리로 깨끗하게 씻어내야 했다.

1146년 봄에 루이 7세는 베즐레에서 성 베르나르로부터 십자가를 건네받았다. 그래서 그는 서방 세계에서 십자군에 참가한 최초의 왕으로 역사에 남게 되었다. 몇 달 뒤에 루이 7세는 〔파리 남서쪽에 있는〕 에탕프에서 회의를 열어 그가 나라를 떠나 있는 동안에도 왕국이 운영될 수 있도록 조치를 했다. 교황의 추천으로 생드니 수도원장인 쉬제르가 섭정을 맡게 되었다. 그리고 왕의 사촌인 라울 드 베르망두아와 랭스의 대주교가 그를 돕게 되었다.

그 뒤 왕은 공식적으로 생드니 대수도원에 있던 〔프랑스 왕의 전쟁 깃발〕 '오리플람(oriflamme)'*을 찾아갔다.^{도판 18} 이 시기에 이미 강한 상징적 의미를 지니고 있던 이 물건은 본래는 대수도원의 세속적 권한과 관련이 있었다. 그것은 단지 봉건적인 〔끝이 여러 갈래로 갈라진〕 '의장기(gonfanon)'에 지나지 않았지만, 12세기부터는 전투에서 왕과 군대를 보호하는 성인의 깃발로 여겨지고 있었다. 커다란 붉은 단색 천으로 만들어진 그것은 깃대 꼭대기에 매달렸는데, 연대기와 무훈시들에 묘사되어 있던 카롤루스 대제의 전설적인 왕의 깃발을 연상시켰다.

그런데 여기에서 주의해서 기억해 두어야 할 것은 루이 7세가 십자군 원정을 떠나면서 보호를 청한 것이 파란색이 아니라 붉은색이었다는 사실이다. 〔파란색이 등장하기에는〕 1147년은 아직 일렀다. 붉은색이 효험이 있으리라는 기대를 받게 된 까닭은, 카페 왕조의 왕이 처음 원정을 떠나려고 왕국을 나서면서 사용했던 깃발의 색이 그것이었기 때문이다.

---

* 라틴어로 '황금 불꽃(aurea flamma)'을 뜻하는 말에서 비롯되었다. 붉은색 바탕에 끝이 여러 갈래로 갈라진 깃발이다. 본래는 생드니 수도원의 깃발이었으나 출정식이나 전쟁터에서 프랑스 왕실 군대가 자주 사용하면서 나중에는 프랑스 왕의 전쟁 깃발처럼 여겨졌다.

왕의 군대는 1147년 6월 [프랑스 동북부] 메스에 모였고, 다른 십자군 지도자인 콘라트 3세의 군대와 합류하기 위해 길을 나섰다. 이것은 독일·오스트리아·헝가리를 가로질러서 가는, 끝이 보이지 않는 행군이었다. 그들은 성문을 걸어 잠근 일부 도시들 때문에 보급품을 확보하는 데 어려움을 겪었다. 사실 이 군대에는 대영주들과 기사들만 있는 것은 아니었다. 그들의 배우자인 수많은 여성들이 덩치가 큰 짐 덩어리들을 싣고 함께 갔다. 그 뒤로는 하급 무사들과 궁수들, 평범한 병사들의 행렬이 이어졌으며, 의도가 분명하지 않은 다양한 집단의 남녀가 스스로 뒤를 따라왔다. 그 가운데에는 진짜 강도도 있었고, 문란한 여자들이나 계시를 받은 자들도 있었다. 여행은 굼떴다. 십자군과 순례라는 취지는 여정을 길어지게 만드는 경향이 있었다. 그래서 10월 초에 마침내 콘스탄티노플에 도착할 때까지 무려 5개월이나 걸렸다.

여기에서 관습적으로 제2차 십자군이라고 불리는 이 원정에 관해 상세히 이야기하려는 것은 아니다.[20] 이 십자군은 드높은 열정을 가지고 출발했으며, 한때는 성지를 수호하는 기독교인들에게 희망이 되리라는 기대를 받기도 했다. 하지만 그것은 완전한 실패이자 재앙 그 자체였다.

여기에는 몇 가지 이유가 있었다. 우선 원정대를 이끈 두 지도자, 곧 독일 황제와 프랑스 왕 사이에 불화가 있었다. 다음으로는 비잔티움 사람들의 모호하고 변덕스러운 태도, 특히 비잔티움 제국의 황제 마누엘 1세(1118~1180)의 태도를 들 수 있다. 세 번째는 [터키의 고원지대인] 아나톨리아를 긴 시간을 들여 횡단하면서 큰 손실을 입었기 때문이다. 콘라트 3세는 그 길을 끝까지 갔으나, 군대 대부분을 도중에 남겨두어야 했다. 루이 7세는 부분적으로는 뱃길을 선택해 우회했지만 위험하기는 마찬가지였다. 마지막 원인은 프랑크 공국들에 도착하고 난 뒤에 보인 두 군주의 망설임이다. 그들이 어디를 공격했던가? 그들은 에데사 백국으로 곧바로 나아갈 수 있는 [시리아 북부의] 알레포를 포위해서 정복지를 되찾으려 하지 않았다. 그 대신 그들은 1148년 7월 다마스쿠스로 진격했다. 하지만 그곳을 점령하지 못했다. 이때부터 어수선해졌다. 콘라트 3세는 콘스탄티노플로 돌아갔다. 루이 7세는 예루살렘에 얼마 동안 머무르다가 쇠약해져서 [몸의 일부 조직이 죽는] 괴저壞疽가 생기자 프랑스로 돌아왔다.

십자군은 난파선과 같았다. 그것은 성지의 기독교 국가들에 도움을 주지 못했을 뿐 아니라, 오히려 이슬람 세력이 그들에 맞서 하나의 전선으로 결집하게 만들었다! 십자군 원정 뒤에 [이슬람 신앙을 지키기 위해 이교도와 벌이는 성전인] 지하드에 대한 열의가 되살아났고, 뒤이어 두 명의 위대한 지도자인 [장기 왕조의 제2대 술탄] 누르 앗딘(1118~1174)과 [아이유브 왕조의 제1대 술탄] 살라딘(1137~1193)이 군사적 · 정치적으로 매우 커다란 성공을 거두었다.

어떤 역사가들은 이 불운한 십자군 원정 기간에 있었던 알리에노르 왕비의 행동에 관해 매우 과장해서 이야기를 한다.[21] 그 시대 사람들은 왕비가 [지금의 터키와 시리아 접경 지역에 있던] 안티오키아 공국의 군주이자 자신의 삼촌인 레이몽 드 푸아티에(1115?~1149)에게 보였던 지나치게 정감 어린 태도에 놀랐다. 간통이나 근친상간의 관계였을까? 아마 아닐 것이다. 통념과는 달리 중세시대에 왕비의 부정은 드문 일이었다. 그래서 아서왕 소설에서 남편 아서를 속이고 란슬롯과 부정을 저지른 것으로 나오는 귀네비어 왕비는 대중들에게는 끔찍하고 파렴치하고 가증스러운 인물이었다. 이렇듯 현실에서는 왕비의 부정이 드문 일이었지만, 부정에 관한 소문은 이미 12세기에 궁정 한복판에서 빠르게 퍼져가고 있었다. 아마 안티오키아 공국에서도 그랬을 것이고, 이것은 루이 7세를 몹시 불쾌하게 만들었을 것이다. 바로 이 때문에 루이 7세는 알레포를 포위해 공격하는 것을 돕지 않고, 서둘러 안티오키아 공국을 떠나 예루살렘으로 갔다. 그곳에서 그는 개인적인 순례를 마치기를 원했다. 그는 군사적인 문제들보다는 십자군의 영적인 측면에 더 관심이 많았다.

왕비의 행동에 관해서도 살펴보자면, 그것은 분명히 관능적인 것이 아니라 정치적이고 가족적인 것이었다. 그녀는 남편의 모호한 계획보다는 자기 아버지의 형제인 레이몽의 계획을 우선시했다. 그렇게 해서 그녀는 스스로를 카페 왕조의 왕비라기보다는 아키텐의 공녀처럼 보이게 했다. 루이 7세는 그런 그녀를 비난했다. 부부 사이의 갈등이 커져갔고, 이혼에 관한 말들이 나오기 시작했다.

성모에게 호소하다

프랑스로 돌아온 루이 7세는 고달팠다. 십자군은 커다란 재앙이 되었다. 프랑스의 수많은 영주들과 기사들이 동방에서 죽었다. 원정 때문에 왕실 재정도 심각한 타격을 입었다. 자신이 염원하고 설교했던 십자군의 실패에 굴욕감을 느낀 성 베르나르는 루이 7세에게 책임을 떠넘겼다. 아울러 루이 7세의 아내이자 변덕이 심한 알리에노르 왕비는 12년 동안이나 이어진 결혼생활에도 아직 그에게 남자 후계자를 안겨주지 못했다. 그녀는 점점 더 그에게서 멀어졌다.

확실히 왕과 그의 가문은 저주를 받은 듯했다. 악마가 언제나 손을 쓰고 있는 것 같았다. 왕이 되기를 바라지 않았던 그가 그러한 저주를 받아야 할 이유는 무엇일까? 그런데 그는 과연 합법적인 군주이기는 한 것일까? 지옥의 심연에서 곧바로 튀어나온 비천한 돼지가 그에게 왕관을 씌워준 것은 아닐까? 돼지는 일반적인 왕위 계승의 규칙을 흐트러뜨렸다. 이렇게 왕조가 추락하고 오명을 쓴 마당에 어떻게 왕이 제구실을 할 수 있겠는가?

1149년 11월 자신의 왕국으로 돌아온 루이 7세에게는 이러한 질문들이 던져졌다. 루이 7세가 기댈 곳이라고는 쉬제르밖에는 없었다. 그는 몇 가지 어려움을 겪었지만, 왕이 나라를 비웠던 2년 동안 왕국을 평화롭게 지켰다. 쉬제르의 전기를 쓴 수도사 기욤에 따르면, 왕은 이 생드니 수도원장을 '조국의 아버지'라고 부르며 고마워했다고 한다.[22] 12세기에 사용된 것 치고는 놀랄 만큼 현대적인 이 표현은 쉬제르가 얼마나 뛰어난 정치가였는지, 아울러 그가 어떻게 군주를 지원하고 조언하고 격려했는지를 다시금 알려준다.

아마도 십자군에서 돌아온 바로 그 순간에 왕의 측근에게는 새로운 생각이 떠올랐을 것이다. 이 강력하고 영예로우며 특별한 생각이 생드니 수도원장에게서 비롯된 것인지, 클레르보 수도원장에게서 비롯된 것인지, 아니면 왕 자신에게서 비롯된 것인지는 알 수 없다. 그것은 바로 성모에게 호소하는 것이었다! 십자군이 실패하고, 왕실의 모든 경건한 신앙 행위가 쓸모없거나 불행한 것이 되어버렸으니 하늘나라의 문을 더 세게 두드리며 도움을 요청해야 한다. 그런데 왜 신의 거룩한 어머니에게 도움을 청하지 않는가? 어째서 왕과 그의 가족, 왕국을 보호하기 위해 아들에게 중재를 해달라고 그녀에게 요청하지 않는가?

12세기 중반에 이르러 서구 기독교 세계의 대부분 지역에서는 성모 마리아 숭배가 완전히 팽창해 있었다. 이미 몇십 년 전부터 마리아는 기독교의 핵심 인물 가운데 하나이자, 육화의 신비를 이해하기 위한 필수적인 열쇠로 여겨지고 있었다. 이것은 중세 초기에는 전혀 볼 수 없던 일이었다. 신학도 자신의 사색과 논쟁의 대부분을 성모에게 바치고 있었다. 이제 그리스도의 이러저러한 문제들과 관련해서만이 아니라 그녀 자체에 대한 탐구가 시작되었다. 그래서 성모의 순수성, 처녀성, 〔원죄 없는 잉태라는〕무염시태無染始胎의 개념, 승천 방식 등이 논의의 중심으로 떠올랐다.

12세기는 중세의 성모 마리아 신학이 융성했던 세기였다. 전례는 성모에게 바쳐진 네 개의 축일에 한정되지 않다. (3월 25일의) 성모영보 축일, (8월 15일의) 성모승천 축일, (12월 25일의) 성탄일, (2월 2일의) 성모정화 축일만이 아니라, 성모와 관련된 점점 더 많은 기도와 〔주고받으며 번갈아 부르는〕교송, 설교들이 생겨났다. 심지어 '성모송(Ave Maria)'이 '주기도문(Pater)'이나 '사도신경(Credo)'과 같은 수준의 공식 기도문이 되기도 했다.

도상도 신학과 전례의 일반적인 흐름을 따랐다. 1120년과 1160년 사이에 새로운 소재와 형식들이 만들어졌고, 이것은 14세기 중반까지 거의 변하지 않았다. 뒤에서 다시 살펴보겠지만, 이 새로운 소재들 가운데에서도 '성모의 대관', 다시 말해 천국에 받아들여진 마리아가 즉위하고, 찬양받고, 때로는 그리스도에게 왕관까지 받는 장면을 묘

사한 것은 이 책의 주제와 관련해 놓쳐서는 안 될 중요한 의미를 지니고 있다.^{도판 14}

더 오래된 소재들에 관해 살펴보면, 그것들은 기독교 안에서 그리스도의 어머니가 했던 초기의 역할을 변형시키고 되새긴다. '성모자상'이 정확히 그러한 사례이다.^{도판 16} 기독교의 초기 몇 세기 동안 어머니는 아들의 부속물 같았다. 작고, 눈에 띄지 않고, 뒤로 물러나 있는 그녀는 말하자면 일종의 의자와 같은 역할을 했다. 하지만 나중에는 위계가 뒤집혀 어머니는 커지고 아이는 작아졌다. 그리고 서기 1천년 이후에는 아들이 어머니의 부속물처럼 되기에 이르렀다.[23]

신학과 전례, 도상에서 나타난 이러한 변화는 엄청난 마리아 열풍과 함께 나타났다. 그것은 시토회나 프레몽트레회처럼 그 근래에 설립된 수도회들과 몇몇 걸출한 교회 인물들에 의해 장려되었는데, 성베르나르도 결코 빠뜨릴 수 없는 인물이었다. 그는 이 열풍을 가장 앞장서서 이끈 사람 가운데 하나였다.

성모는 이따금 설교와 기도에서 그리스도의 존재를 가리기도 했다. 그리고 그녀는 이제 기적을 행하는 존재가 되었다. 그 기적들을 묶어 놓은 책이 편찬되었고, 프랑스에서는 성모의 기적이 나타난 장소들이 순례지가 되었다. 샤르트르 · 르퓌 · 볼로뉴 · 로카마두르 · 쿠탕스 · 퐁투아즈 등 순례지의 수는 시간이 갈수록 더 늘어났다. 무엇보다도 그녀는 신도들이 가장 먼저 찾아가는 탁월한 중재자이자 특권을 누리는 〔신과 인간 사이의 관계를 성립시키고 화해시키는〕 중보자仲保者가 되었다. 모두가 마리아의 자녀가 되었다. 신의 어머니는 이제 모든 인간의 어머니였다.

그 시대의 다른 많은 사람들처럼 루이 7세도 성모 마리아에게 큰 존경심을 가졌던 것 같다. 하지만 그의 성모 마리아 숭배는 더 열렬했으며, 독창적인 양상을 띠고 있었다. 그는 노트르담 대성당의 성당학교가 있는 파리에서 자라고 교육을 받았으며, 형의 불명예스러운 죽음 때문에 왕위 계승자가 된 1131년까지 그 교회의 회랑을 벗어나지 않았다. 그의 신앙심은 성모 마리아에게 헌정된 바로 그 교회에서 싹텄다. 어른이 된 뒤에도 그는 모든 면에서 극단적이고 엄격했으며, 이따금 금욕주의적인 경건함마저 보일 때도 있었다. 그의 전기 작가 가운데 한 명에 따르면, 그는 "성모 마리아를 자신의 어머니로 여겼다"고 한다.[24] 게다가 그는 툭하면 성모를 찾았는데, 국정에 관한 일에는 유독 더 그러했다. 그는 성모 마리아를 열심히 섬기고 '프랑스의 여왕'으로 삼는 조건으로 신이 자신에게 왕국을 주었다고 말하기도 했다.[25]

물론 이것은 은유에 그치지 않고, 정치적·왕조적인 차원에서 실제로 구상된 것이기도 했다. 특히 십자군 원정에서 돌아온 뒤에는 더욱 그러했다. 이제 우리는 그에 관해 살펴볼 것이다. 하지만 그러기 전에 먼저 루이 7세와 알리에노르 왕비의 첫 번째 아이이자 딸이 태어났던 1145년으로 가보자. 그 아이가 받은 세례명은 바로 천상의 여왕이름인 마리아였다. 1198년에 죽은 이 공주는 뒷날 매우 유명해졌다. 샹파뉴 백작이던 앙리 르 리베랄(1127~1181)의 아내이자 문학과 예술의 후원자였던 그녀는 트루아에서 명석한 사람 하나를 거두어 휘하에 두게 되었다. 바로 그녀를 '샹파뉴 부인'이라고 불렀던 크레티앵 드 트루아(1130?~1180?)였다. 그녀의 후원을 받은 사람들 가운데 한 명이었던 그는 뒷날 그녀에게 『죄수 마차를 탄 기사Le Chevalier de la Charrette』라는 〔속어로 쓰인 소설인〕 로망 작품을 헌정했다.

1145년은 카페 왕조에서 왕의 딸이 마리아라는 이름을 받은 최초의 해였다. 987년 위그 카페가 왕위에 오른 이래로 아홉 명의 왕의 딸이 문헌에 이름을 남겼다. 하지만 그들 가운데 어느 누구도 마리아라고 불리지는 않았다. 콩스탕스(Constance)가 3명, 헤드위제(Hedwige)가 2명, 지젤(Gisèle)이 1명, 아델(Adèle)이 1명, 세실(Cécile)이 1명, 외스타쉬(Eustachie)가 1명이었다.[26] 1145년 이후에 왕실의 아이들 가운데에서 다시 마리아라는 세례명을 받은 아이가 태어나기까지는 40년 이상을 더 기다려야 했다. 필리프 2세와 아그네 드 메라니의 딸인 이 새로운 마리아는 뒷날 브라방 공작의 아내가 되었으며, 1238년에 죽었다. 뒤이어 왕위에 오른 두 명의 통치자, 루이 8세와 성왕 루이의 치세에도 왕의 딸들 가운데 마리아라는 이름은 보이지 않는다. 마찬가지로 13세기 후반 이전까지의 기록에서는 잉글랜드 플랜태저넷 왕가의 딸들, 이베리아반도 왕들의 딸들, 독일 황제들의 딸들 가운데에서도 마리아는 보이지 않는다.

루이 7세는 서구 기독교 세계의 다른 모든 군주들보다 한 세기 정도 앞섰던 것 같다. 1145년에 왕의 핏줄인 딸아이의 세례명으로 마리아를 선택한 것은 이례적인 일이었다. 이것은 인간이 된 신을 낳은 어머니를 향한 왕의 엄청난 애정의 증거이며, 몇 년 뒤에 이루어질 놀라운 결정의 전조였다. 프랑스 왕이 성모의 주요한 도상학적 특징 두 가지를 가져와서 처음으로 백합과 파란색이 들어간 왕실 문장을 만들어 사용하기 시작했던 바로 그 일 말이다.

두 명의 열성 신도, 쉬제르와 베르나르

루이 7세가 성모에게 그러한 애착을 보인 유일한 사람은 아니었다. 그의 곁에 있던 다른 두 명의 사람, 이 책에서 중요한 역할을 하는 두 명의 인물은 마리아를 향한 신앙심을 열렬하게, 하지만 서로 매우 다른 방식으로 드러낸다. 그들은 바로 쉬제르와 성 베르나르이다.

쉬제르는 그리스도의 어머니에게 처음에는 재편에 착수했다가 1130~1140년대부터는 상당 부분을 다시 세운, 자신의 생드니 수도원 교회의 늘어난 공간을 계속해서 선사했다. 그는 특히 예배당 하나를 통째로 그녀에게 헌정했다. 성모의 다양한 삶의 장면들로 장식된 그곳 채색 유리창에는 아주 특별한 증거가 하나 남아 있는데, 바로 수태고지를 받는 성모의 발치에 있는 쉬제르 자신의 모습이다.^{도판 15} 1142년과 1144년 사이에 만들어져 여러 차례 보수와 재배치 작업을 거친 이 유명한 스테인드글라스는 인간이 된 신을 낳은 어머니와 생드니 수도원장이 매우 강하게 연결되어 있었음을 그 자체로 확인시켜준다.[27]

이러한 유대 관계는 몇 년 뒤에 쉬제르가 파리의 노트르담 대성당에 바쳤지만 지금은 유실된 또 다른 스테인드글라스, 성모 대관의 장면을 묘사한 채색 유리창에도 반영되었다.[28] 이것은 스테인드글라스에 성모 대관의 장면이 표현된 최초의 사례이다. 그리고 이를 주창했던 이는 생드니 수도원장이었다. 〔프랑스의 도상 연구자인〕 위대한 에밀 말레(1862~1954)가, 수많은 후예를 낳게 될 이 새로운 주제의 마리아 도상을 쉬제르가 고안해낸 것으로 생각했던 데에는 다 그럴 만한 이유가 있었던 것이다.[29]

마리아를 향한 쉬제르의 열정은 의심할 여지가 없이 확실하다. 비록 사심이 전혀 없었던 것은 아니었지만 말이다.

그가 수도원의 교회를 다시 지으면서 많은 돈을 쏟아 부었던 데에는 적어도 두 가지 목적이 있었다. 하나는 그곳을 로마 가톨릭의 가장 아름다운 성소로, 마치 천상에서 지상으로 내려온 예루살렘처럼 만들려는 목적이었다. 「요한 묵시록」(21:9-27)에서 묘사하고 있는 것처럼 가장 값진 보석과 가장 빛나는 금, 가장 호화로운 색채가 넘쳐나는 곳 말이다. 쉬제르에게 금은 빛이고, 색도 빛이고, 신도 빛이다. 그리스도의 신전에서 금과 색을 늘리는 것은 거룩함을 넓혀 어둠을 물리치고 신에 대한 감사함을 나타내는 길이다. 12세기 전반에는 많은 고위 성직자들이 그와 같이 생각했다.

그러나 쉬제르는 또 다른 목표도 염두에 두고 있었다. 바로 랭스 대성당을 대신해서 그의 수도원 교회를 왕의 대관식 장소로 만들겠다는 것이었다. 생드니 수도원은 수장고에 대관식에서 핵심적인 역할을 하는 귀중한 왕의 표장들을 보관하고 있었다. 또한 생드니 수도원의 교회는 왕실의 묘역이 있는 곳이다. 그곳에는 최근에 죽은 두 명의 프랑스 왕, 루이 6세와 그의 아들인 가련한 필리프가 묻혀 있었다. 그런데 왜 대관식을 계속 랭스에서 치러야 하는가? 도대체 왜 그렇게 멀리까지 여행을 해야 하나? 생드니는 파리에서 가까우면서도 왕을 신성하고 명예롭게 할 모든 것들을 갖추고 있다. 단지 랭스의 생레미 수도원에 보관되어 있는 성유병만 없을 뿐이다. 그래서 쉬제르는 이렇게 생각했다. 랭스의 생레미 수도원 수도사들이 생드니로 여행을 와야 하는 것이 옳지 않을까?

얼마간 과대망상적이기도 한 이 계획에서 성모는 전략적으로 중요한 구실을 했다. 쉬제르는 이제 성모를 향한 열의가 수도원 수호성인의 성유골을 둘러싼 열의보다 훨씬 높아졌다는 사실을 잘 알고 있었다. 생드니 수도원의 수호성인인 성 디오니시우스는 파리의 첫 번째 주교이자 어느 정도는 전설적인 인물이다. 그는 몽마르트 언덕에서 순교를 했는데, 목이 잘린 상태에서도 기적처럼 자기 손으로 자신의 머리를 들고 무덤까지 걸어갔다고 전해진다. 물론 디오니시우스는 성 마르티누스, 성녀 제노베파와 더불어 프랑스 왕국의 전통적인 수호성인이었다. 그러나 1140년대에는 이 셋 가운데 마리아와 경쟁할 수 있는 사람은 아무도 없었다. 따라서 생드니 수도원은 성모 마리아를 기려야 했다. 예배만이 아니라, 예술과 도상으로도 말이다.

그렇지만 성 베르나르의 예술적·종교적 견해는 매우 달랐다. 그에게 금과 색은 결코 빛이 아니었다. 오히려 그것들은 수도사와 신도들이 신과 교제하지 못하게 가로막는 저열하고 불확실한 물질일 뿐이었다. 따라서 그것들은 성전에서 몰아내야 할 대상들이었다. 실제로 베르나르는 호화로운 물건들에 대해 혐오감을 느꼈다. 그가 보기에 성전이나 수도사들이 머무는 곳에 그런 것들은 전혀 쓸모가 없었다. 그는 스테인드글라스, 금은 세공품, 반짝이는 보석들, 호화로운 채색 필사본들처럼 '다채로운 색(varietas colorum)'을 지닌 것들을 모두 거부했다. 생드니와 클뤼니의 대성당들에는 그러한 불순한 것들이 가득 들어차 있었지만, 시토와 클레르보의 시토회 수도원 교회들에는 그러한 것들을 결코 들여놓지 않으려 했다. 베르나르는 특히 반짝거리고 빛나는 것을 싫어했다. 그에게 황금은 혐오스러운 것이었다. 쉬제르와는 달리 그가 추구했던 것은 빛이 아니라 순결이었다.

이런 의미에서 베르나르는 성모 마리아와 특별한 관계를 지켜갔다.

그에게 성모 마리아는 순결함의 결정적인 본보기이자 일종의 새하얀 백합과 같았다. 그는 많은 설교들, 특히 성모와 관련된 축일들을 맞이해 행했던 설교들과 「아가」에 관한 탁월한 설교들에서 그녀를 그런 식으로 찬양했다. 물론 그가 마리아를 백합이나 「아가」에 나오는 '신부'에 비유했던 최초의 사람은 아니었다. 그보다 앞서 그렇게 이야기한 다른 작가들이 있었다. 특히 베르나르보다 몇십 년 전에 활동했던 안셀름 켄터베리(1093-1109)와 같은 위대한 신학자도 성모의 무조건적이고 열렬한 지지자였다. 그러나 끊임없이 꽃의 은유에 빗대어 마리아의 순결함을 가장 열렬하게 강조했던 사람은 베르나르였다. 마리아는 티없이 새하얀 순결함이었고, 마리아는 백합이었다. 이 하얗고 순수하고 화사하고 향기로운 꽃에 대해 클레르보의 수도원장은 끝없이 되풀이해 이야기했다. 「아가」에 관한 그의 설교 가운데 두 가지도 특별히 성모에게 헌정된 것이었다.[30]

성 베르나르에게 마리아의 순결함은 주로 그녀의 처녀성으로 나타난다. 그 시대의 일부 사람들과는 달리, 그는 그리스도의 어머니가 원죄 없이 잉태했다고는 믿지 않았다. (그러한 생각은 19세기까지 로마 교회에서 공식 교리로 받아들여지지 않았다.) 그러나 베르나르는 성모의 지상에서의 삶은 흠잡을 데가 없었으며, 그녀가 '처녀'인 상태에서 임신을 했다고 생각했다. 마리아는 예수를 낳기 전에도 처녀였고, 출산을 하는 동안에도 기적처럼 처녀로 남아 있었으며, 아들이 태어난 뒤에도 여전히 처녀였다는 것이다. 다른 신학자들에게서도 되풀이되어 나타날 이 세 가지 처녀성에 대한 사고를 베르나르는 백합의 세 개의 꽃잎으로 상징화해서 나타냈다.

15세기 이전에는 거의 나타나지 않은 것처럼 보이는, 뒤늦게 나타난 어떤 전설은 베르나르와 마리아 사이의 각별한 유대 관계를 강조해서 나타내고 있다. 거기에서 마리아는 임종 직전의 베르나르 앞에 모습을 드러낸다. 그리고 자신의 젖가슴을 꺼내 몇 방울의 젖을 뿌리며 그를 축복한다. 그보다 훨씬 뒤에 나타난 또 다른 전설에 따르면, 어느 날 베르나르는 성모상을 바라보며 공손하게 인사를 건넸다고 한다. "안녕하세요 마리아(Ave Maria)" 그것은 특별할 것 없는 평범한 조각상이었다! 그러나 성모는 그의 인사를 듣고 이렇게 대답했다. "안녕하세요 베르나르(Ave Bernardus)"[31]

성모를 향한 베르나르의 숭배는 엄청날 정도이다. 그래서 베르나르가 죽은 지 20년 뒤에 그의 전기 작가 가운데 한 명은 그를 '성모의 전속 사제'라고 부르기까지 했다.[32] 베르나르의 눈에 성모는 특권을 가진 중재자로서 하늘과 땅 사이에 있는 이로 보였다. 그녀는 모든 사람들, 심지어 큰 죄를 저지른 사람들을 위해서도 그녀의 아들에게 중재를 한다. 극단적인 경우에 그녀는 악마마저도 사면해 준다. 그녀의 어짊과 너그러움, 설득력은 매우 크다. 베르나르는 웅변조로 이렇게 단언한다. "마리아는 너무나 상냥하여 전혀 두렵지 않습니다. 그녀는 모든 이들을 위해 자비의 가슴을 엽니다. 그녀는 사람들에게 생명수, 곧 신의 은총을 나누어주는 수로입니다."[33] 더구나 아들이 어떻게 자신의 어머니를 거절할 수 있겠는가? 그러므로 모든 순간 성모를 찬미하고, 그녀의 친절과 보호에 호소해야 한다. 12세기에 시토 수도회는 자신들의 모든 교회를 성모의 이름 아래에 두는 것으로 이를 충실히 따랐다.

5

백합과 파란색

누구일까?

성 베르나르와 쉬제르, 루이 7세 가운데 누가 먼저 프랑스 왕국을 성모의 보호 아래로 두어 1131년에 왕조를 더럽힌 얼룩을 지우고, 통치 초기의 불운함을 잊게 하고, 제2차 십자군 전쟁의 실패를 만회하고, 왕에게 남자 후계자가 생기게 하려 했던 것일까? 이에 관한 답을 얻기란 불가능하다. 이 세 사람은 모두 그리스도 어머니의 열렬한 신자였으며, 왕조와 군주제·왕국·교회의 이익을 위해 협력했다. 틀림없이 모두의 결정이었을 것이다.

그러나 그 결정이 언제 이루어졌는지도 알기 어렵다. 왕의 불행은 성지에서 돌아온 뒤에도 멈추지 않았기 때문이다. 1151년 1월 쉬제르가 70세의 나이로 생드니 대수도원에서 평화롭게 죽으면서 왕은 수석 고문을 잃게 되었다. 잇달아 2년 뒤에는 성 베르나르도 세상을 떠났다. 베르나르는 자신이 악의 세력이라고 믿는 자들로부터 기독교 세계를 보호하려고 곳곳에서 일으킨 전쟁들 때문에 스스로 지칠 대로 지쳐 있던 상태였다. 그 동안 루이 7세는 알리에노르 왕비와 헤어졌다. 1152년 3월〔프랑스 중부〕보장시에서 열린 회의에서는 친족 관계라는 이유로 그들의 결혼에 대해 무효라고 선언했다. 이혼 그 자체는 재앙이 아니었지만, 3개월 뒤에 알리에노르는 자신보다 10살이 어린 젊은 헨리 플랜태저넷과 재혼을 했다. 그때 그는 이미 앙주의 백작이자 노르망디의 공작이었고, 2년 뒤인 1154년 10월에는 잉글랜드의 왕이 되었다. 왕국의 서쪽과 남서쪽 대부분을 차지하게 된 이 야심찬 봉신은 프랑스 왕보다 더 부유하고 강력했다. 이것은 아직 왕위 상속자가 없던 카페 왕조에게는 상당히 부담스런 위협이 되었다.

프랑스의 여왕, 성모 마리아

12세기 중반 프랑스 왕국이 언제, 어떻게, 왜 성모의 보호 아래 놓이게 되었는지를 설명하고 있는 그 시대의 문헌은 없다. 그것은 어떤 면에서는 분명하게 자리를 잡고 있던 사실이었지만, 명시적으로 문서화되지는 않았다. 연대기 작가들은 '귀납적으로(a posteriori)' 암시하고 있을 뿐이지, 정확한 정보와 날짜, 방식을 알려주지는 않는다. 왕의 칙령이 기록된 문서들도 그에 관해 침묵하고 있다. 문서들은 신의 어머니가 아니라, 삼위일체를 향한 기도로 시작하는 것을 되풀이하는 데 만족하고 있을 뿐이다. 관례적인 문구에 충실한 왕실 사무국의 공문서도 그에 관해서는 어떤 정보도 알려주고 있지 않다.[1]

그렇지만 이러한 문서의 침묵은 5세기 뒤 루이 13세(재위 1610~

그림 10 성모에게 왕관을 바치는 루이 13세

1643) 때에는 더 이상 용납되지 않았다. 마찬가지로 열렬한 마리아 신봉자였던 그 왕은 프랑스 왕국을 다시 마리아의 보호 아래로 두겠다고 서원을 했다. 그 일은 1638년 2월 루이 13세의 왕비인 안 도트리슈(재위 1615~1643)의 임신이 공식적으로 발표되면서 함께 이루어졌다. 후계자를 얻기 위해 무수히 많은 신앙 행위를 한 끝에 결혼 23년만에 마침내 얻은 자식이었다. (루이 14세가 될 이 아이는 다음해 9월에 태어났다.) 왕의 승인을 받아 작성된 여러 문헌들에는 "왕이 성모에게 그녀가 베풀어준 놀라운 친절에 감사하기 위해 그의 몸, 그의 왕국, 그의 백성을 바친다"고 기록되어 있다. 왕은 성모영보축일을 위해 새

로운 예배 행렬을 구성하겠다고 약속했으며, 노트르담의 이름을 쓰지 않은 왕국의 교회들에게 주요 예배당을 성모에게 바치라고 요구했다. 그리고 그 자신은 파리의 노트르담 대성당에 새로운 중앙제단을 바치겠다고 약속했다.

'루이 13세의 서원(*Voeu de Louis XIII*)'이라는 이름으로 후세에 전해진 이 엄숙한 결정은 그 뒤 수많은 해석을 낳았으며, 여러 예술가들에게 영감을 주었다. 예를 들어 〔바로크 시대의 화가인〕 필리프 드 샹파뉴(1602~1674)는 1638년 말에 큰 그림 하나를 완성했다. 오늘날 캉 미술관에 소장되어 있는 이 작품에서 왕은 성모에게 자신의 왕관을 바치는 모습을 하고 있다.**그림 10**

불행하게도 12세기에는 문서도, 기념물도, 왕의 결정에서 직접 영감을 받은 예술작품도 전혀 찾아볼 수 없다. 그렇지만 의도했던 것과 얻으려 했던 것은 똑같았다. 둘 다 옛 불행한 기억을 잊기 위해, 왕조의 문제를 해결하기 위해, 왕과 왕국을 보호하기 위해 이루어진 일이었다. 루이 7세와 루이 13세는 5세기라는 시간의 간격을 가지고 있으면서도 그리 크게 다르지 않다. 그러나 우리는 루이 13세의 서원에 대해서는 모든 것을 알고 있지만, 그보다 앞서 시작된 일에 대해서는 거의 아무것도 알지 못한다.[2]

무엇보다도 날짜를 특정할 수가 없다. 왕이 십자군을 떠날 준비를 하고 있던 1147년 봄에 성모에게 도움을 요청했던 것일까, 아니면 그가 원정에서 돌아온 뒤인 1149년 11월에 그랬던 것일까? 아니면 그 두 날짜 사이, 다시 말해 쉬제르가 왕국의 섭정을 맡고 있을 때 그랬던 것일까? 몇 가지 증거들은 마지막 가설 쪽으로 기울어져 있으며, 생드니 수도원장이 스스로 오랜 기간 준비해서 그와 같은 행위가 이루어졌다는 생각이 들게 한다.

이것은 쉬제르가 수도원 교회의 대규모 개축 공사를 시작하면서 보였던 마리아에 관한 조치들을 살펴보면 확실해지는 것 같다. 성모는 그곳의 여왕이다. 1142년과 1144년 사이에 만들어진 유리창에서 성모는 왕관을 쓰고 〔예수의 가계를 나타내는 그림인〕 '이새의 나무' 꼭대기에 있다. 오래지 않아 그녀는 파리의 노트르담 성당에서도 왕위에 올랐다. 쉬제르가 바친 또 다른 스테인드글라스 유리창과[3] 오늘날 '성녀 안나의 문'이라고 불리는 정문의 〔박공 윗부분 벽인〕 팀파눔에서 모두 그렇게 되었다. 왕은 마리아의 왼쪽에 있다. 그 시대 사람들의 마음에 그것은 루이 7세였다.[4] **그림 11**

그러나 쉬제르의 선창先唱이 결정적이었다면, 성 베르나르는 정확히 어떤 역할을 했던 것일까? 세 명의 주연 가운데 베르나르는 성모의 가장 열렬한 신도였다. 그랬던 그가 신의 어머니를 프랑스의 수호성인으로 삼은 그러한 결정에 아무런 관여도 하지 않았다고 생각하기는 어렵다.[5] 베르나르는 1153년 8월에 죽었다. 이 날짜를 우리가 살펴보고 있는 문제의 종착점으로 보아야 할까? 1152년 3월 알리에노르와 헤어지고 나서 1154년 초에 콩스탕스 드 카스티야와 결혼하기까지 루이 7세가 거의 2년 가까이를 독신으로 지냈던 것으로 미루어 볼 때 아마도 아닐 것이다. 이 2년 동안 그는 '성모의 신랑'이 아니었을까?[6] 다만 쉬제르에게서 생드니 수도원장의 직위를 물려받은 사람이자 제2차 십자군에 관한 부분적인 기록을 남긴 작가였던 외드 드 되유의 발자취를 따라다가 보면, 이것은 조금 이른 감이 없지 않다.[7] 프랑스의 젊은 국왕은 천상의 여왕을 자신의 어머니라고 생각했다. 나이가 들면서 그는 성모를 아내로 여기게 되었을 것이고, 상징적인

그림 11 성녀 안나의 문에 묘사된 성모와 왕

프랑스의 왕비로 삼았을 것이다.[8]

가설일 뿐이지만 여러 논거들은 세 인물의 영향과 선택이 합쳐져서 이루어졌다는 쪽으로 나아가게 한다. 맨 처음 밑바탕은 쉬제르가 닦았다. 앞서 말했듯이 그는 '성모의 대관'이라는 새로운 도상학적 주제를 고안해냈다. 그런 그가 천상의 여왕을 프랑스 왕국과 연결시키지 않았을 리 없다. 특히 자신이 섭정을 맡고 있던 동안에 말이다.[9] 뒤를 이어 이번에는 성 베르나르가 그리스도의 지상 대리인인 왕도 마리아처럼 신에게 직접 왕관을 받았다는 점을 강조했을 것이다. 마지막으로 루이 7세가 왕국을 성모에게 봉헌하는 데까지 애초의 구상을 끌고 갔을 것이다. 비천한 돼지 때문에 왕위에 올라서인지 그는 가끔 자신을 왕국의 불법적인 군주처럼 여기곤 했다.

이러한 가설은 12세기 중반에 왕의 주변 장식으로 등장한 새로운 개념을 통해 뒷받침된다. 1147년 왕실 사무국 문서에 맨 처음 등장한 '왕관(Corona)'이 바로 그것이다. 그것은 대관식에서 군주의 머리에 씌우는 물질적인 실체를 가리키는 것이 아니었다. 오히려 왕국과 군주제, 왕권이라는 추상적인 실체를 통틀어 나타내는 것이었다. 대관식에서〔왕권을 상징하는 왕관·왕홀 등의 물품인〕레갈리아가 맡겨지는 것이지 소유하게 되는 것은 아니듯이, 왕은 레갈리아를 본뜬 이미지의 소유자가 아니라 위탁자일 뿐이었다. '왕관'은 바로 이와 같은 사실을 가시적으로 상징하고 있었다.[10]

그러나 이것은 매우 복잡한 문제이므로, 논의를 거쳐 더 섬세하게 다듬어지고 채워져야 할 필요가 있을 것이다. 어쨌든 지금은 프랑스 왕국의 전통적 수호성인들인 마르티누스·디오니시우스·제노베파에 더해 성모가 새 수호성인으로 채택된 것이 루이 7세 혼자만의 의

지로 이루어진 일이 아니라, 쉬제르와 성 베르나르의 주도적이고 연쇄적인 영향력이 작용해서 이루어진 일이었다는 사실만 확실히 해두자. 그러한 결정도 아마 단번에 이루어진 것이 아니라, 여러 단계에 걸쳐 공들여 진행되어 대략 1140년과 1155년 사이의 15년 동안에 어느 정도 자리를 잡게 되었을 것이다.

실제로 이 기간 동안 성모는 왕의 영역과 왕권의 연출에서 점점 더 중요한 자리를 차지해 갔다. 그녀는 샤르트르·파리·상리스의 대성당 정면에 놓인 '성모자상'이나 '성모의 대관'을 주제로 한 조각에 원래의 모습으로 등장하기도 했지만, 그녀를 떠올리게 하는 두 가지 도상학적 요소만으로 나타나는 경우가 더 많았다. 그것은 바로 백합과 파란색으로, 둘 다 순결을 상징하는 것들이었다. 프랑스 왕은 점차 그것들을 장악해갔고, 그 뒤 1160~1180년대에 그 두 상징물은 왕실 문장을 구성하는 요소가 되었다. 이러한 선택이 완전히 합당하게 여겨진 까닭은 성모가 왕과 상징적으로 '결혼한' '프랑스의 왕비'였기 때문이다. 이 신비로운 결혼을 계기로 성모는 왕에게 자신의 고유한 상징을 제공했다.

그런데 이러한 선택이 어떻게 이루어졌는지를 자세히 검토하기 전에, 시간을 거슬러 올라가 백합과 파란색이 어떤 연유로 어떻게 점차 천상의 여왕을 고유하게 상징하는 것들이 되었는지를 먼저 살펴볼 필요가 있다. 12세기 후반에 왕실의 형상으로 완전히 탈바꿈한 순결한 꽃, 백합부터 먼저 알아보자.

마리아의 백합

흔히 생각하는 것과는 달리 〔활짝 핀 백합의 모습을 형상화한〕 '백합꽃 문양(fleur de lis)'의 역사에 바쳐진 문헌은 수적으로나 질적으로나 상대적으로 빈약한 편이다. 그것은 종교・왕조・정치・예술・상징의 모든 영역에서 역사학의 매우 좋은 주제이기는 하지만, 결코 중립적인 주제는 아니다. 그래서 공화국이 탄생한 뒤 프랑스에서 진행된 연구들에서 그것은 이념적으로 이곳저곳을 떠다니거나 편파적으로 점유되어 역사가들의 불신을 불러일으키기도 했다. 심지어 그 연구를 최전선에서 맡고 있던 문장학자들마저 의심을 받아야 했다. 그래서 이 프랑스 군주제의 문장 이미지와 상징에 관한 방대한 (그래서 반드시 집단적으로 할 수밖에 없는) 작업은 여전히 기대만큼 충분히 이루어지지 못하고 있다.[11]

그러나 자료가 부족한 것은 아니다. 12세기부터 19세기까지 백합꽃 문양은 무수히 많은 물건과 이미지, 예술작품, 기념물들 곳곳에서 나타났다. 게다가 앙시앵레짐 때의 학자들이 이미 개척을 해서 부분적이나마 많은 증거들이 수집되어 있다.[12] 그들의 작품은 비록 오래되어 낡고 어수선할 때도 많지만, 19세기와[13] 20세기 초에 여러 분야에서 나타난 연구자들의 작품들보다는 대체로 낫다. 나중에 나타난 이들은 백합꽃 문양을 정치적 호전성이나[14] 지나친 실증주의, 심지어 신비주의적인 횡설수설 속으로 던져 넣기 일쑤였기 때문이다.

백합꽃 문양의 모양이 형성된 기원은 매우 오래전으로 거슬러 올라간다. 메소포타미아의 원기둥, 이집트의 얕게 새긴 부조, 미케네의 도기, 갈리아의 동전, 사산조 페르시아의 직물 등에서 원래의 꽃 모양,

꽃 모양을 단순화한 문양, 양식화한 식물 장식무늬 등 다양한 형태로 백합꽃의 문양이 발견된다. 그러나 이 꽃의 상징적 의미는 문화마다 다르게 나타났던 것 같다. 그것은 때로는 비옥함과 풍요의 형상으로, 때로는 순결함과 순수함의 상징으로, 때로는 권력과 주권의 표상으로 나타났다. 그리고 중세의 백합에서는 풍요·순결·주권이라는 이 세 가지 상징성이 하나로 합쳐져 나타났다.

중세 유럽에서 사용된 것과 비슷한 모양의 백합꽃 문양이 발견된 가장 오래된 사례는 기원전 3천년 무렵에 시리아에서 만들어진 인장과 부조이다. 삼중관·목걸이·홀笏에 그러한 문양이 장식되어 있는데, 이로 미루어 보아 그것은 당시에 이미 왕의 상징으로 사용되었던 것으로 보인다.[15] 그로부터 조금 뒤 크레타와 이집트, 성서의 배경인 근동 지방에서 나타난 백합꽃 문양도 아마 유사한 의미를 지니고 있었던 것 같다. 특히 파라오 시대의 이집트에서는 이 꽃이 이따금 연꽃과 혼동되어 (북부 지방의 파피루스에서) 남부 지방의 상징으로 사용되었으며, 풍요의 관념과 연결되는 경우도 많았다.[16]

백합은 후대의 그리스와 로마, 갈리아의 다양한 동전들에서도 발견된다. 그런데 앞의 두 경우에는 어느 정도 꽃의 형체가 명확히 드러나는 문양이었으나, 뒤의 경우에는 이따금 시각적으로 뒷날 중세 문장에서 자리를 잡은 진짜 백합꽃 문양과 매우 흡사한 모습을 하고 나타나기도 했다. 〔프랑스 중부 오베르뉴에 살던 갈리아 부족인〕 아르베르니인이 사용하던 기원전 1세기의 백금 동전 '스타테르(statère)'의 뒷면에는 문장의 전단계로 볼 수 있는 훌륭한 백합꽃 문양의 견본이 등장한다. 동전에서 그것은 오롯이 장식적인 역할만 하고 있었을까? 아니면 갈리아 중부 지방 권력자 연맹의 표장이었을까? 자유나 번영이라는 관념과 연관된, 진짜 상징적인 의미를 가지고 있었던 것은 아닐까? 아르베르니인의 화폐와 갈리아의 통화에서 발견되는 도상에 관한 지식은 아직 초보적인 수준을 크게 벗어나지 못한 상태이므로 뭐라고 당장 답을 내리기는 어렵다.[17]

그 뒤로 백합꽃 문양은 자주 꽃무늬 형태로 축약되었으며, 진짜 왕의 상징으로 되어갔다. 비잔티움과 서유럽의 왕홀·왕관·망토·장신구 등 권력을 상징하는 모든 표장들에서 우리는 백합을 발견할 수 있다. 프랑스의 왕(재위 843~877)이자 서로마제국의 황제(재위 875~877)였던 카롤루스 2세는 그의 치세에 백합을 계속해서 폭넓게 사용했다. 그의 측근들은 교부들의 작품을 읽고서 백합을 왕실의 식물로 만들었다. 카롤루스 2세의 스승이자 일종의 식물 상징 문헌인 『정원 Hortulus』의 작가인 왈라프리드 스트라부스(808~849)는 순백의 백합을 '꽃 중의 여왕'이라고 묘사하기까지 했다.[18]

백합은 왕의 징표이자 풍요의 상징이며, 동시에 종교적인 측면, 특히 기독교적인 의미를 지녔다. 그것의 기원은 교부들 사이에서 회자되어 여러 차례 주석이 붙여졌으며,[19] 나중에는 신학자들이 논평을 덧붙인 「아가」(2:1)의 다음과 같은 구절에서 찾을 수 있다. "나는 들판의 꽃, 골짜기의 백합이랍니다(Ego flos campi et lilium convallium)." 카롤루스 왕조 때부터 12세기까지 그리스도를 백합이나 백합 문양 한가운데에 형상화해 나타내는 것은 그리 드문 일이 아니었다.[20] 그러나 서기 1천년 이후부터는 이 그리스도적 소재가 마리아의 상징과 서서히 결합하게 되었는데, 이것은 「아가」(2:2)의 다음 구절과도 같은 성모 숭배가 비약적으로 성행하게 된 것과 관련이 있었다. "가시나무 사이의 백합처럼, 소녀들 사이에 있는 나의 연인(Sicut lilium inter spinas, sic *amica mea inter filias).*"

그 뒤 성모로 연결되는 성서와 교부들의 주해서 안의 수많은 구절들에서 백합은 순수함과 순결함의 상징으로 나타났다. 앞서 살펴보았듯이 봉건시대부터 일부 작가들은 마리아가 원죄에서 벗어나 잉태를 했다고 보았다.[21] 이것은 아직 무염시태의 교리로까지 틀을 이룬 것은 아니었다. (그 교리는 1854년이 되어서야 확립되었다.) 그러나 이미 순결이라는 소재와 관련된 상징들을 마리아에게 부여하는 전통은 자리를 잡아가고 있었다. 거기에 백합도 속해 있었다. 그것은 다른 모든 상징들은 빠르게 압도해갔는데, 이를 위해 동원된 권위가 성서와 교부들만은 아니었다. [고대 로마의 학자인] 플리니우스(23~79)의 『자연사 *Naturalis Historia*』에서도 백합은 모든 꽃 중에서 가장 희고, 가장 순수하며, 가장 비옥한 꽃이다.[22] 이 점에서만큼은 기독교 작가들과 이교 작가들의 생각은 완전히 똑같다.

서기 1천 년 무렵에 이 꽃은 순결·풍요·통치권이라는 찾아보기 힘든 삼중의 상징성을 지니게 되었다. 그리고 이미지 차원에서 10세기 말과 13세기 초 사이에 백합은 성모의 주요한 상징이 되었다.

이에 관한 가장 오래된 증거를 제공해주는 것은 화폐 연구이다. 성모에게 대성당 교회를 바친 주교가 발행했던 몇몇 동전들의 앞면이나 뒷면에는 백합꽃이나 정원의 백합이 묘사되어 있다.[23] 나중에 이 교회들의 참사회 수장의 인장들에도 오른손에 백합꽃 문양을 쥔 성모의 이미지가 나타난다. 1146년 파리의 노트르담과[24] 1154년 누아용의 노트르담[25]의 참사회 인장이 그 예이다. 천상의 여왕의 보살핌 아래에 있는 대수도원과 소수도원들이 재빨리 이를 모방했다.[26] 그 뒤 인장·동전·세밀화·벽화와 같은 도상학적 증거들에서 백합을 들고 있거나 백합에 둘러싸인 마리아의 이미지가 증가했다. 이는 성모를 백합에 빗대어 나타내고, 그 꽃을 성모의 순결의 상징으로 여겼던 성 베르나르와 그를 따랐던 사람들이 했던 설교에 대한 반영이었다. 이에 관해서는 이미 앞의 장에서 살펴보았다.

도상에서 백합은 의미의 변화가 없는데도 매우 다양한 형태를 띠고 나타난다. 때로는 단순한 꽃무늬로, 때로는 다소 자연주의적인 방식인 정원의 백합으로, 때로는 이미 문장에 나타난 것과 같은 완전한 백합꽃 문양으로 등장한다. 마지막 것은 왕홀과 왕관에도 나타났고, 왕의 망토에도 전체에 넓게 흩뿌려졌다. 마리아의 백합꽃 문양에서 왕의 백합꽃 문양으로의 변이는 천상의 여왕과 프랑스 왕이 공동으로 소유하는 이러한 다양한 물건들을 통해 간접적으로 이루어졌다.

성모의 상징으로서 백합꽃 문양이 유행한 것은 13세기에 정점에 이르렀던 것 같다. 중세 말기가 되어갈수록 그림과 조각에서 백합의 빈도는 줄어들었고, 다른 꽃 소재들, 특히 장미와의 경쟁이 시작되었다. 사랑의 꽃이 순결의 꽃보다 우위에 서게 된 것은 그 자체가 마리아 숭배가 새로운 방향으로 나아가고 있었음을 보여주는 중요한 증거이다.[27]

천상의 파란색

성 베르나르는 영적 세계를 백합으로 채워서 이 꽃이 성모의 상징으로, 나중에는 프랑스 국왕의 표상으로 확실하게 승격하는 데 결정적인 역할을 했다. 그렇지만 마리아의 또 다른 특성인 파란색이 왕실의 색이 되는 데에서는 아무런 역할을 하지 않은 것처럼 보인다. 여기에서 결정적인 영향력을 행사한 것은 쉬제르이다. 물론 이미 중세 초기에 다른 신학자들이 파란색을 천상의 색으로 만들기 위한 기초를 마련해 놓고 있었지만 말이다.

서기 1천년을 지나면서 서구에서 파란색은 더 이상 전처럼 뒷전에 놓이거나 볼품없는 평판을 지닌 색이 아니게 되었다. 11세기 중반부터 13세기 초반까지 겨우 백여 년 남짓한 사이에 그 색의 지위는 완전히 달라졌다. 파란색의 경제적 가치가 커졌고, 의상에서의 유행도 뚜렷해졌다. 그리고 예술 창작에서 그 색이 차지하는 영역도 확장되었다. 무엇보다 중요한 것은 파란색이 전에는 거의 지니지 못했던 심미적이고 종교적인 의미를 부여받게 되었다는 점이다. 파란색은 예전에는 상대적으로 상징적인 면이 빈약했으며, 전례에서도 전혀 나타나지 않았으며, 영적 세계로부터도 거의 부름을 받지 못했다. 하지만 파란색에 대한 재평가가 빠르게 이루어지면서, 마침내 천상의 색이자 왕의 색, 심지어 일부 기사도 문학에서는 가장 아름다운 색이 되었다.[28]

이 놀랍고도 심오한 변화는 11세기와 13세기 사이에 서구의 색채 위계가 재편되었다는 사실을 입증해준다. 그러한 변화는 사고의 체계와 감수성의 영역, 사회적 기호의 체계에서도 일어났다. 이 새로운 색채의 위계는 오직 파란색하고만 관련된 것은 아니다. 그것은 모든 색과 관련되어 있었다. 하지만 파란색이 짙어지게 된 숙명과 수많은 영역에서 동시에 일어난 그 색의 깜짝 놀랄 만한 상승은 역사가가 대규모의 문화적 변동을 연구하는 데 좋은 실마리를 제공해준다. 그것은 매우 복잡한 과정으로, 나는 그것에 관해 다양한 연구들을 진행해 왔다.[29] 여기에서 그 내용을 간추려서 살펴보자.

파란색의 새롭고 심층적인 가치 상승이 가장 먼저 감지된 것은 신학 분야였다. 카롤루스 왕조의 시대를 마무리하면서 기독교의 신은 뚜렷하게 빛의 신이 되었다. 그리고 바로 이와 같은 점 때문에 신의 빛을 지상의 빛과 혼동하지 않는 것이 중요해졌다. 문헌에서 둘을 구별하기는 어렵지 않았다. 라틴어는 신의 빛을 '룩스*(lux)*'로, 지상의 빛을 '루멘*(lumen)*'이라는 단어로 나타내 둘을 정교하게 구분하고 있었기 때문이다. 그렇다면 이미지에서는 둘을 어떻게 구별할 수 있었을까? 점차 색이 그 역할을 맡게 되었다. 예를 들어 흰색은 물질적인 빛, 다시 말해 지상을 비추는 태양의 빛이다. 그러나 파란색은 천상의 빛이자 신의 세계의 빛, 더 넓은 의미로는 신의 위격들이다.

글과 이미지로 확인되는 것처럼 분명히 9세기 전에도 이미 하늘은 파란색으로 표현되었다. 그러나 흔히 생각하듯이 그것은 그리 일반적이지 않았다. 게다가 파란색은 신의 파란색으로 여겨지지 않았으며, 단지 허공의 파란색, 정말로 단순하게 대기의 파란색으로만 생각되었다.

이미지에서의 변화는 두 단계로 진행되었던 것 같다. 첫 단계는 '대머리왕'으로 불리는 카롤루스 2세의 치세(843~877)에 일어났다. 일부 세밀화들이 신의 세계를 묘사하는 장면에서 하늘을 파란색으로 칠하기 시작했다. 그 뒤, 특히 11~12세기를 기점으로 이러한 회화 방식은 거의 고정된 체계가 되었다. 예전에 하늘을 나타내는 색은 파란색, 흰색, 장미색, 녹색, 보라색, 금색, 심지어 붉은색, 노란색, 검은색, 회색으로 매우 범위가 넓었다. 그렇지만 그 뒤로는 그렇지 않았다. 물론

이 다양한 색들이 완전히 자취를 감춘 것은 아니었다. 그러나 파란색은 확실히 다른 색들보다 우위를 차지했으며, 금색과 더불어 신의 빛인 '룩스(lux)'라는 개념을 이미지화하기 위해 사용되었다. 그리고 일종의 〔농도의 차이가 있는 다른 곳으로 스며드는〕 삼투 작용이 일어나서 신과 그리스도, 신적 존재들도 점점 더 빈번하게 파란색과 연결되기 시작했다. 그들의 의복과 주변, 존재한다고 여겨지는 곳은 파란색으로 칠해지게 된 것이다.

이것은 1140~1145년 무렵에 쉬제르가 보인 행동과 정확히 일치한다. 그는 당시 생드니 대성당의 새로운 스테인드글라스를 위해 가장 아름다운 색들을 어떻게 선택했는지를 설명하면서, 그 색들 가운데 그가 '사파이어'라고 부른 아름다운 파란색은 매우 큰돈을 들여서 아주 먼 곳에서 가져온 것이라고 털어놓는다. 하지만 그가 보기에 '신이 머무는, 근접할 수 없는 천상의 빛'을 떠올리게 하는 놀라운 파란색에 '지나치게' 아름답다거나 '지나치게' 비싼 것은 있을 수 없었다.[30] 그의 모든 생각은 압축해서 보여주는 핵심 문장은 이렇다. "신은 창공에 산다! 천상의 여왕 성모도." 지상에 있는 주님의 가장 아름다운 집, 이를테면 쉬제르에게는 생드니 수도원의 교회인 그 집은 반드시 그분이 머무는 천상의 거처를 반영하고 있어야 했다.

실제로 쉬제르가 그의 새 교회에 스테인드글라스를 설치하기 위해 쓴 돈은 건축 공사 전체에 들어간 비용과 맞먹을 정도이다. 그런데 가장 돈이 많이 들어간 곳은 '매우 능숙하고 매우 섬세하다'고 일컬어지는 유리 세공 장인에게 지불된 임금이 아니라, 최고 품질의 색유리를 얻기 위해 사용된 비용이었다. 12세기에는 수도원장·주교·왕·대영주·속인 집단·교회 집단 가운데 누가 발주를 했든지

간에 장인과 예술가의 뛰어난 솜씨보다는 사용된 재료의 질과 광휘에 더 경탄하고 마음을 빼앗겼다. 적어도 14세기 중반까지는 계속 그러했다. 값비싼 색유리 가운데에서도 가장 비싼 것은 파란색 색유리였다.**도판 12** 그것은 쉬제르가 말한 것처럼 사파이어로 만든 파란색은 아니었고, 〔독일 중북부〕하르츠 산지의 광산에서 캐낸 것으로 보이는, 독일에서 가져온 코발트로 만든 파란색이었다. 사실 문헌에서 그것은 이따금 사파이어와 같은 단어로 불리기도 했지만, 사파이어 보석은 결코 염료로는 사용할 수 없다. 당시까지는 실체가 확실히 알려지지 않았던 금속인 코발트 광석이 비소 산화물 상태에서 라틴어로는 '사피루스(*sapphirus*)', 속어로는 '사프르(*safre*)'나 '카프르(*cafre*)'라고 불리던 파란색을 내는 데 사용되었다.

쉬제르가 천상의 빛을 나타내는 데 파란색을 선택한 것은 완전히 시대적인 결정이었다. 이것은 그 시대 신학자들의 말들에서도 잘 드러난다. 포문을 연 것은 1141년에 세상을 떠난 위대한 위그 드 생빅토르(1096~1141)였다. 그는 기독교 신앙에 큰 영향을 끼친 위-디오니시우스 아레오파기타의 「천상위계론*De Caelesti Hierarchia*」을 주해하면서 신의 빛에 관한 놀라운 글을 썼다.[31] 위-디오니시우스는 다소 수수께끼 같은 작가이다. 전설에서 그는 처음에는 사도 바울의 제자로, 그 뒤에는 아테네 교회의 설립자로, 마지막에는 파리의 첫 번째 주교로 등장한다. 아마도 그는 5세기에서 6세기로 넘어가는 시점의 인물일 것이다. 그리스어로 쓰인 그의 저술들은 완전히 명료하지는 않다. 그러나 그것들은 신과 천상계, 영적 우주에 관한 인식을 다루고 있다. 그 저서들은 9세기에 라틴어로 번역되면서 점차 서구의 신학과 신앙에 침투해갔고, 12세기에는 그것들에 깊은 흔적을 남겼다.

그 문헌들의 영향은 쉬제르가 구상하고 꿈꾸었던 생드니 대성당의 스테인드글라스와 건축에서 거의 직접적으로 감지된다. 쉬제르 자신은 고차원적인 사색가는 아니었다. 그러나 그는 당대의 신비주의에 젖어 있었으며, 열렬한 '디오니시우스주의자'였다. 신은 빛이고, 그 빛은 파란색이었다. 그렇기 때문에 그는 생드니 대성당의 이곳저곳을, 그중에서도 특히 스테인드글라스를 파란색으로 치장했다.

대수도원 교회의 공사를 위해 쉬제르가 주문해서 탄생한 생드니의 파란색 유리는 얼마 뒤에는 재건축에 들어간 샤르트르 대성당의 공사 현장에서도 발견되었다. 그리고 그 뒤에는 왕의 영지와 그 인근 영지의 교회들에서도 나타났다. 이 전통은 '샤르트르의 파랑'이라는 이름으로 불렸지만, 원래 그것은 '생드니의 파랑(bleu de Saint-Denis)'이었다. 생드니 수도원의 쉬제르에 의해 만들어진 이 파란색은 얼마 뒤에는 왕실 문장의 파란색이 되었고, 성 베르나르의 소중한 백합들로 채워진 '천상의' 꽃밭으로 사용되었다.

문장화의 시작

마리아의 백합과 천상의 푸른색이 합쳐져 하나의 형식이 된 프랑스 왕실의 문장이 탄생하는 과정을 더 자세히 살펴보기에 앞서, 서유럽에서 문장의 체계가 자리 잡게 된 과정부터 먼저 간단히 알아보자.

문장의 기원은 많은 논쟁을 불러일으키는 문제이다. 중세가 끝날 무렵부터 문장에 관한 연구서들은 그 문제를 설명하기 위해 여러 가설들을 제시해왔다. 몇 세기가 지나면서 이러한 가설들의 수는 계속해서 늘어났다. 일부 공상적인 관점, 예컨대 아리스토텔레스나 알렉산더 대왕, 율리우스 카이사르, 아서왕으로부터 문장이 탄생했다는 가설들은 일찌감치 배제되었다. 그보다 진지한 논거를 기반으로 했던 다른 가설들은 더 오래 살아남았으나, 20세기 문장학자들의 연구를 거치면서 점차 폐기되었다. 학자들이 오랫동안 선호해왔으나 지금은 폐기된 학설은 크게 다음과 같은 세 가지로 정리해볼 수 있다. 첫 번째는 12세기의 초기 문장들이 고대 그리스·로마에서 사용되었던 군대나 가문 표장들의 직접적이고 연속된 혈통으로 탄생했다는 학설이다. 두 번째는 최근까지 독일 학자들에게 인기가 있었던 학설인데, 봉건 문장의 형성에 게르만 스칸디나비아의 상징과 야만인들의 표장, 〔고대 북유럽의〕룬 문자가 막대한 영향을 끼쳤다는 것이다. 마지막은 가장 오래 지속된 이론으로 제1차 십자군 원정에서 서양인들이 무슬림이나 비잔티움 제국의 관습을 모방하면서 비롯되었다는 동방 기원론이다.[32]

이 마지막 이론은 오랫동안 우세한 위치를 차지하고 있었으나, 오늘날에는 거의 모든 전문가들에게 받아들여지지 않고 있다. 학자들은 서유럽에서 문장이 출현한 것은 십자군이나 동방, 야만족의 표장, 고대 로마의 영향이 아니며, 서기 1천 년 이후의 봉건 사회의 변화와 11세기 말부터 12세기 초까지 수십 년 동안 이루어진 군사 장비의 발달과 깊은 연관을 지니고 있다는 데 의견의 일치를 보이고 있다. 제1차 십자군(1095~1099) 기간에는 문장이 아직 없었다. 앞 장에서 보았듯이, 루이 7세와 알리에노르가 참가했던 제2차 십자군(1147~1148) 때에는 분명히 이미 문장이 있었다. 그러나 당시에 십자군 원정에 참

그림 12 중세의 갑옷과 마상창시합

여했던 모든 군주와 기사들한테 문장이 있었던 것은 아니었다. 프랑스 왕 자신도 아직 그것을 가지고 있지는 않았다.

　12세기 전반기에 서구 전사들의 모습을 보면 턱까지 올라오는 쇠사슬 갑옷의 두건과 얼굴을 덮는 투구의 코 부분 때문에 누가 누군지 알 수 없었다. 그래서 점차 아몬드 모양의 넓은 방패 표면에 일정한 형상들을 그려 표시하는 관습이 생겼다. 그것은 〔적과 직접 맞붙어 싸우는〕 백병전을 벌일 때나, 나아가 초기 마상창시합 경기를 할 때에 서로를 식별할 수 있게 해주었다.[33] 그것들은 기하학적 도형이나 동물, 꽃의 모양을 하고 있었다. 색이 칠해진 그 형상들은 같은 사람이 지속적으로 사용하면서, 아울러 되풀이되고 고정된 단순한 규칙들이 생겨나면서 진짜 문장으로 되어갔다. 이러한 일이 1130년과 1160년 사이에 일어났다.[34] **그림 12**

그러나 군사 장비의 발달과 관련된 물질적인 기원만으로 모든 것이 설명되지는 않는다. 문장의 출현은 당시 봉건사회와 관련해 새롭게 형성되어가던 사회질서와 더 밀접하게 연관되어 있다. 같은 시기에 탄생한 부계父系의 성씨처럼, 아울러 이미지들 안에서 증식하기 시작한 도상학적 상징들처럼, 발생기의 문장은 재편되던 사회가 지닌 새로운 정체성의 특징들을 반영하고 있었다. 그것은 개인을 집단 안에서, 나아가 집단을 전체 사회의 체계 안에서 자리매김하는 데 도움을 주었다. 그래서 본디 개인적인 상징이었던 문장은 재빠르게 혈족 안으로 이식되었다. 12세기 말부터는 같은 가문 안에서 문장이 대물림되어 사용되었으며, 이러한 가문적이고 세습적인 성격이 문장의 핵심적인 본질을 이루게 되었다.

문장은 대영주들에게 먼저 사용되었고, 점차 귀족층 전체가 그것을 채택해 사용하게 되었다. 13세기 초에는 모든 중소 귀족들이 문장을 가지고 있었다. 그 뒤 세월이 지나면서 문장은 전사나 귀족이 아닌 자들, 다양한 집단으로도 확대되었다. 여성들, 고위 성직자들, 부자와 부르주아들, 장인들, 도시들, 동업조합들, 시민 공동체와 종교 공동체들이 잇따라 문장을 채택했다. 심지어 어떤 지역에서는 농민들도 문장을 사용하기도 했다. 문장은 결코 귀족 계급만의 특권이 아니었다.

문장의 사용이 비전투원에게까지 확산된 것은 다른 무엇보다 인장을 통해서였다. 실제로 매우 일찍부터 영주와 기사들은 자신들이 채택한 문장을 방패에 그려넣는 것만으로는 만족하지 못했다. 그들은 문장을 자신들의 깃발에, 말의 덮개에, 갑옷 위에 입는 웃옷에, 나아가 자신들이 소유한 다양한 동산과 부동산에, 특히 그들의 지위를 상징하는 인장에 표시했다. 점차 인장을 소유한 모든 사람들이 귀족들이 했던 것처럼 문장으로 그것을 채워갔다. 이러한 사실과 관련해서는 두 가지 수치가 중요하다. 우리는 대략 1백만 개 정도의 중세 서유럽의 문장을 알고 있다. 그런데 그 가운데 4분의 3은 인장을 통해 전해진 것이고, 3분의 1 이상이 평민들의 문장이다.

지리적으로 문장은 명확한 발상지를 가지고 있지 않다. 그것은 서유럽의 다양한 지역에서, 예컨대 〔프랑스 중부에 흐르는〕 루아르강과 〔독일 중서부에 흐르는〕 라인강 사이, 잉글랜드 남부, 스위스, 이탈리아 북부의 여러 지방들에서 동시다발적으로 나타났다. 그리고 시간이 지나면서 그 지역들을 중심으로 다른 지역으로 확산되었다. 이러한 새로운 흐름은 13세기 중반에 이르러 마침내 서유럽의 모든 지역을 대상으로 하게 되었으며, 심지어 동유럽으로도 뻗어가기 시작했다. 이러한 지리적이고 사회적인 확산은 더 다양한 물건들로의 확산도 함께 불러왔다. 점점 더 많은 물건과 천, 옷, 예술품, 문서, 기념물이 문장으로 덮여갔다. 그리고 그것들은 '정체성의 상징', '지배나 소유의 표시', '장식적인 소재'라는 세 가지 역할을 모두 맡게 되었다.

왕실 문장의 탄생

　12세기 중반 프랑스 궁정과 왕실의 주변으로 다시 돌아가 보자. 루이 7세는 일찌감치 이 새로운 흐름에 굴복해서, 그의 봉신들 가운데 일부보다도 먼저 문장을 정했을까? 그렇다면 그때 쉬제르와 성 베르나르는 어떤 역할을 했을까? 1151년과 1154년에 잇달아 세상을 떠날 때까지 그들은 루이 7세 곁에서 영향력을 행사했다. 쉬제르는 의례와 통치의 표장에 관해, 성 베르나르는 왕과 왕국이 영적인 세계와 맺고 있는 관계에 관해 영향력을 행사했다. 그렇지 않으면 문장이 채택된 시기를 뒤로 더 늦추어 루이 7세의 치세 말기, 다시 말해 그가 오랫동안 기다려왔던 아들을 하늘이 가져다주어 필리프 2세가 태어난 1165년으로 잡아야 할까? 왕실의 문장을 새로 정해서 매우 넓은 범위에서 장식한 것은 왕국의 수호자인 신과 성모에게 바치는 일종의 감사였을 것이다. 그런데 어쩌면 문장을 정한 시기를 그보다 더 늦게, 다시 말해 루이 7세가 아니라 1180년 15살의 나이에 왕위에 오른 필리프 2세 때로 잡아야 하는 것은 아닐까?

　시기에 관한 이러한 문제에 관해 문장학자들은 의견의 일치를 보지 못했다. 그러나 그들은 새로운 왕실 방패, 곧 '파란 바탕에 금색 백합꽃들이 총총한(d'azur semé de fleurs de lis d'or)' 문장이 앞서 이야기한 성모의 두 가지 상징에서 비롯된 것이라는 점에 대해서는 전혀 이견을 보이지 않는다. 이 문장은 이전 시도들의 연장선 위에 놓여 있으며, 그 어느 때보다도 더 천상의 여왕을 프랑스의 여왕으로 탈바꿈시켜 갔다. 문장의 파란색과 백합은 둘 다 순결을 상징하는 것으로 왕조와 왕권을 더럽힌 과거의 얼룩을 상징적으로 정화했다. 그리고 그렇게 해서 1131년 10월의 불온한 '악마의 돼지'에 관한 기억을 지워냈다. 루이 6세와 루이 7세의 참회와 경건의 시도들로도 실패했던 그 일에서, 십자군 원정이라는 시도로도 실패했던 그 일에서, 성모만큼은 성공을 거두었던 것처럼 보인다. 다시 말해 백합과 파란색은 왕을 살해한 돼지보다 훨씬 강했다. 이 두 상징을 선택함으로써 왕과 왕조, 왕권은 자신들의 위신을 되찾았으며, 프랑스 왕국과 천상의 왕국의 결속을 새롭게 다질 수 있었다.

솔직히 백합과 파란색의 선택이 단번에 이루어진 결정은 아니었을 것이다. 그것이 12세기 후반에 점차 자리를 잡아간 '문장학'이라는 새로 생긴 규범에 따라 기호화된 진짜 문장이 되기 전에도 이미 프랑스 왕은 '문장의 앞 단계'라 부를 만한 분위기와 환경을 조성해 갔을 것이다. 틀림없이 문장이 분명하게 자리를 잡기 전에도 루이 7세는 연출을 위해 백합과 파란색에 점점 더 많이 의지했을 것이다. 그리고 여기에서 직물, 의복, 옷, 휘장, 의례들이 분명히 중요한 역할을 맡았을 것이다. 쉬제르와 성 베르나르가 살아 있었을 때에나, 그들이 죽은 직후에도 말이다. 어쩌면 십자군이 출발한 1147년 봄부터 그러한 작업이 시작되었을지 모른다.[35] 아니면 원정에서 돌아온 1149년 가을부터였을 수도 있다. 왕과 콩스탕스 드 카스티야의 재혼과 1154년 2월이나 3월에 오를레앙에서 열린 새로운 왕비의 대관식이 계기가 되었을 수도 있다. 아니면 한참 뒤에 있었던 왕의 세 번째 결혼식 때였을 수도 있다. 루이 7세의 세 번째 아내인 아델 드 샹파뉴는 1160년 11월에 파리의 노트르담 대성당에서 프랑스 왕비로 대관식을 치렀다. 당시에 교회 전체가 백합과 파란색 장식으로 뒤덮였을지 모르겠다. 아델 왕비는 1165년에 마침내 왕에게 아들을 낳아주었고,

그림 13 루이 7세의 인장(1137)

아이는 '필리프 디외노네'라고 불렸다. 〔'신이 내린'이란 뜻의〕 '디외도네(Dieudonné)'라는 이름은 그의 아버지가 25년 이상 아들을 기다렸기 때문에 붙여진 것이었고, '필리프'는 1131년에 불운하게도 떠돌아다니던 돼지에게 희생되었던, 그의 아버지의 형을 기리기 위해 붙여진 이름이었다. 미래의 '존엄왕' 필리프 2세는 그가 알지도 못하는, 자신이 태어나기 30년 전에 죽은 삼촌의 이름을 물려받은 것이다!

왕의 인장들, 곧 정치적·왕조적·법적·의례적·상징적으로 강한 의미를 지니는 이 물건들은 백합 문장이 채택된 시기를 밝히는 데 도움이 되는가? 루이 7세의 인장, 아마 그의 대관식 직후인 1137년에 새겨졌을 주형에는 백합의 흔적은 전혀 찾아볼 수 없다.^{그림 13} 앞면에서 왕은 그의 전임자들과 마찬가지로 왕관을 쓰고 왕좌에 앉아 정면을 바라보며 왕의 권력을 나타내고 있다. 오른손에는 꽃 모양의 일종의 식물 문양을 쥐고 있는데, 그 문양은 그가 왼손에 쥐고 있는 왕홀의 끄트머리 마름모꼴 안에도 동일하게 나타난다. 뒷면에서 그는 아키텐 공작으로 묘사되고 있는데, 갑옷을 입고 말에 올라탄 모습이다. 오른손으로는 검을 휘두르고 있고, 왼손에는 아무런 형상이 없는 방패를 쥐고 있다. 이것은 그가 그때까지는 문장을 가지고 있지 않았음을 명백하게 보여준다.[36]

이러한 인장의 앞면은 그의 치세에 계속해서 그대로 사용되었다. 하지만 아키텐 공국의 상속녀인 알리에노르가 1152년 루이 7세와 이혼하고 플랜태저넷 왕가의 헨리 2세와 재혼하면서 아키텐 공작의 지위는 플랜태저넷 왕가로 넘어갔다.

필리프 2세의 왕권을 나타내는 최초의 인장 주형은 1179년 11월에 대관식을 치른 뒤에 곧바로 새겨진 것으로 보인다. 당시 루이 7세는 살아 있었으나 이미 중병에 걸린 상태였다. 젊은 왕은 왕좌에 앉아 왕관을 쓰고 앞을 바라보고 있다. 그런데 이제 그의 오른손에는 진짜 백합꽃 문양이 쥐어져 있다. 왼손에 쥔 왕홀의 끝 부분에는 실제 백합의 유사한 변형인 전통적인 꽃 문양이 보인다.**그림 14** 게다가 이 인장을 찍은 자국 맞은편에는 연인連印을 찍은 작은 자국이 있는데, 거기에는 이미 완전히 문장으로 된 커다란 백합꽃 하나가 장식되어 있다.[37] 이 왕의 꽃은 그 뒤 궁정의 행사와 의례들로 퍼져갔을 것이다. 그리고 어쩌면 이미 젊은 왕의 문장 안에 들어가 있었을지도 모른다.

하지만 우리는 13세기 초 이전에 '파란 바탕에 금색 백합꽃들이 총총한 방패' 문장이 존재했다는 어떤 직접적인 증거도 가지고 있지 않다는 사실을 인정해야 한다. 그 방패가 처음 출현한 것은 1211년의 헌장에 달린 (밀랍으로 된) 인영印影에서이다.**그림 15** 그것은 왕 자신의 인장은 아니었고, 그의 장남인 루이 8세의 것이었다. 루이 왕자는 그

그림 14 필리프 2세의 인장(1180)

그림 15 루이 8세의 인장(1211)

로부터 12년이 지나서야 왕위에 올랐다. 이 밀랍 인영은 명백히 단색, 세월에 낡고 빛바랜 밀랍의 색이었다.[38) 색을 가진 문장을 만나기 위해서는 몇 년 더 기다려야 했다. 그것은 샤르트르 대성당의 높은 곳에 달려 있는 채색유리이다.**도판 17** 1216~1218년에 제작된 것으로 추정되는 이 스테인드글라스에는 갑옷을 갖춰 입은 루이 왕자가 '파란 바탕에 금색 백합꽃들이 총총한' 방패와 깃발을 쥐고 있다.[39) 이것은 아마도 그의 할아버지나 아버지 때인 1150년과 1180년 사이에 채택되었을 문장의 뒤늦은 증거일 것이다.[40)

그 시기가 백합꽃 문양을 가리키는 '플뢰르 드 리스(fleur de lis)'라는 속어 표현이 처음 등장한 때라는 데 주목해야 한다. 최초의 작가는 크레티앵 드 트루아이다. 그는 1165~1170년 사이에 쓴 로망 『에렉과 에니드*Érec et Énide*』에서 그것을 '피오르 드 리스(fior de lis)'라고 불렀다.[41) 두 세대가 지나면 이 말은 수많은 시인들과 연대기 작가들이 흔히 사용하는 표현이 되었다.

태어났을 때는 왕이 될 운명이 아니었던 루이 7세가 애초에 받았던 두 개의 이름이 '루도비쿠스 플로루스*(Ludovicus Florus)*'라는 점에도 주목해야 한다. 물론 그는 치세 내내 이 두 번째 이름을 결코 사용하지 않았다. 그 이름은 오더릭 비탈리스와 몇몇 연대기 작가들에게서만 확인된다.[42) 그렇지만 '플로루스(Florus)'를 〔꽃을 의미하는〕 '플로스(flos)'와 연관시켜 볼 수 있지 않을까? 아니면 '루이(Louis)'를 〔백합을 의미하는〕 '리스(Lis)'와 연관시켜 볼 수는 없을까? 중세에는 라틴어와 속어 모두에서 언어 유희가 매우 흔했다. 그래서 이름이 문장을 만들어내는 경우도 드물지 않았다. 예컨대 '카스티야(Castille)' 왕의 문장은 '성*(castellum)*'이고, '레온(Leôn)' 왕의 문장은 '사자(Lion)'이고, '바르(Bar)' 백작의 문장은 두 마리 '농어(Bar)'였다. '퐁투아즈(Pontoise)' 와 '캠브리지(Cambridge)' 시의 문장은 '다리(pont, bridge)'이다. 왕의 백합꽃 문양을 통해 (부정할 수 없는) 성모의 주된 상징만이 아니라, 군주의 이름까지 찾아보는 것은 너무 멀리 나아가는 것일까?

어쨌든 루이 7세가 치세 후반기에 백합꽃 문양과 특별한 관계를 가지고 있었던 것만큼은 확실하다. 심지어 〔프랑스 북부〕 퐁텐블로 인근의 바르보 대수도원 교회에 있는 루이 7세의 와상臥像에서 그는 이미 확실하게 문장으로 된 백합꽃 문양이 총총히 무늬를 이루고 있는 파란색 예복을 입고 있다. 개인적인 겸손함 때문에 그는 명성 높은 생드니의 왕실 묘역이 아니라, 자신이 십자군 원정에서 돌아온 뒤에 세운 시토회 수도원의 소박한 공간을 마지막 안식처로 삼았다.* 그러나 자신의 왕국을 자랑스럽게 여겼던 그는 마지막 의복으로 이미 프랑스의 문장이 되었거나 되어가고 있던 천상의 장식이 들어간 옷을 입었다. 그러나 불행하게도 이 와상은 지금은 존재하지 않는다.[43]

식물의 왕국?

루이 7세나 필리프 2세가 먼저 앞장서서 '파란 바탕에 금색 백합꽃들이 총총한' 문장을 채택했는지는 알 수 없다. 그러나 그들은 분명 다른 이들과는 달랐다. 주변에 있는 다른 왕국들의 군주들은 늦게까지 문장을 채택하지 않았다. 적어도 그들의 몇몇 봉신들보다는 말

---

* 루이 7세는 1817년 생드니 수도원의 왕실 묘역으로 이장되었다.

이다. 대부분 1170년과 1200년 사이에, 북유럽과 동유럽의 군주들의 경우에는 이보다 조금 더 늦은 13세기에 이르러서야 문장을 채택했다. 프랑스 왕은 결코 다른 이들보다 뒤처지지 않았다.

심지어 문장의 발상지 가운데 하나였던 잉글랜드에서도 플랜태저넷 왕가의 왕들은 1180년 이후가 되어서야 문장을 채택했다. 헨리 2세의 치세 말기나, 아니면 그의 아들로 1189년에 왕위에 오른 리처드 1세 때였을 것이 분명하다. 게다가 리처드 1세는 1194년 십자군 원정에서 돌아온 뒤에 문장을 바꾸었다. 그래서 붉은 바탕에 금색 레오파르두스 세 마리가 그려진 잉글랜드 왕실의 문장은 그로부터 5년이 더 지난 뒤에야 자리를 잡게 되었다. 1199년에 형인 리처드 1세의 왕위를 계승한 존 왕이 다시 그 문장을 채택했기 때문이다. 그것은 엘리자베스 2세의 문장에서 잉글랜드의 여왕*을 상징하는 것으로 지금까지도 계속 사용되고 있다.[44]

유럽의 왕조들은 대부분 동물을 문장의 형상으로 사용했다. 예컨대 잉글랜드 왕국과 덴마크 왕국은 레오파르두스를, 스코틀랜드 왕국과 레온 왕국, 보헤미아 왕국, 노르웨이 왕국은 사자를, 스웨덴 왕국은 황소의 머리를, 신성로마제국과 폴란드 왕국은 독수리를 상징으로 사용했다.[45] 그러나 프랑스 왕국은 꽃을 선택했다. 그것도 꽃들 가운데에서도 가장 아름답고 순수하다는 백합을 말이다. 그것은 평화

---

* 오늘날 영국의 왕실 문장 방패는 십자로 사등분되어 있다. 왼쪽 위와 오른쪽 아래에는 붉은색 바탕에 금색 레오파르두스 세 마리가 묘사된 '잉글랜드 문장'이, 오른쪽 위에는 백합무늬로 장식된 테두리 안에 붉은색 사자가 앞발을 들고 있는 '스코틀랜드 문장'이, 왼쪽 아래에는 파란색 바탕에 금색 하프가 그려진 '아일랜드 문장'이 있다.

프랑스

잉글랜드

덴마크

보헤미아

폴란드

노르웨이

그림 16 유럽 왕조들의 문장

와 순결의 상징이지, 동물지에 실린 야수의 세계에서 빌려온 전사의 상징이 아니었다.^{그림 16}

다른 경우들과 마찬가지로 여기에서도 프랑스 왕국의 왕은 기독교 세계의 다른 왕들과 구별되기를 바랐다. 이것은 역사의 모든 과정에서 꾸준히 이어졌다. 프랑스의 왕은 다른 왕들과 같지 않다. 그는 '매우 기독교적인' 왕이며, 대관식을 통해 하늘과 특별한 관계로 묶여 있기 때문이다. 여러 연대기 작가들이 이미 12세기에 루이 7세를 '경건하고 매우 기독교적인 왕*(rex pius et christianissimus)*'[46]이라고 부르며, 그러한 표현을 공식적인 문구로 만들었다. 새로운 왕실 문장은 푸르른 들판에 성모와 그리스도의 순수하고 풍요로운 백합을 뿌림으로써 그러한 표현을 온 세상에 큰 소리로 알리려 했던 것 같다. 주변의 나라들과는 달리 카페 왕조와 프랑스의 군주제에는 동물이 전혀 없다. 그들의 상징은 식물이다.

이러한 식물 상징은 오랜 기간 계속되었다. 프랑스의 왕은 기독교 세계의 통치자들 가운데 유일하게 꽃을 문장으로 사용하는 데 그치지 않았다.[47] 표장과 상징도 대부분 식물 세계에서 가져왔다.[48]

첫 번째는 지금까지 길게 이야기했던 백합꽃 문양이다. 두 번째는 온갖 형태의 꽃 모양 장식들인데, 이들 가운데 두 가지 형태는 중세의 도상학이 사랑했던 소재인 생명의 나무와 동등한 상징적 의미를 지니고 있었다. 바로 꽃 막대와 꽃으로 장식된 왕홀王笏이다. 이것들은 11세기부터 카페 왕조의 왕들의 인장에 등장했으며, 앙시앵레짐이 끝날 때까지 군주들의 치세마다 그들과 함께했다.[49] 세 번째는 성서시대의 권력의 표상이자 중세에는 그리스도와 순교자들의 상징이었던 종려나무이다. 이것은 이미 카롤루스 왕조에서도 왕의 상징으

그림 17 나폴레옹의 대관식에서 사용된 정의의 손

로 등장했으며, 카페 왕조에서는 점차 짧은 왕홀로 변형되었다. 그리고 나중에는 '종려나무(*palma*)'와 '손바닥(*pauma*)'이라는 낱말 사이의 언어유희에 따라 '정의의 손(main de justice)*'으로 바뀌었다.[50) **그림 17** 마지막은 왕관이다. 그것은 백합과 같은 온갖 꽃들로 장식되었을 뿐 아니라, 클로버·종려나무 잎·산사나무 잎과 같은 다른 식물의 문양들로도 꾸며졌다. 이 모든 상징들은 왕의 인장들에서도 모습을 드러내는데, 거기에서 그것들은 '왕의 인격', '군주제의 이상', '왕조의 통치'를 통틀어 나타낸다.[51)

여기에 다른 이미지 매체들에서 발견되는, 식물의 세계에서 빌려온 또 다른 주제나 소재들을 추가할 수 있다. 예를 들어 쉬제르가 좋아

---

* 프랑스 왕권을 나타내는 상징물 가운데 하나. 짧은 왕홀 끝부분에 세 개의 손가락(엄지, 검지, 중지)을 펼치고 있는 손 모양이 달린 모습인데, 신의 축복과 삼위일체를 나타내는 것으로 해석된다.

그림 18 성모영보 도상의 백합

했던 주제인 '이새의 나무'는 생드니 대성당에 화려하게 연출되었으며, 그 뒤 이 주제는 프랑스 왕국과 더 자주 연결되어 마침내 진짜 도상학적인 상징이 되었다.

다른 예로 중세 말〔마리아가 그리스도의 잉태에 관해 천사에게서 계시를 받는〕성모영보聖母領報의 매우 거룩한 이미지도 들 수 있다. 백합은 거기에서도 계속 나타나며, 장미·은방울꽃·데이지와 같은 또 다른 성모의 꽃들도 많이 등장한다. 14~15세기 발루아 왕조의 왕들과 왕자들은 이 이미지를 매우 폭넓게 차용했다.^{그림 18}

가장 유명한 것은 '성왕'으로 불리는 루이 9세의 참나무이다. 그것은 왕이 정의를 행하는 것을 실제로 상징하는 것이었기 때문에 왕의 식물 목록 안에 들어가게 되었다. 그것은 결코 낭만주의 시대의 발명품이 아니며, 〔19세기에 유행한 통속적 채색화인〕 에피날 판화나 제3공화국의 교과서가 만들어낸 창작품도 아니다. 왕이 그 아래에서 직접 판결을 내렸다는 참나무는 분명히 존재했다. 성왕 루이의 전기를 쓴 장드 주앵빌(1224~1317)은 매우 생생하고 의심의 여지가 없는 증언을 남기고 있다.

> 여름에 왕은 미사가 끝나면 자주 〔파리 동부 근교의〕 뱅센에 있는 숲으로 갔다. 그곳에서 그는 참나무에 등을 기대고 우리를 주변에 둘러앉혔다. 그리고 처리해야 할 일이 있는 모든 이들이 와서 그에게 직접 말을 했다. 집행관에게 쫓겨나거나 다른 누군가에게 가로막히는 일 없이 말이다.[52]

프랑스의 군주정이 자신의 고유의 이미지로 삼으려고 식물의 세계에서 가져온 표상의 목록은 길다. 물론 식물만 군주정의 상징으로 사용된 것은 아니었다. 그러나 식물은 언제나 다른 군주들과 구별되기를 바랐던, (중세에 식물은 동물보다 언제나 더 순수했으므로) 더 순수하고, 더 적법하고, 더 신성하게 보이려 했던 프랑스 군주정의 본질을 뚜렷하게 알려준다. 구별되기 위해서는 보통의 군주들과는 달라야 했고, 일반적인 왕의 표장 목록을 가져다 쓸 수는 없었다.[53] 12세기부터 프랑스 왕들의 상징적 연출의 기본 지침은 이것이 되었다.

이와 같은 의지와 태도를 보이게 된 이유는 다양하다. 1131년 10월에 평범한 농장 돼지가 불러온 필리프 왕의 불명예스러운 죽음도 아마 그 가운데 하나일 것이다.

6

가깝고 먼 울림들

루이 7세에 대한 후대의 평가는 매몰차고 무자비하다. 그의 치세는 프랑

스 역사에서 가장 불운하면서도 가장 긴 통치가 이루어졌던 시기였다. 비트리앙페르투아 교회의 비극적인 화재, 십자군 원정의 완전한 실패, 재앙과 같은 결과를 불러온 이혼, 온갖 종류의 굴욕들, 외교적 실책, 왕국의 3분의 1 이상이 봉신인 플랜태저넷 가문의 지배 아래로 넘어간 일, 한 세기 이상 지속될 프랑스와 잉글랜드의 전쟁이 시작된 것 등, 이것들이 루이 7세의 치세가 불러온 과오와 대참사, 위기의 기다란 목록이다.

어떤 역사가들은 그런 일들이 벌어진 책임을 왕한테 직접 묻는다. 그는 멋모르고, 어설펐으며, 성직자들의 포로였고, 자신이 미리 준비하지 못했던 그 직책을 맡을 능력이 없었다. 그것은 왕위에 오르기로 예정되어 있던 형의 자리였다. 어떤 역사가들은 비교적 너그럽다. 그들은 군주의 불운을 강조한다. 그는 잘 해내고 싶었다. 하지만 상황이 여의치 않았다. 그는 단지 자주 지나친 신앙심에 휩쓸리고, 이따금 바보와 같은 짓을 저지르거나 이성이 없는 것처럼 굴었을 뿐이다. 또 다른 이들은 그를 모든 책임으로부터 자유롭게 해준다. 그들은 군주가 아무리 무능하게 처신한다 할지라도, 그 때문에 역사의 흐름이 뒤바뀌는 것은 아니라고 생각한다.

그러나 군주는 그렇게 할 수 없을지 모르겠지만, 돼지는 확실히 역사의 흐름을 뒤바꿔 놓았다. 1131년 10월 떠돌아다니던 돼지는 젊은 왕 필리프의 죽음을 불러와 왕조의 왕위 계승을 어지럽히고, 성직자가 될 운명이었던 아이를 왕위 계승자로 바꿔놓았다. 프랑스 왕 루이 7세가 된 이 젊은 왕자는 무능함을 드러냈다. 그는 형이 있어야 할 자리에 자신이 있는 것은 아닌지 의심했다.

쉬제르와 여러 연대기 작가들에 따르면, 필리프는 어린 나이에도 "큰 희망을 주었다." 15살이 된 그는 "유쾌하고, 건강했으며, 선량한 이들의 기대를 한 몸에 받고 있었다."[1] 의례적인 문구임이 분명하지만, 그것은 아마도 어느 정도는 우리가 알지 못하는 그의 어떤 성격이나 행동에 기초해서 나온 말일 것이다. 만약 필리프가 살아 있었더라면 그는 1137년 7월 25일에 아키텐 공국의 알리에노르와 결혼했을 것이고, 며칠 뒤에 프랑스의 왕이 되었을 것이다. 당시 그는 21살이었을 것이다. 12세기를 기준으로 하면, 이것은 충분히 성숙한 나이이다. 그만큼 그는 통치와 관련된 일들을 오래 익히면서 왕권을 행사할 준비를 했을 것이다. 게다가 동생보다는 신앙심이 덜 깊었으며 더 사내다웠던 그는 알리에노르도 더 잘 이해해 주었을지 모르겠다. 아마도 그녀는 그에게 일찍 남자 후계자를 안겨주었을 것이다. 왕가와 군주정의 역사는 순조롭게 진행되었을 것이고, 왕국은 평화와 번영을 누렸을 것이다.

그러나 불행하게도 농장의 비천한 돼지가 다른 결정을 가져왔다.

필리프 왕의 순번은?

우리는 12세기의 연대기 작가들이 젊은 왕의 죽음을 어떻게 이야기하고 묘사했는지 살펴보았다. 그들에게 그것은 비참하고, 끔찍하고, 처참하고, 수치스럽고, 불명예스러운 죽음이었다. 그 다음 세기에도 이런 경향은 변함이 없었으며, 비극적인 운명은 자주 장황하게 묘사되었다. 물론 성모에게 호소하고, 그녀에게서 두 가지 천상의 상징을 빌려온 덕분에 카페 왕조 전체에 묻은 얼룩은 차츰 옅어졌다. 그러나 그렇다고 해서 사건에 대한 기억마저 사라져버린 것은 아니었다. 심지어 잉글랜드에서도 1131년 가을에 사고가 일어나고 거의 한 세기가 지날 때까지 '돼지에게 죽임을 당한' 젊은 왕의 이야기가 폭넓게 회자되었다. 아울러 앞서 살펴보았듯이 중세 말기까지도 수많은 기일표와 사망자 명부가 10월 13일의 이 평범하지 않은 죽음에 관해 언급하고 있었다.[2] 죽은 자는 이따금 '돼지에게 살해된 필리프 *(Philippus a porco interfectus)*'라고 불렸다.**도판 2** 때로는 '돼지에게 살해된 왕*(rex a porco interfectus)*'이라고만 불리기도 했는데, 이것은 그가 꽤 유명했다는 사실을 암암리에 보여준다. 사람들은 그가 누구이고, 무슨 일이 있었는지 잘 알고 있었다. 그래서 굳이 젊은 희생자의 세례명까지 말할 필요가 없었다.

라틴어가 이러한 관례적인 문구를 독점하고 있지도 않았다. 속어로 된 역사서와 연대기도 이 기괴한 사건을 즐겨 언급했으며, 심지어 매우 자세히 이야기하기도 했다. 성왕 루이의 요청에 따라 생드니 수도원의 수도사 프리마가 1265년과 1274년 사이에 라틴어로 된 것을 프랑스어로 옮겨서 다시 쓴 『프랑스 대연대기*Grandes chroniques de*

France』가 대표적이다. 여기에서 작가는 쉬제르의 글을 거의 그대로 본떠서 이 사건에 관해 서술하고 있다.

그 날 끔찍한 사건이 발생했다. 프랑스 왕국에서 그와 같은 비극은 전에 없었다. 왕의 장남인 필리프는 그 날 몇몇 동료들과 함께 말을 타고 성의 담벼락을 따라 파리 거리를 지나고 있었다. 그 때 갑자기 '악마의 돼지*(uns deables de porc)*'가 필리프에게 달려와 그의 말과 부딪쳤다. 필리프는 말에서 떨어지면서 불행하게도 돌에 부딪혔는데, 그 때문에 치명적인 상처를 입었다. 모두가 슬픔에 잠겼다. 젊은 왕자는 매우 잘생긴 미남이었고, 덕이 많은 사람이었기 때문이다. 그는 선량한 이들에게는 위안과 희망을 주었고, 사악한 자들에게는 공포와 근심을 가져다주었다. 그런데 그 날은 마침 왕이 전쟁터로 나서기 위해 그의 봉신들과 군대를 소집했을 때였다. 군중들이 매우 많았다. 모든 사람들이 소리치며 울부짖었다. 슬픔은 매우 컸다. 존귀한 도련님은 근처에 있는 집으로 옮겨졌고, 그곳에서 해질녘에 죽었다. 나는 그의 아버지와 어머니, 왕실의 힘 있는 모든 이들이 느꼈던 고통에 관해 감히 말로 표현할 수가 없다. 젊은 왕의 시신은 생드니로 옮겨졌고, 그곳에서 그는 수많은 대주교와 주교들, 봉신들이 참석한 가운데 왕들의 묘역에 안장되었다. 그는 왕실의 모든 예우를 받으며, 왕답게 삼위일체 제단의 왼쪽에 매장되었다.[3]

다른 모든 중세의 역사가들과 마찬가지로 생드니의 수도사에게도 필리프는 그의 아버지가 살아 있을 때에 축성을 받고 대관식을 올렸던 진짜 왕이었다. 그렇다면 그에게도 과연 프랑스의 다른 왕들처럼 왕호王號의 순번順番을 부여했는가 하는 문제가 남는다. 필리프는 과연 몇 번째 필리프 왕이었을까?

이름이 같은 군주들에게 순번을 붙이는 관습은 뒤늦게 생겨났다. 그것은 중세 연대기 작가들의 작품이었다. 그들은 옛 시대에 관해 이야기하면서 연대기 안에서 다양한 통치기를 순서대로 정리하고, 세례명이 같은 왕들을 구분하기 위해 순번을 붙였다. 그러나 12세기 이전에는 이러한 번호매기기는 거의 나타나지 않았다. 그리고 그것은 그로부터 3세기나 4세기 뒤가 되어서야 일반화되었다.

이름이 같은 군주들은 오랫동안 별명으로 구분되었다. 그런데 그 별명들은 그들이 살아 있는 동안이나 죽은 직후에 만들어지기도 했으나, 대부분은 죽은 지 한참 지난 뒤에 붙여진 것들이다. 바로 그 때문에 카롤루스 왕조 시대에 '대머리'나 '뚱보'라고 불렸던 어떤 '카롤루스(Carolus)'와 '게으름뱅이'나 '너그러운 이'라고 불렸던 어떤 '루도비쿠스(Ludovicus)'도 실제로 대머리였고, 뚱뚱했고, 게을렀고, 사람이 좋았는지는 확신할 수 없다. 게다가 '너그러운' 왕은 도대체 정확히 무엇을 말하는 것일까?

이처럼 별명들은 대부분 후대의 전승이나 사료가 창조해낸 특성들에 지나지 않았다. 그래서 나중에 번호매기기가 나타났으나, 그것도 오랫동안 불확실하고 혼란스러웠으며, 무엇보다 작가마다 다른 것이 문제였다. 그래서 예전 것이든 새로운 것이든 별명을 그대로 두는 편이 유용했다. 별명이 순서를 붙이고 확인하는 데에도 도움을 주었기 때문이다.

왕호의 순번은 14세기 후반이 되어서야 좀 더 안정되게 자주 사용되었으며, 연대기나 역사책만이 아니라 공식 문서들에서도 모습을 드러내기 시작했다. 1364년부터 1380년까지 왕위에 있었던 샤를 5세는 그렇게 했던 최초의 프랑스 왕이다. 왕실 사무국에서 발행한 수많은 문서들에서 그는 '다섯 번째' 샤를로 나타내지고 있다. 물론 순번의 사용이 아직 체계적이지는 않았다. 그렇게 되려면 16세기까지 기다려야 했다. 하지만 이미 순번이 별명보다 훨씬 더 빈번히 사용되기 시작했다.[4]

그렇지만 그 전의 치세에 대해 왕의 순번을 붙이는 일은 정말이지 너무나 혼란스럽다. 특히 필리프의 경우가 그러한데, 이것은 '우리의' 필리프 때문이다. 그를 일련의 왕들 안에 넣어야 할까, 넣지 말아야 할까? 그에게도 순번을 부여해야 할까? 중세 말까지 대부분의 역사가들은 이에 관해 긍정적으로 답변했다. 그는 이미 1129년에 축성을 받고 대관식을 치르지 않았던가? 그는 1131년에 생드니에 있는 왕들의 묘역에 묻히지 않았던가? 그래서 그는 1060년부터 1108년까지 왕위에 있었던 할아버지 필리프 1세의 뒤를 이어 자주 〔필리프〕'2세'로 불렸다.

바로 여기에서 오늘날 우리가 사용하는 순번과 차이가 발생한다. 적어도 16세기까지는 많은 작가들에게 '존엄왕' 필리프는 필리프 2세가 아니라 필리프 3세였다. 그리고 성왕 루이의 아들인 '과감한 왕 (le Hardi)' 필리프(재위 1270~1285)는 필리프 3세가 아니라 필리프 4세였으며, '미남왕' 필리프는 필리프 4세가 아니라 필리프 5세였다. 그의 아들인 '키다리왕(le Long)' 필리프도 필리프 5세가 아니라 필리프 6세였고, 그의 사촌이자 발루아 왕조의 초대왕인 필리프도 필리프 6세가 아니라 필리프 7세로 순번이 매겨지고는 했다.[5]

오늘날과 같은 필리프의 순번은 샤를과 루이, 앙리의 현대적 순번과 마찬가지로 훨씬 더 뒤인 16세기 말에야 확정되었다. 그 시기에 이르러서는 역사책에 숫자로 번호를 매기고 연대를 결정하는 일이 많아졌고, 일부 역사가들은 기나긴 시간을 측정하고 토막 내기 시작했다. 그러는 동안 돼지에게 살해된 젊은 왕 필리프는 순번을 잃었다. 혼자서 왕국을 통치하지 않았기 때문에 그는 더 이상 프랑스의 왕으로 여겨지지 않았다. 축성을 받고 대관식을 치렀다고 하더라도 아버지가 죽기 전에는 그는 오직 왕의 아들이었을 뿐이다. 바로 이런 이유로 '존엄왕' 필리프는 필리프 2세가 되었고, 성왕 루이의 아들인 '과감한 왕' 필리프는 필리프 3세가 되었으며, 다른 이들도 마찬가지로 지금과 같이 되었다. 필리프의 순서를 세는 이 근대적 방식이 오늘날까지 우리에게 이어지고 있다.

돼지에게 살해된 왕, 그 기나긴 기억

근대부터 우리의 필리프는 프랑스 왕들의 목록에서 빠졌다. 하지만 그렇다고 해서 그의 죽음이 역사책에서 사라진 것은 아니었다. 17세기의 베스트셀러 역사책 작가 가운데 하나인 프랑수아외드 드 메제레(1610~1683)가 쓴 『파라문두스부터 루이 13세까지의 프랑스 역사 *Histoire de France depuis Faramond jusqu'au règne de Louis le juste*』를 그 예

---

* 프랑크족의 초기 군주인 파라문두스(Paramundus, 370?~430?)부터 '공정왕(le Juste)'으로 불리는 루이 13세까지의 연대를 정리하고 있는 책이다.

로 들 수 있다. 이 책의 초판본은 1643년부터 1651년 사이에 세 권의 책으로 출간되었고, 작가가 죽은 뒤인 1685년에 재판본이 출간되었다. 그 사이에 메제레는 〔프랑스의 학술원인〕아카데미 프랑세즈의 종신 서기이자 인기 있는 작가가 되었다. 그 뒤로도 그의 작품은 여러 차례 재출간되었으며, 네덜란드연방공화국*에서는 여러 해적판이 나돌기도 했다. 메제레 자신이 1668년에 출간한 요약본도 판매에 큰 성공을 거두었다.[6]

다음은 그가 1685년에 출간한 『프랑스사 *Histoire de France*』에서 발췌한 내용이다.

> 왕은 1129년에 맏아들인 필리프에게 왕관을 씌워 주었다. 프랑스의 모든 사람들이 기대를 품고 이 왕자를 바라보았다. 그는 기쁨이었다. 그의 비범한 자질들이 앞으로 다가올 그의 치세에 대한 희망찬 조짐으로 여겨졌기 때문이다. 그러나 2년 뒤에 그가 이상한 사고로 목숨을 잃으면서 이 모든 기대와 희망은 무너졌다. 필리프가 파리 외곽을 지나고 있을 때 돼지 한 마리가 그가 타고 있던 말의 다리를 향해 뛰어들어 그를 땅으로

중세와 앙시앵레짐 시기에 파라문두스는 프랑크인의 첫 번째 군주이자 프랑스 왕의 시조로 일컬어졌다.

* 에스파냐의 지배에서 독립한 네덜란드 북부의 7개 주가 연합해 세운 공화국으로 1588년부터 1795년까지 존속했다. 17세기에는 네덜란드의 황금시대라 불릴 만큼 무역 강국으로 빠르게 성장했으며, 이를 바탕으로 미술, 음악, 철학, 문학 등 여러 방면의 문화가 발전했다. 한편, 많은 예술가와 지식인들이 모여든 탓에 이 시기 네덜란드연방공화국에서는 유명 저자의 작품이 해적판으로 다수 제작되거나 다른 지역으로 유통되기도 했다.

떨어뜨렸다. 말에서 떨어진 젊은 왕은 심각한 상처를 입었다. 머리에 입은 치명적인 상처 때문에 그는 그날 저녁에 죽었다. 몇몇 성직자들은 신의 심판에 대한 공포를 불러일으켜 자신들의 특권과 권위를 확보하려고 했다. 그래서 그들은 왕자가 목숨을 잃은 것이 그의 아버지가 성직자들을 함부로 대한 것에 대한 신의 형벌이라고 말했다. […] 크게 상심한 왕은 맏아들의 자리를 둘째아들인 루이에게 잇게 하는 것 말고는 다른 위안거리를 찾지 못했다. 그 뒤 사람들은 아버지와 이름이 같았던 루이를 구분하기 위해 '어린 왕*(le Jeune)*'이라는 별칭을 붙였다.[7]

메제레에게 젊은 왕 필리프의 죽음은 더 이상 중세 연대기 작가들이 말했던 것처럼 수치스럽거나 불명예스럽지 않았다. 그것은 단지 '이상할' 뿐이었다. 게다가 이러한 생각은 그 뒤 몇십 년 동안 출간되었던 다른 여러 작가들의 『프랑스사』에서도 지배적이었다. 그것은 더 이상 비천하거나 고약한 죽음이 아니라, 단지 (페르 가브리엘 다니엘에 따르면) "기괴하고"[8] (동 펠리비앙과 동 로비노에 따르면) "놀라우며"[9] (몽포콩에 따르면) "특이하고"[10] 아니면 (수도사인 프랑수아 벨리의 말에 따르면) 그저 "불운한"[11] 사고였을 뿐이다.

메제레는 정말이지 권위가 있었다. 그래서 필리프의 죽음에 대한 그의 구절은 18세기와 심지어 19세기 초의 많은 역사가들에게도 차용되었다. 어떤 이들은 그것을 그대로 인용했고, 어떤 이들은 간추려서 인용했으며, 어떤 이들은 더 자세한 설명을 덧붙여 실었다. 18세기 중반에는 중세와 근대 초기의 작가들도 몰랐던 상세한 사항들이 나타나기 시작했는데, 그것을 최초로 언급했던 작가가 누구인지는 확인되지 않는다. 떠돌아다니던 돼지는 이제 일종의 정체성을 부여받게 되었다. 그 돼지는 상인이 소유하던 것이었다. 상인은 다음날 열리는 장터에 그것을 내다 팔 계획이었으며, 그때까지는 돼지를 우리에 가두어 놓으려 했다. 그러나 돼지는 우리를 탈출하는 데 성공했고, 달아나다가 공교롭게도 필리프가 타고 있던 말의 다리와 부딪쳤다.[12]

이 흥미로운 세부 사항은 어느 정도 사고의 책임을 돼지에게서 그것의 소유자인 주인에게로 돌리고 있다. 상인 말이다! 돼지는 더 이상 악마의 수하가 아니라, 평범한 상인의 소유물일 뿐이다. 돼지는 왕을 살해한 저주받은 동물이 아니라, 단지 달아나던 동물일 뿐이다. 젊은 왕의 살해자는 더 이상 돼지가 아니다. 모든 것을 고려했을 때 그것은 상인이다. 이러한 세부사항이 나타났던 때는 사회적 긴장이 고조되고 귀족들에 대한 반감이 이따금 폭력적인 양상으로도 나타났던 앙시앵레짐 말기였다. 따라서 이러한 서술 안에 특정한 이데올로기적 의미가 담겨 있음을 외면하기 어렵다.

군주정의 몰락과 혁명의 소란이 시작된 뒤로는 젊은 왕 필리프와 그의 불운한 죽음에 대한 기억이 한층 더 신중해졌다. 생트주느비에브 수도회의 사제이자 프랑스 학술원 회원이던 루이피에르 앙크틸(1723~1808)은 14권에 이르는 방대한 분량의 『프랑스사』를 썼다. 1804년과 1805년 사이에 출간된 이 작품은 제2제정기(1852~1870)까지 여러 번 다시 출간되었는데, 이 책에서 앙크틸은 1131년의 '사고'를 간단히 언급만 하고 그것에 관해 어떤 수식어를 덧붙이지 않았다.[13] 마찬가지로 1834년에 초판이 출간되었으며 앞의 책 못지않게 권수가 많은 앙리 마르탱(1810~1883)의 『프랑스사』에서도 필리프의 죽음에 관해 사건 자체와 그것이 끼친 영향에 대해 판단을 배제한 몇 줄의 글을 찾아볼 수 있다.

필리프는 그의 아버지를 계승하지 못했다. 대관식을 치른 지 2년이 지난 어느 날, 열여섯 살이 거의 다 된 젊은 왕자는 말을 타고 파리 교외를 지나고 있었다. 그곳은 그레브 광장 부근의 마르트루아생장 거리였다. 거기에서 돼지가 말의 다리 사이로 뛰어들었다. 말은 쓰러졌고, 기수를 돌 위로 떨어뜨렸다. 말의 무게가 그를 짓눌렀다. 그로부터 몇 시간 뒤에 필리프는 죽었다. 그 날은 1131년 10월 13일이었다.[14]

유일하게 자세히 서술된 (그러나 허위로 기재된) 세부사항은 사건이 발생한 거리의 이름뿐이다. 앙리 마르탱은 그 정보를 어디서 얻었는지 밝히지 않는다. 그는 이 사건에 관해 언급한 19세기 프랑스의 마지막 역사가인데, 여기에서 사건은 짤막한 소식을 전하듯이 실려 있다. 그는 사건의 결과에 대해서는 아무런 말도 하고 있지 않다. 그렇지만 관심은 보이고 있다.

그 뒤로는 침묵뿐이다. 루이 6세의 치세에 대해서는 말수가 적은 〔19세기 프랑스의 민족주의 역사가〕 쥘 미슐레(1798~1874)는 그 사건을 언급하지 않았다. 젊은 왕 필리프와 같은 시대의 인물인 〔신학자〕 아벨라르(1079~1142)에 관해서는 장황하게 늘어놓았으면서도 말이다. 하긴 그의 위대한 민족 서사의 마술적 영감 안에서 돼지가 무엇을 할 수 있었겠는가? 19세기 말과 20세기 초의 실증주의 역사가들은 다른 이유로 그 이야기를 끄집어내지 않았다. 그들이 보기에 동물은 역사라는 무대의 전면에 나설 수 없었다. 특히나 학술적인 작품의 서술이나 논평에서는 말이다. 동물은 당시 무시를 받던 장르인 야사野史로 내쳐졌으며, 조상들의 풍습과 믿음, 두려움을 희화화하려는 목적을 지닌 일화와 흥밋거리(*curiosa*) 모음집을 구성하는 데에서만 쓰였다. 그래서 1900년부터 출간되어 거의 3세대 가량 권위를 지켰던 에르네스트 라비스(1842~1922)의 『프랑스사』에도 왕을 살해한 돼지는 없었다.

이 방대한 시리즈 가운데 1911년에 출간된 제4권의 1부는 카페 왕조 초기의 통치기인 987년부터 1137년까지의 역사를 다루고 있는데, 이것은 위대한 중세사가인 아쉴 뤼세르(1846~1908)가 작성한 것이다. 그는 우리의 필리프의 존재를 언급하지 않고, 루이 6세에 대해 단지 이렇게만 간략하게 썼다. "아델라이드 드 모리엔과 결혼해서 6명의 아들을 포함해 9명의 자식을 낳았다. 왕조의 장래는 굳건해졌다."[15] 이 짧은 두 문장 어디에 돼지에게 살해된 젊은 왕의 죽음이 담길 수 있었겠는가? 하긴 굳이 그러한 시시한 일을 언급해서 학술적인 역사를 훼손할 이유가 어디 있었겠는가?

학술적이고 학문적인 역사의 이러한 침묵은 그 자체가 역사가들이 만든 과거 사건들의 위계 서열과 역사 교육에서의 동물의 부재를 보여주는 중요한 증거이다. 아울러 그것은 동물의 세계에서 돼지가 받았던 대접을 간접적으로 보여주기도 한다. 돼지는 가장 비천하고 가장 더러운 동물이었다.

왕을 살해한 또 다른 돼지

중세로 다시 돌아가서 '필리프'라는 이름을 가진 또 다른 프랑스 왕의 죽음에 관해 살펴보자. 그는 '철의 왕(le Roi de fer)'이라고도 불린 '미남왕' 필리프 4세인데, 1285년부터 1314년까지 오래 이어진 그의 치세는 프랑스 군주정이 초기의 절대왕정으로 나아가는, 역사의 중요한 변곡점이 되었다.

필리프 4세도 돼지에게 죽임을 당했다. 그러나 여기에서 왕을 살해한 돼지는 집돼지가 아니라 야생의 돼지였다. 사건 자체는 유별나다고 할 수 없는 것이었다. 중세에 사냥을 하다가 생긴 사고로 멧돼지 때문에 죽은 왕과 왕자들은 꽤 많았기 때문이다. 우리는 이 책의 두 번째 장에서 이미 그에 관해 살펴보았다. 하지만 이런 죽음들은 모두 카롤루스 왕조 때에나 봉건시대 초기, 다시 말해 사냥의 역사에서 멧돼지가 여전히 왕의 사냥감이었을 때에 벌어진 일들이었다. 이 동물을 사냥한 사람들의 용기와 강인함이 칭송받고, 망설이지 않고 몸을 던져 멧돼지와 일대일로 맞붙던 시대 말이다.

14세기 초가 되면 이런 일들은 훨씬 줄어들었다. 왕의 사냥감은 이제 야생의 돼지가 아니라 사슴이었다. 사슴은 말을 타고 사냥하며, 상징적인 관점에서 그리스도적인 동물로 여겨졌다. 그러나 멧돼지의 평판은 크게 떨어졌다. 이제 그것은 곰과 마찬가지로 악마의 동물지안으로 편입되었다. 사냥꾼들에게 그것은 유독 '검은 동물'이었다. 사냥감을 사냥술의 관점에서만 아니라 도덕적 관점에서도 분류하는 사냥서들에서 멧돼지는 지옥의 피조물이었다.**도판 6, 7**

앙리 드 페리에르(1354~1377)가 1360~1370년 무렵에 쓴, 후대에 길이 남을 작품인『모두스 왕과 라티오 여왕의 책들Les Livres du roy Modus et de la royne Ratio』*은 그와 같은 시각을 가장 뚜렷하게 보여준다. 앙리는 멧돼지를 자만 · 분노 · 나태 · 불결 · 음욕 · 탐식 · 시기 · 잔인함 · 배신과 같은 수많은 악덕들의 상징으로 삼고 있을 뿐 아니라, 그 자체를 적敵그리스도의 현현으로 바라본다.[16] 검은 털, 불꽃처럼 비죽비죽 털이 솟아 있는 등, 굽은 발, 갈고리가 입 안으로 밀려들어간 것처럼 보이는 '뿔들', 참을 수 없는 냄새, 끔찍한 울음소리, 발정기의 광란, 벼락처럼 갑작스러운 돌진, 닿는 모든 것을 녹여버릴 것과 같은 어금니 등 멧돼지의 육체적 특성은 모든 면에서 지옥을 연상시켰기 때문이다.[17]

1314년에는 사냥을 하다가 멧돼지한테 공격을 받아 죽는 것은 몇 세기 전에 그랬던 것과는 달리 더 이상 영웅적인 죽음이 아니었다. 일부 연대기 작가들이 필리프 4세의 죽음을 표현했던 것처럼 얼마간 그것은 비루한 최후였다. 물론 그들은 이 죽음에 관해 평판이 떨어진 다른 이유들을 찾으며, 그것을 신이 내린 징벌로 보았다.

그러나 몇 가지 점에서 1314년의 사건은 1131년에 벌어진 사건의 메아리와 같았다. '필리프'라는 이름을 가진 이 두 명의 프랑스 왕은

---

* 14세기 후반에 제작된 사냥서이다. '방법'을 뜻하는 '모두스(Modus)'와 '이론'을 뜻하는 '라티오(Ratio)'를 각각 왕과 여왕으로 의인화하여 서술하고 있어 그런 이름이 붙여졌다.『사냥 비법Les Secrets de la Chasse』이나『모두스 왕의 사냥서Le Livre de chasse du Roy Modus』라고도 불린다. 주로 모두스 왕과 라티오 왕비가 사냥에 관한 제자들의 질문에 대답해주는 형식으로 되어 있다. 이 책에서 동물은 두 종류로 나뉘는데, 수사슴 · 암사슴 · 다마사슴 · 작은 사슴 · 산토끼는 좋은 동물로, 멧돼지 · 늑대 · 여우 · 수달은 역겨운 동물로 분류되어 있다.

둘 다 사냥에 참가했고, 둘 다 말에서 떨어졌으며, 둘 다 돼지한테 죽임을 당했다. 게다가 중세 말까지 〔이탈리아의 소설가〕 조반니 보카치오(1313~1375)와 같은 일부 작가들과 삽화가들은 두 사건을 혼동하기도 했다.[18] 그들은 더 이상 집돼지와 멧돼지를 구분하지 않았다. 중세 말의 가치체계에서는 둘 다 모두 악마와 같은 불순한 피조물들이었기 때문이다.

1314년 11월에 필리프 4세에게 생긴 일을 더 자세히 살펴보자.

11월 2일 필리프 4세는 삼촌인 로베르 드 클레르몽(1256~1317)을 방문했다. 그는 성왕 루이의 아직 생존해 있는 막내아들이었다. 4일에 필리프 4세는 퐁생트막상스 부근의 아라트 숲으로 사냥을 갔다. 녹음이 짙다 못해 검은 그 숲에는 사냥감과 전설이 모두 풍부했다. 987년에 세상을 떠난 프랑스 왕 루도비쿠스 5세를 비롯한 많은 사냥꾼들이 그곳에서 목숨을 잃었다.

필리프 4세는 열성적인 사냥꾼이었다. 그는 망설이지 않고 깊은 덤불숲으로 들어가 멧돼지를 수풀 밖으로 내몰았다. 왕은 이 거대한 야수에게 상처를 입혔다. 그러나 분노한 야수는 이리저리 날뛰다가 그가 타고 있는 말의 다리를 향해 돌진해왔다. 필리프 4세는 말에서 떨어졌고 한쪽 다리가 부러졌다. 달려온 사냥꾼들에게 목숨을 잃을 때까지 이 검은 동물은 꽤 오랫동안 왕에게 상처를 입혔다.

필리프 4세는 푸아시로 옮겨져서, 그가 몇 년 전에 세운 도미니크회 수도원에서 치료를 받았다. 처음에는 상처가 치료되는 것처럼 보였다. 그러나 며칠이 지나자 왕의 건강은 악화되었다. 그는 열은 없었으나, 일시적으로 말하는 것을 잊곤 했으며 더 이상 서 있지도 못했다. 의사들은 키가 크고 호리호리하며 활기가 넘쳐 결코 병에 걸리지 않을 것 같은 남자였던 필리프 4세가 그렇게 되자 더 어찌할 바를 몰랐다. 그러자 사람들은 저주에 관해 이야기하기 시작했다.

측근들은 왕을 에손으로 이송하기로 결정했다. 하지만 마침내 몇 마디 말을 할 수 있게 되자 필리프 4세는 자신을 46년 전에 그가 태어났던 퐁텐블로로 데려가 달라고 요청했다. 그는 그곳에서 11월 29일에 죽었다. 필리프 4세는 성 안드레아스의 축일인 30일까지 살기를 원했으나 그러지 못했다. 안드레아스는 중세에 특별히 숭배를 받던 사도였는데, 그가 형인 베드로보다도 먼저 그리스도를 따라서 최초로 사도가 된 인물이었기 때문이다.[19] 몇몇 연대기 작가들은 엄격하고 금욕적이며 독선적이고 냉소적이었던 왕, 가족과 측근들의 두려움을 받고 일부 백성들에게서는 미움을 받았던 이 프랑스 왕의 마지막 소원이 받아들여지지 않았다는 사실을 놓치지 않고 지적했다. 필리프의 시신은 센강이 흐르는 파리로 옮겨졌고, 그 뒤 생드니로 옮겨져 그곳에서 12월 3일에 장례식이 치러졌다.[20]

필리프 4세와 그의 자손이 1314년 3월에 화형을 당한 성전기사단 단장 자크 드 몰레(1243?~1314)의 저주를 받았다는, 그야말로 전설에 지나지 않는 이야기는 1330~1340년 무렵이 되어서야 뒤늦게 등장했다.[21] 당장 그 시대 사람들의 눈과 귀를 붙잡은 것은 무엇보다 '말에서 떨어진 낙마'와 '왕을 살해한 멧돼지'였다. 중세에 낙마落馬는 모두 신의 형벌로 여겨졌다. 특히 왕이나 대영주의 경우에는 더욱 그러했다. 「사도행전」(9:3-6)에 나오는 다마스쿠스로 가는 길에서 일어난 (미래의 사도 바울인) 젊은 사울의 낙마가 그것의 중요한 근거였다. 신은 사울을 벌했던 것처럼 필리프 4세도 벌한 것이다. 성직자들이 보

기에 왕의 죄는 크고 심각했다. 왕은 '화폐 위조자(faux-monnayeur)'*
였고, 자기가 한 말을 끊임없이 번복했다. 게다가 그는 교회의 적이
었다. 그는 교회의 재산을 몰수하고 세금을 부과했으며, 주교들을 자
기 마음대로 임명했고, 교황과 교황의 특사와 대립하며 그들을 훈계
하고 심지어 폭력을 행사하는 것도 서슴지 않았다. 게다가 왕 자신은
정결했다 하더라도 그의 측근들은 방탕했다. 얼마 전인 1314년 4월
에 생긴 그의 두 며느리의 스캔들, 다시 말해 그녀들이 넬 탑에서 밤
에 연인들을 불러들였다는 추문**이 이를 입증했다.[22]

  왕의 비극적인 죽음은 이 모든 치욕과 무질서에 쐐기를 박았다. 그
것은 신의 징벌임과 동시에 사탄의 앞잡이인 동물이 일으킨 불명예
스러운 죽음이었기 때문이다. 몇몇 작가들은 이 죽음에서 젊은 왕 필
리프의 죽음을 떠올렸다. 그는 6세대 전에 그의 아버지 '뚱보왕' 루이

---

* 필리프 4세의 치세에는 잦은 전쟁과 전보다 중앙집권화된 행정 때문에
왕실 재정의 부담이 커졌다. 그래서 필리프 4세는 왕실의 부채를 줄이기 위
해 화폐 개혁을 단행했다. 새로운 화폐에는 전보다 적은 금과 은이 포함되
었으며, 화폐의 가치가 하락해서 고통을 겪는 사람들이 발생했다. 그래서
그와 사이가 좋지 않았던 성직자들은 필리프 4세를 '화폐 위조자'라고 부르
며 비난했다.

** 넬 탑 사건(Tour de Nesle affair) : 필리프 4세가 죽기 몇 개월 전인 1314
년 봄에 그의 딸 이사벨라는 두 올케인 (루이 10세의 비) 마르그리트
(Marguerite de Bourgogne, 1290~1315)와 (샤를 4세의 비) 블랑쉬(Blanche
de Bourgogne, 1296?~1326)가 간통을 저질렀다고 고발했다. 자신이 올케
들에게 선물한 자수 주머니를 어떤 기사 형제가 갖고 있었다는 것이다. 그
래서 왕자비들은 머리카락이 짧게 잘린 채 가이야르 성에 유폐되었고, 그
녀들과 넬 탑에서 간통을 저질렀다고 고발된 기사들은 산 채로 가죽이 벗
겨지는 형벌을 받았다.

6세 때문에 악마의 돼지한테 비참하게 살해되었다. 루이 6세도 교회에 맞섰으며, 성직 서임권을 행사했으며, 성직자들과 불화를 빚었고, 교황이나 위대한 성 베르나르에게 복종하기를 거부했다.

법정의 돼지

1314년 11월 아라트 숲 한가운데에서 필리프 4세를 말에서 떨어뜨리고 그에게 상처를 입힌 멧돼지는 왕과 동행하던 사냥꾼들에게 바로 그 자리에서 죽임을 당했다. 그것은 결코 놀랍지 않다. 그러나 이 시기에 도시 한가운데에서 돼지가 일으킨 사고 때문에 사람이나 아이가 죽으면 사정은 달랐다. 죄를 지은 동물은 곧바로 도살되지 않았다. 오히려 돼지는 재판관에게 데려가기 위해 산 채로 포획되었다. 실제로 2~3세대 동안 서부 유럽 곳곳에서는 창창한 앞날이 약속된 새로운 재판 절차가 등장했다. 바로 동물 재판이었다. 대체로 덩치가 큰 가축에게 소송이 제기되었는데, 이제 그들은 자신들의 행위에 책임을 져야 했다. 이것은 매우 새로운 일이었다.[23]

역사적·법적·인류학적 차원에서 매우 흥미로운 일인데도, 13세기 중반부터 17세기 초까지 유럽 대부분의 지역에서 나타난 이 동물들을 상대로 한 소송들은 아직도 역사가의 손길을 애타게 기다리고 있다. 오랫동안 그것들은 '하찮은 역사', 말하자면 조상들의 믿음과 관습을 조롱하는 일화들을 좋아하는 대중들을 위한 그저 그런 출판물들에 방치되어 있었다. 완전히 시대착오적인 그러한 태도는 '역사'

를 제대로 이해하지 못하고 있음을 보여주며, 몇몇 법학자들과 위대한 역사가들만이 그와 같은 상황을 안타깝게 여겼다.[24]

솔직히 말해 이러한 문제를 다루는 것은 쉬운 일이 아니다. 관련된 소송 기록들은 대부분 부스러기처럼 단편적으로만 남아 있으며, 미로와 같은 장서들 안에 뿔뿔이 흩어져 있다. 프랑스든 다른 나라든 모두 옛 사법기관의 조직은 너무 복잡하므로 연구자들은 그곳에서 생산된 기록들을 살피는 모험을 꺼리고는 한다. 그렇지만 일상생활의 역사와 감성의 역사에서 재판 기록은 의심할 여지없이 중세 후기가 우리에게 남긴 가장 풍부한 자산이다. 아울러 우리가 여기에서 관심을 가지고 있는 주제에 관해서는 16세기와 17세기의 일부 법학자들이 부분적으로나마 영역을 이미 개척해 놓았다. 그들은 그러한 소송들의 적법성과 실효성을 자문하였으며, 다양한 판례들을 모았다. 빠진 부분들이 있을지언정, 그것들은 현대의 연구와 조사를 위한 출발점이 되어줄 것이다.[25]

이러한 재판은 크게 세 가지 범주로 구분할 수 있다. 우선은 돼지·소·말·당나귀·개와 같은 개별적인 가축에게 걸린 소송이다. 이것은 형사재판으로, 교회 권력이 개입하지 않았다. 다음은 농작물을 해치는 작은 동물들인 설치류·곤충·'해충'에 관한 재판이다. 이것은 교회의 개입이 필요한 골칫거리였다. 이 재판들에는 악마를 쫓는 의식이 동원되었으며, 심지어 동물들에게 파문과 저주, 추방이 선고되기도 했다. 이 경우에는 「창세기」(3:17)에서 사탄의 하수인 노릇을 한 뱀이 신에게 저주를 받았던 일이 떠올려졌다.[26] 마지막은 고양이·개·염소·수탉·당나귀 등 마법이나 이단과 관련된 동물들과[27] 수간獸姦이라는 중죄에 연루된 동물들을 상대로 한 재판이다.[28] 이 세

그림 19 돼지의 처형

가지 범주는 모두 매우 다른 문제들을 제기하고 있으므로 제각기 독립적인 연구가 필요하다.

여기에서 우리가 흥미를 갖는 것은 첫 번째 종류의 재판, 곧 중범죄나 경범죄를 저지른 개별적인 가축과 관련된 재판이다. 정원 파괴, 상점 훼손, 음식 절도, 일하기 거부, 불순종, 거역 등 이들이 저지른 경범죄의 종류는 매우 다양하다. 때때로 재판 기록은 동물이 저지른 죄를 매우 모호하게만 명시했다. 예를 들어 1405년 기소르에서 어느 황소는 단지 그의 '죄과(desmerites)'를 이유로 교수형에 처해졌다. 그저그가 '잘못을 저질렀다'는 것이다! 살인이나 유아 살해 혐의로 기소된 동물들의 재판은 훨씬 심각했으며, 더 많았다. 온갖 종류의 동물들, 예컨대 소·황소·암말·말·개·숫양이 법정에 끌려 나왔는데, 특히 돼지가 자주 기소되었다.^{그림 19}

프랑스에서 13세기 말부터 16세기 중반까지 사법권의 개입은 거의 대부분 동일한 절차에 따라 진행되었다. 동물은 산 채로 체포되어, 그곳 재판소에 있는 감방에 갇혔다. 조사 보고서가 작성되었고, 수사가 진행되었으며, 범행을 저지른 동물은 기소되었다. 그리고 재판관은 목격자의 말을 듣고, 정보들을 대조하고, 판결을 내렸다. 그 뒤 재판관의 판결은 감방에 있는 동물에게 전달되었다. 판결을 내리는 것으로 재판부의 역할은 끝났다. 동물과 그에게 내려진 형벌을 집행하는 것은 이제 공권력의 몫이었다.

죄를 저지른 동물이 확인되지 않거나 잡히지 않았을 경우에는 같은 종류의 동물을 임의로 붙잡았다. 그 뒤 그 동물이 감방에 갇히고, 재판을 받고, 유죄선고를 받았다. 하지만 대신 잡혀온 동물은 처형되지는 않았다.

그러나 죄를 짓고 도망친 동물을 대신하기 위해 이보다 더 자주 사용된 다른 방법도 있었다. 그것은 그 동물과 닮은 모형을 두고 재판하고, 처형하는 것이었다. 이러한 사례를 보여주는 가장 오래된 프랑스 문헌은 1332년으로 거슬러 올라간다.

말 한 마리가 사고를 일으키는 바람에 파리 인근 봉디 교구의 관할지에서 남자 하나가 죽었다. 이 교구는 매우 엄격하기로 유명한 생마르탱데샹 수도원의 재판권 아래에 있었다. 그래서 말의 소유주는 이 말을 다른 사법권이 관할하는 지역으로 서둘러 몰고 갔다. 그러나 술수가 드러나면서 남자는 체포되었다. 그는 유죄 판결을 받았다. 그는 말 한 마리 값과 동일한 금액을 내야 했고, 더불어 생마르탱데샹 재판부가 만들어 통상적인 절차에 따라 끌고 가서 교수형에 처한 '말의 모형'에 대한 비용도 지불해야 했다.[29]

그러나 법정 동물지의 스타는 말이 아니라 돼지였다. 10건 가운데 9건이 돼지가 출석한 재판이었다. 그 때문에 연구자들에게 동물 재판의 역사는 자주 돼지의 역사인류학으로 변했다.

이러한 돼지의 우위에는 다양한 이유가 있다. 가장 주된 이유는 아마 수적 우위였을 것이다. 유럽에서 근대 초까지는 농장에 있는 동물들 가운데 돼지의 수가 가장 많았다. 흔히 생각하는 것과는 달리 양은 돼지 다음이었다. 물론 돼지의 수는 불균등하게 분포되어 있었고, 16세기 중반부터는 점차 줄어들었던 것으로 보인다. 그러나 수적 우위는 지속되었다.[30]

게다가 돼지는 그 수가 가장 많았을 뿐만 아니라, 무엇보다도 가장 많이 돌아다니는 동물이기도 했다. 앞서 살펴보았듯이 도시에서 돼지들은 청소부 역할을 했다. 돼지들은 광장에서든 길에서든 정원에서든 뒷마당에서든 볼 수 있었으며, 심지어 묘지에서 시체를 파헤치기도 했다. 시 당국이 여러 차례에 걸쳐 되풀이해서 금지시켰는데도, 돼지의 배회는 12세기부터 17세기까지, 심지어 훨씬 나중까지도 유럽 대부분의 도시들에서 일상의 한 부분이었다.

그런데 법정에서의 돼지의 존재를 설명하려면 또 다른 이유도 살펴보아야 한다. 바로 이 책의 세 번째 장에서 길게 논의한 친족관계, 곧 인간과 돼지의 해부학적·생물학적 유사성이다. 중세시대의 과학은 적어도 14세기까지는 의학을 가르치는 학교에서 돼지를 해부하는 것으로 인간 육체의 해부학을 가르치는 것이 잘못되었다고 생각하지 않았다. 두 생명체의 내부 장기가 동일하다는 생각도 마찬가지였다. 몸과 영혼은 일맥상통한다. 일부 작가들은 육체에서 영혼으로 넘어가려 했다. 아니 적어도 이 해부학적 친족관계가 다른 본성의 유사성을 동반하지 않는지를 궁금해 했다. 돼지는 인간 남자나 여자처럼 자신의 행동에 책임을 져야 하는가? 돼지는 무엇이 선이지 알 수 있는가? 더 나아가 죽은 뒤에 돼지는 어디로 가는가? 지옥? 천국? 돼지를 위해 마련된 장소는 어디인가? 그리고 돼지라는 한 가지 사례 말고도 모든 '고등한' 동물들이 도덕적이며 더 완전해질 수 있는 존재라고 볼 수 있는가?

이러한 중요한 질문들 가운데 몇 가지는 동물을 상대로 한 재판과도 관련이 있었다. 법학자들과 신학자들은 일찍부터 그러한 질문들을 던져왔다. 예를 들어 일찍이 13세기 말 『보베시스의 관습법 *Coutumes de Beauvaisis*』의 편찬자로 널리 알려진 필리프 드 보마누아르(1250~1296)는 어린아이를 죽이고 먹어치워서 법정에 끌려온 암퇘지에 대해서, 이 짐승은 악이 무엇인지 알지 못하고, 받게 되는 형벌을 이해하지 못하기 때문에 '재판이 소용없다'고 단언했다.[31] 그러나 이러한 생각은 널리 퍼져가지 못했다. 심지어 그런 생각이 인정받기까지는 몇 세기가 더 걸려야 했다. 16세기에도 여전히 많은 법학자들은 이런저런 이유들, 특히 형벌이 본보기가 된다는 이유로 살인이나 유아 살해를 저지른 동물들이 벌을 받아야 한다고 생각했다. 1572년에 발간된 뒤 앙시앵레짐 말기까지 여러 차례 다시 출간된 『형벌과 벌금에 대한 논고*Traité des peines et amendes*』에서 작가인 장 뒤레(1563~1629)는 이렇게 말하고 있다. "만일 짐승이 누군가에게 상처를 입혔을 뿐 아니라 죽이거나 먹었다면, 돼지가 작은 아이들을 잡아먹었을 때 그렇게 하는 것처럼 반드시 사형에 처해야 한다. 짐승에게 교수대에 매달아 질식시키는 형을 내려서 그 행위가 중죄라는 것을 떠올릴 수 있게 해야 한다."[32]

얼마 뒤에 그의 동료이자, 1575년에 초판이 나온 뒤 17세기까지 프랑스 법관들을 위한 일종의 성서처럼 자리를 잡은 『재판의 순서와 형식, 지침*Ordre, formalité et instruction judiciaires*』이라는 책을 쓴 피에르 에로(1536~1601)도 같은 생각을 드러냈다. 그에게 동물들은 이성을 지니지 못해 자신들이 고발당한 이유를 알지 못하는 존재였다. 그러나 재판의 주된 목적은 본보기였다. 바로 그러한 이유에서 그는 이렇게 말했다. "아이를 잡아먹은 돼지를 교수대에 매다는 것을 보게 된다면 아버지와 어머니, 유모, 하인들은 아이를 혼자 내버려두지 않을 것이고, 나아가 이 동물들을 단단하게 붙들어 매어 다른 이들을 해치거나 상처 입히지 못하게 할 것이다."[33]

한쪽에서는 성직자들이 사람을 죽인 동물은 유죄이며 불결하기 때문에 죽여야 한다고 성서에 나온다고 강조했다. 「탈출기」(21:28)에서 이렇게 말하고 있다는 것이다. "남자나 여자를 죽인 황소는 돌로 쳐 죽여야 하고 그 고기를 먹어서는 안 된다. 그러나 소의 주인은 죄가 없다."

그래서 중세의 수많은 기독교 작가들은 동물한테 그들이 저지른 행동에 대한 책임이 일정 부분 있다고 보았다. 모든 살아 있는 존재가 그러하듯이 동물들도 영혼을 가지고 있는데, 그것은 생명의 숨결로서 죽은 뒤에는 신에게 돌아간다. 영혼은 '생육(végétative)'을 한다. 곧 영양·성장·재생의 근원이다. 식물과 마찬가지로 말이다. 또한 그것은 '감지(sensitive)'를 한다. 말하자면 그것은 모든 감각의 근원이다. 게다가 영혼은 인간 남자나 여자가 갖는, 아울러 '고등하다고' 판단되는 동물들이 최소한으로 갖는 '지성(intellective)'의 근원이기도 하다.

중세 기독교 작가들은 실제로 동물들이 꿈을 꾸고, 식별하고, 추론하고, 기억하고, 새로운 습성을 획득할 수 있다고 보았다. 그러나 문제는 동물이 여기에 더해 인간처럼 사고의 원천과 영적인 원천을 가지고 있는지의 여부이다. 토마스 아퀴나스(1225~1274)는 이를 강하게 부정했지만, 그의 스승인 알베르투스 마그누스(1200~1280)는 상대적으로 완곡했다. 알베르투스는 동물이 어떻게 지능을 갖추고 있으며, 지식을 습득할 수 있는지를 보여주었다. 그러나 그는 그러면서 그 한계도 함께 강조했다. 동물에게 〔개별적이고 구체적인〕 '신호(signe)'는 언제나 신호로만 남을 뿐이며, 결코 〔보편적이고 추상적인〕 '상징(symbole)'은 되지 못한다는 것이다. 두 가지의 근본적인 차이가 인간과 동물 사이에 넘을 수 없는 벽을 세우고 있는 것처럼 보인다. 동물은 실체가 없는 것을 자각하지 못한다. 그리고 모든 종교적 사고와 모든 추상적 개념들은 동물에게 금지된다.[34]

1600년대까지 많은 돼지들을 법정으로 이끌었던 이러한 동물 재판은 13세기 중반 이전에는 나타나지 않았던 것 같다. 13세기 중반에 들어서면서 서구 기독교 세계는 자기 안으로 움츠러드는 경향을 보이며, 관용이 더 없어지고, 다른 이들에게 폐쇄적이게 되었다. 재판이 번성했다. 이단에 대한, 비기독교도에 대한, 소수자에 대한, 가난한 자에 대한, 온갖 종류의 일탈자들에 대한 재판이 열렸다. 그렇게 하면서 세속 궁정과 교회는 그 자체가 거대한 법정이 되었다. 동물들은 용서받지 못하고 재판관 앞으로 끌려오기 시작했다.

　한 세기 전만 해도 동물 재판은 거의 상상조차 할 수 없는 낯선 것이었다. 이것은 1131년에 왕을 살해한 우리의 돼지, 젊은 왕 필리프의 죽음을 불러온 비천한 '악마의 돼지'가 체포되거나 재판을 받지 않았던 이유이다. 어느 누구도 그 돼지를 붙잡거나 돼지 주인에게 고통을 주려고 생각하지 않았다. 그 시대 사람들에게는 왕조와 왕권을 더럽히고, 왕국 전체를 슬픔에 빠뜨리고, 역사의 흐름을 뒤바꿔버린 이 비극적인 사고는 단지 숙명, 곧 신 자신이 의도한 운명일 뿐이었다. 따라서 인간의 재판이 아니라 신에게 맡겨야 했다. 네 세대나 다섯 세대 뒤라면 아마 달랐을 것이다. 왕을 살해한 돼지는 추적되고, 체포되어, 법정으로 끌려갔을 것이다.

하늘에서 온 백합

이 책은 부분적으로는 다음과 같은 가설 위에 서 있다. 프랑스 왕이 12세기 중반에 '파란 바탕에 금색 백합꽃들이 총총한' 문장을 채택한 것은 1131년 10월에 일어난 젊은 왕 필리프의 수치스러운 죽음과 어느 정도 직접 연관되어 있다. 순수함을 나타내는 백합과 파란색이라는 두 가지 상징을 선택한 것은 그 사건이 가져온 치욕과 오점을 지우기 위해서였다.

하지만 나름 분명하고 튼튼한 근거를 가지고 있기는 하지만, 이것은 어디까지나 가설일 뿐이다. 새로운 사료를 발견해서 더 확실하게 증명할 필요가 있는 가설 말이다.

쉬제르와 성 베르나르, 왕과 왕의 측근을 제외한 그 시대의 다른 사람들은 왕을 살해한 돼지와 백합꽃 문양 방패와의 연관성을 어느 정도까지 의식하고 있었을까? 이것은 말하기 매우 어려운 문제이다. 왕의 주변에서 나온 그 어떤 12세기 문헌도 이 방향으로는 나아가지 않는다. 당연한 일이다! 프랑스 왕이 주워 먹으면서 떠돌아다니는 돼지 덕분에 왕위에 올랐으며, 그러고 나서 적법성을 내세우고 정화를 하려고 성모의 두 가지 상징을 차용해온 것이라고 어떻게 인정할 수 있었겠는가?

그와 같은 말은 왕의 적들만이 조롱하는 의미로 할 수 있었을 것이다. 하지만 그들도 그러지는 않았다. 심지어 잉글랜드 왕을 따르면서, 프랑스 왕을 비방하는 글을 썼던 작가들도 그렇게 하지는 않았다. 나아가 12세기의 어떤 작가도, 심지어 13세기 초의 작가들도 왕실의 백합꽃 문양의 유래에 대해서 말하지 않았다. 그것의 유래에 대해 묻기

그림 20 클로비스의 방패

시작하고, 시기와 정황, 설명이 제시되려면 더 기다려야 했다. 그리고 그때가 되어 나온 모든 해설들은 루이 6세(재위 1108~1137)와 루이 7세(재위 1137~1180)의 치세보다 훨씬 멀리까지 우리를 데려갔다.

13세기 중반 이전에는 발견되지 않는 어느 전설에 따르면, 백합꽃 문양으로 장식된 방패를 처음 사용한 사람은 바로 클로비스였다. 그가 세례를 받은 날인 496년 크리스마스나, 아니면 그보다 조금 앞선 시기에 천사가 하늘에서 가져온 그 방패는 그때까지 클로비스가 사용했던 두꺼비로 장식된 무시무시한 방패를 대체하기 위한 것이었다. 기독교인이 된 클로비스는 이교적이고 악마적인 성격이 강한 형상을 더 이상 자신의 상징으로 사용할 수 없었다. 그래서 두꺼비를 백합으로 바꾼 것이었다. 그것은 하늘의 권유였다.**그림 20**

'파란 바탕에 금색 백합꽃들이 총총한' 왕실 문장의 탄생을 이 이야기보다 더 매혹적으로 설명할 수는 없을 것이다. 주변의 어떤 왕조도 자신들의 문장이 어디에서 왔는지를 이런 식으로 설명하는 전설을 꾸며내지는 못했다. 이 방면에서 카페 왕조와 그들의 고문들은 매우 큰 성과를 거두었다. 그렇게 해야 할 필요를 다른 이들보다 훨씬 더 크게 가지고 있었기 때문이다.

그러나 자세히 들여다보면 두꺼비가 백합꽃 문양으로 변한 이야기를 싣고 있는 가장 오래된 문헌은 왕이나 왕궁 주변에서 편찬되지 않았다. 그에 관한 이야기를 맨 처음 실은 문헌은 피카르디 지방의 어느 이름이 알려지지 않은 시인이 1260년 무렵에 쓴 것으로 추정되는, 운문으로 된 모험소설인 『콘스탄티노플의 아름다운 헬레네*La Belle Hélène de Constantinople*』였다.[35] 이 문헌에 수록된 많은 일화들 가운데 하나에서 작가는 클로비스가 세례를 받기도 전에 '두꺼비로 장식된 작은 방패'가 하늘에서 천사가 가지고 온 '백합꽃들이 총총한 방패'로 바뀌는 것을 보았다는 이야기를 전하고 있다. 클로비스가 도시를 에워싸고 공격을 했으나, 별 성과를 거두지 못하고 있던 때였다. 그는 그 새로운 상징 덕분에 도시를 장악할 수 있었다. 그 뒤 그는 랭스로 가서 세례를 받았으며, 마침내 파리를 수도로 삼았다.[36]

얼마 뒤 필리프 4세의 치세(1285~1314)에, 특히 그의 할아버지인 성왕 루이의 시성식이 있었던 1297년 무렵에 이르러서는 왕실의 백합꽃 문양이 하늘에서 내려왔음을 찬미하는 문헌들이 번성했다.[37] 그 뒤 모든 작가들이, 두꺼비가 백합으로 변한 일이 전쟁이나 포위 공격을 하고 있었을 때가 아니라 이교도 왕인 클로비스가 아내 클로틸디스의 영향으로 기독교도 왕이 되었던 때에, 다시 말해 클로비스가 랭스에서 세례식을 치르던 도중에 일어났다고 말했다.

그 문헌들은 그러한 변화가 신의 개입으로 나타난 것임을 강조하고 있었다. 신이 천사를 보내서 세례를 받은 왕에게 새 방패를 주었다는 것이다. 이렇게 해서 백합꽃 문양은 하늘에서 온 것이 되었다. 〔9~13세기에 사용된〕 고프랑스어와 〔14~15세기에 사용된〕 중기 프랑스어로 표현하자면, 그것은 '셀레스티엘르(celestielles)', 곧 '천상의 것'이었다. 대관식에서 신성한 기름으로 도유를 하는 것과 마찬가지로, 이 꽃들은 프랑스 왕을 신의 지상 대리인으로 만들어 주었으며, 그들이 기독교 세계의 다른 군주들보다 우월하다는 사실을 확인시켜 주었다.

시간이 더 지나서 발루아 왕조가 등장한 1328년 이후에는 라틴어와 속어로 된 또 다른 문헌들이 백합 문장이 탄생한 유래에 관해 이야기했다. 그것들의 주된 역할은 새로 왕이 된 필리프 6세의 왕위 계승을 합법화하는 것이었으나, 궁극적으로는 앞 시대에 나타난 문헌들과 그다지 다르지 않았다.[38] 기껏해야 백합 문장의 상징에 관해 더 많이 떠들어대고 있을 뿐이었다. 그것의 세 꽃잎이 믿음 · 소망 · 사랑이라는 세 가지 주요 덕목을 나타낸다거나, 삼위일체와 관련이 있다는 식으로 말이다.

이 문헌들 가운데 반드시 중요한 사례로 꼽아 살펴보아야 할 것은 잘 나가는 참사회원으로 있다가 나중에는 [프랑스 중북부] 모의 주교까지 된 필리프 드 비트리(1291~1361)의 『세 백합꽃의 투구*Chapel des trois fleurs de lis*』이다. 십자군을 향한 일종의 거짓된 호소인 이 문헌은 적어도 전해지고 있는 필사본의 수로만 놓고 보자면 큰 성공을 거두었다고 할 수 있다.[39] 얼마 뒤 그것은 메아리가 되어서 백년전쟁 초기에 쓰인 기욤 드 디굴르빌(1295?~1358)의 『백합꽃 이야기*Roman de la fleur de lis*』라는 기다란 정치적 알레고리로 되돌아왔다. 이 작품은 백합의 덕을 잉글랜드의 레오파르두스의 악덕은 물론이고, [신성로마제국] 황제의 독수리의 악덕과도 비교해서 노래하고 있다.[40]

이 작품보다 수수하고 저자가 알려지지 않은 다른 문헌들은 클로비스가 개종하기 전에 문장의 형상으로 사용했다는 두꺼비에 오래 머물러 있는 모습을 보인다. 몇몇 작가들은 앞선 몇십 년 동안에 나타난 서유럽의 동물지들을 폭넓게 차용해서 두꺼비를 백합과 완전히 대립되는 존재로 보았다. 두꺼비는 빛을 피해 달아나는 동물인데, 빛은 신을 나타낸다. 그리고 두꺼비는 매우 차가운 독액을 분비하는데, 손에 닿으면 마치 얼어붙은 것처럼 감각이 없어진다. 두꺼비가 어두운 곳을 찾아다니며 땅 밑을 은신처로 삼는 것은 햇빛을 피할 수 있을 뿐 아니라, 마법사들과 어울릴 수 있기 때문이다. 마법사들은 두꺼비의 껍질과 뼈, 독액을 이용하여 증오를 불러오거나, 몸을 중독시키

거나, 죽음을 일으키는 마약을 만든다.[41]

발루아 왕조가 등장한 뒤에도 백합꽃 문양 문장이 하늘에서 비롯되었다는 전설은 멈추지 않고 계속 퍼져갔다. 그것은 16세기 말까지 큰 성공을 거두었다.[42] 그러나 세 개의 백합꽃은 더 이상 세 가지 주요 덕목인 '믿음 · 소망 · 자비'의 상징으로 나타나지 않았다. (필리프 드 비트리는 그것을 믿음 · 지혜 · 기사도로 바꾸었다.) 이제 세 개의 백합꽃은 다름 아닌 삼위일체의 상징이었으며, 그것이 성모마리아와 마찬가지의 자격으로 프랑스 왕국을 수호한다고 여겨졌다.[43] 그리고 왕과 왕자들이 십자군 원정을 계획하고 있을 때에는 전설의 일부 판본들에서 이따금 두꺼비가 초승달로 대체되기도 했는데, 그것은 이교도가 아니라 무슬림의 형상이었다.[44]

전설은 그 뒤로도 19세기까지 살아남았다. 17세기에 들어서면서 여러 학자들이 학문적인 공격을 퍼붓기도 했지만,[45] 낭만주의 시대와 제2제정기의 몇몇 역사가들은 여전히 그것을 역사적 진실로 제시하고 있었다. 그렇게 전설은 오래 이어졌다.

프랑스의 파란색

우리는 앞에서 붉은색 · 흰색 · 검은색에 견주어 상징적으로 빈약했으며 오랫동안 눈에 띄지 않은 채로 있던 파란색이 서기 1천년 이후에 서구의 모든 지역에서 놀라울 정도로 비약적으로 지위가 높아졌다는 사실에 관해 살펴보았다. 11세기 말부터 13세기 중반 사이의 어느 몇십 년 동안에 파란색의 지위는 변화했다. 파란색의 경제적 가치는 상승했으며, 일상생활과 의복에서 차지하는 영역이 커졌다. 나아가 무엇보다도 파란색은 전에는 결코 알려지지 않았던 예술적·미적·종교적인 의미를 획득했다. 나는 지금까지 그 이유에 대해 이야기하고, 그러한 변화에서 성모가 수행했던 중요한 역할을 강조했다. 하늘의 여왕의 도상학적 속성이 된 파란색은 성모 숭배가 확대된 것에서 매우 큰 이득을 거두었다.

그러나 13세기부터 성모는 더 이상 파란색의 비약적인 상승의 유일한 요인이 아니게 되었다. 곳곳에서 위상이 높아지고 있던 프랑스 왕도 파란색의 비약적인 상승에 한몫을 했다. 프랑스 왕이 소유한 화려한 문장의 바탕은 천상의 파란색으로 가득 차 있는 것처럼 보였다. 이것은 기독교 세계에서 거의 찾아볼 수 없는 일이었다. 다른 왕조들은 붉은색, 검은색, 노란색을 주로 바탕색으로 사용했다.[46] 심지어 프랑스 왕은 유럽에서 파란색 옷을 관습처럼 입기 시작한 최초의 군주이기도 했다.

이것은 카롤루스 왕조 때만 해도 생각지도 못할 일이었다. 당시 파란색은 매우 보잘것없는 색이었기 때문이다. 그 뒤 자그마한 변화들이 있었지만, 파란색은 여전히 드물었다. 염색업자들은 그때까지도 여전히 직물을 아름다운 파란색, 곧 균일하고 견고하며 완전하고 빛나는 파란색으로 염색하는 데 큰 어려움을 겪었다.

그런데 13세기에는 이러한 어려움이 더 이상 존재하지 않게 되었다. 염색 기술이 눈에 띄게 발달하고, 파란색의 주된 염료가 되는 식물인 대청(guède) 재배가 실질적으로 산업화하면서 모든 지역에서 파란색이 재평가되었다. 마침내 그 색은 그때까지 귀족적인 색, 사람들이 선호하는 색, 대표적인 색으로 여겨지던 붉은색과 경쟁하기에 이르렀다.

이러한 색채의 변화는 일시적인 것이 아니었다. 그것들은 참으로 사회적이고 문화적인 혁명이었다. 8세기가 지난 지금도 서구는 여전히 그러한 [색채의] 위계와 상징의 연장선에서 살아가고 있다. 세월이 지나면서 파란색은 붉은색의 경쟁자가 되었고, 나중에는 대신하는 자가 되었으며, 마침내 붉은색을 밀어내고 그 자신이 사람들이 선호되는 색이 되었다.

필리프 2세는 파란색 옷을 정기적으로 입기 시작한 최초의 프랑스 왕임이 분명하다. 그는 처음에는 어쩌다 한 번씩, 나중에는 매우 자주 파란색 옷을 입었다.[47] 몇몇 연대기 작가들에 따르면 그는 1214년 부빈 전투에서 큰 승리를 거두었을 때에 파란색 옷을 입고 있었다고 한다. 그 파란색은 천상의 파란색, 곧 왕실 문장의 파란색이었다.[48]

그러나 프랑스와 유럽에서 누구보다도 이 색의 지위를 높인 사람은 필리프 2세의 손자인 성왕 루이였다. 그의 개인적 명성은 상당했다. 군주들, 왕자들, 대영주들을 비롯한 많은 이들이 옷차림을 포함하여 왕이 하는 것들을 따르려 했다. 이제 파란색 옷은 프랑스 궁전의 유행이 되었으며, 이러한 현상은 14세기 말까지 지속되었다.

그런데 자세히 살펴보면 성왕 루이가 파란색 옷을 본격적으로 입었던 것은 그의 긴 치세(1226~1270)의 후반기였다.[49] 그에게 한창 번창하고 있는 이 색은 왕조와 왕의 색인 동시에 마리아의 색이자 도덕적인 색이었다. 그가 파란색 옷을 입은 것은 자기 가문 문장의 색을 착용하기 위해서였고, 아울러 완벽하게 위엄 있게 왕의 직무를 수행하기 위해서였다. 게다가 그는 자신이 열렬히 숭배하는 성모 마리아를 기리고 겸허해지기 위해 파란색을 입었다.

이것은 모순된 일이 아니었다. 13세기에는 물질적인 색에서도 상징적인 색에서도 실제로 두 가지 파란색이 있었다. 하나는 염색업자들이 수십 년에 걸쳐 발달시킨 짙고 밝은 파란색이었고, 다른 하나는 더 오래되고 더 일상적이었던, 우중충하고 칙칙하고 물이 빠진 듯한 파란색이었다.[50] 성왕 루이는 상황에 따라 두 가지 색을 모두 입었다. 첫 번째 파란색은 그의 백성들과 봉신, 경쟁자들의 눈에 그가 카페 왕조의 왕으로 온전히 비춰지기를 바랄 때 입었다. 두 번째 파란색은 이집트와 성지에서 오랫동안 머물렀던(1248~1254) 십자군 원정에서 실패한 뒤에 그리스도와 성모 앞에서 겸허와 비천함을 드러내기 위해 입었다.

그 시대의 역사가와 연대기 작가들을 사로잡았던 것은 첫 번째 파란색이었다. 실제로 그 색은 프랑스 왕의 은혜로 점차 유럽의 모든 지역에서 유행하고, 찬양받으며, 추구하는 색이 되었다. 문장과 의복만이 아니라 작품의 묘사에서도 말이다.[51]

중세 상상력이 문학에서 창조해낸 가장 중요한 군주인 아서 왕도 프랑스 왕을 모방해 채색 필사본에서 파란색 옷을 입고 '파란색 바탕에 세 개의 금색 왕관(d'azur à trois couronnes d'or)'이 그려져 있는 문장을 사용하기 시작했다.[52] 왕과 군주들 사이에서 마치 들불처럼 유행했던 이 파란색에 유일하게 저항했던 것은 게르만 국가들이었다. 그곳에서는 황제의 색인 붉은색이 파란색의 상승을 지연시켰다. 그러나 다른 모든 곳에서, 잉글랜드와 스칸디나비아, 이베리아 반도, 이탈리아에서도 파란색의 물결은 3세대 내지는 4세대 동안 왕과 왕자들의 궁전, 영주들의 성, 심지어 귀족들의 대저택에까지 밀려들었다.

이것은 파란색 염색업자, 대청이나 대청염료를 취급하는 상인들, 예를 들어 〔대청을 전문적으로 재배했던〕 아미앵 · 툴루즈 · 피렌체 · 에르푸르트 · 뉘른베르크의 상인들에게는 행운이었다. 반대로 붉은색 염색업자, 붉은색을 염색하는 데 주로 사용된 두 가지 원료인 꼭두서니와 연지벌레를 취급했던 상인들은 큰 손실을 입었다.[53]

성모 마리아 도상의 색, 프랑스 왕과 아서 왕의 문장 색, 왕의 지위를 상징하던 색, 갈수록 더 자주 아름다움 · 사랑 · 충성 · 평화 · 위안이라는 개념과 연결되며 유행하던 색이던 파란색은 몇몇 작가들에게 가장 훌륭하고 가장 귀족적인 색이 되었다. 이처럼 새로운 역할을 맡게 된 파란색은 마침내 붉은색의 자리를 차지하게 되었다. 13세기 말에 어느 이름이 전해지지 않는 작가가 〔영웅 소네의 모험담을 담은〕『소네 드 낭세Sone de Nansay』라는 로망 작품에서 다음과 같이 외쳤던 것처럼 말이다. 〔프랑스 북동부〕 로렌이나 〔벨기에 중부와 네덜란드 남부인〕 브라랑에서 만들어졌을 이 교육적인 작품은 기사도의 덕목을 가르치기 위한 것이었다.

> 파란색은 마음에 힘을 주는데
> *(Et li ynde porte confort)*
> 그것은 파란색이 모든 색의 황제이기 때문이다.
> *(Car c'est emperïaus coulor)*[54]

나중에 중세 말기와 근대 초기에 가서 파란색은 왕궁 한복판은 물론이고 귀족 집단에서도 뜻밖의 경쟁자를 만나게 되었다. 그것은 예전에는 겸허나 죽음을 나타냈으나, 이제는 품위 있고 고고하며 위풍당당하고 장중하다고 여겨지게 된 검은색이었다. 부르고뉴의 궁전에서, 아울러 뒤이어 그 후계자인 에스파냐의 궁전에서 지나칠 정도로 사용된 검은색은 인기를 누리며 유럽의 모든 지역에서 확실히 상승세를 탔다.[55]

그러나 궁중 의복에서 뒷걸음질을 쳤다고는 해도 파란색은 여전히 표상과 상징 차원에서 프랑스 왕의 색이자, 나아가 프랑스 왕국 전체를 나타내는 색으로 남았다.

12세기부터 18세기에 이르는 오랜 기간을 대상으로 색의 사용에 관해 주의 깊게 연구하면, 성모 마리아와 천상의 파란색이 처음에는 루이 7세와 그의 측근들에게 왕조와 왕의 색으로 선택되었다가 점차 군주정의 색이 되었고, 나중에는 '정부(État)'와 정권의 색이 되었다가 끝내는 '국가(Nation)'의 색이 되었음을 확인할 수 있다. 18세기에 이르러 파란색은 완전히 프랑스의 색으로 통용되었다. 물론 국가 대표 선수들이 이 색의 옷을 입고 벌이는 스포츠 경기는 아직 없었으나, 유럽의 모든 지역에서 거의 규정으로 정해진 것처럼 파란색은 프랑스를, 붉은색은 영국을, 녹색은 독일을 나타내는 것으로 여겨졌다.

이상하게도 프랑스 혁명은 이 영역에서는 변화를 가져오지 않았다. 오히려 혁명은 파란색을 더 확실하게 국가의 색으로 만들었다. 왕과 문장과 군주정의 옛 파란색은 별다른 어려움 없이 공화주의의 파란색이 되었다. 여기에는 특히 공화력* 2년에 활약한 군인들의 역할이 컸다. 파란색 옷을 입은 이 '청색군(les Bleus)'은 방데전쟁**에서 왕당

---

* 프랑스 혁명기에 제안되어 그레고리력을 폐지하고 1793년부터 1805년까지 약 12년 동안 사용되었던 달력이다. 공화제 선언일인 1792년 9월 22일을 기점으로 삼았다.

** 방데전쟁(Guerre de Vendée) : 프랑스 혁명기에 보수적인 성향이 강했던

파의 군대인 '백색군(les Blancs)'에 맞섰으며, 그 뒤에도 프랑스의 적들로부터 새로운 정권을 지켜냈다.[56]

잇따른 정치적 격변들, 제정의 시작과 부르봉 왕가의 복귀, 공화국의 끊임없는 혼란과 동요 등을 겪으면서도 파란색은 여전히 프랑스의 색으로 남았다. 그러한 사실은 오늘날 스포츠 경기장에서 뚜렷하게 확인된다. 정부가 아니라 국가를 대표하는 프랑스 선수들은 파란색 셔츠를 입는다.

파란색이 프랑스의 색이라는 사실은 〔프랑스의 국기인〕 삼색기에도 해당된다. 삼색기의 세 가지 색깔은 동등하지 않다. 우선 기하학적인 면에서도 그렇다. 국기와 공식 깃발에서 파란색은 깃대 가까이에 위치해, 흰색과 붉은색보다 조금 더 공간을 많이 차지한다. 상징적인 면에서는 특히 더 구별된다. 나는 군에서 복무하던 1974년에 이러한 사실을 깨달았다. 그때 나는 프랑스의 색들, 곧 삼색기를 정식으로 내리고 올바르게 접는 법을 배웠다. 오래전부터 전해져왔으며, 군대에서 언제나 지켜지는 제대로 된 방식은 삼색기를 접었을 때 오로지 파란색만 나타나도록 하는 것이다. 흰색과 붉은색이 보이지 않게 파란색으로 덮고 감추어야 한다.[57]

이러한 관행은 색의 상징성이라는 측면에서는 매우 의미심장한 일이다. 삼색기는 분명히 정부의 색이자 국가의 색이다. 그러나 진실로 국가적인 색은 파란색, 오직 파란색뿐이다. 마치 프랑스가 흰색과 붉

서부 지역에서 1793년부터 1800년까지 산발적으로 일어난 반혁명 폭동이다. 왕정을 지지한 반란군과 혁명정부를 지지한 혁명군 사이의 최초이자 가장 격렬했던 충돌이 1793년 방데 지방에서 일어나 '방데전쟁'이나 '방데 반혁명 반란'이라고 부른다.

은색을 경계하고 있는 것처럼 보인다. 흰색은 모호하게나마 여전히 군주정을 떠올리게 하고, 붉은색은 언제나 얼마쯤은 전복적으로 느껴진다. 오로지 파란색만이 오롯이 공화주의적이고 평화롭고 합의된, 국가의 색인 것이다.

국가를 상징하는 파란색의 기원에 대해 탐구하는 역사가는 마지막에 이르러 일종의 어지러움에 사로잡히게 된다. 그는 시간을 거슬러 올라가면서 지금은 공화정의 색인 이 색이 전에는 군주정의 색이었으며, 원래는 왕실 문장과 왕조의 색이었음을 알게 된다. 12세기 중반에 생드니 수도원장 쉬제르와 클레르보 수도원장 성 베르나르, 프랑스 국왕 루이 7세는 천상과 성모로부터 그 색을 빌려와 왕실 문장의 바탕에 사용했다. 그렇게 해서 그들은 루이 7세의 형인 젊은 왕 필리프의 불명예스러운 죽음이 불러온, 왕과 왕조, 왕국에 뒤덮인 얼룩을 지우거나 옅게 하려고 했다. 1131년 10월 13일에 일어난 그 사고는 말의 다리로 뛰어든, 길 잃은 돼지 때문이었다. 그 사고가 일어나지 않았다면, 떠돌아다니던 돼지가 없었다면, 쉬제르가 '악마의 돼지'라고 불렀던 그 비천한 짐승만 아니었더라면, 불명예스러운 죽음도 없었고, 얼룩으로 뒤덮일 일도 없었을 것이다. 그리고 성모를 향한 호소도, 아마 왕실 문장의 파란색 바탕도 없었을 것이다.

프랑스의 영광스러운 파란색의 기원은 왕위 계승자와 가는 길이 뜻하지 않게 겹쳤던 어느 평범하고 초라한 농장 돼지에게서 발견된다.

이것은 쉽게 받아들이기 어려운 일일 것이다. 그렇지만……

글을 마치며

과장처럼 들릴지는 모르겠지만, 내가 이 책의 내용을 처음 구상하기 시작한 것은 고등학교 시절이었다. 나는 10대 때부터 이미 동물이 역사에서 차지하는 자리에 관해 흥미를 가지고 있었다. 특히 고등학교 미술 수업시간에 발견한 문장들에 열정을 품고 있었다.

내 삼촌인 앙리 뒤비에프Henri Dubief의 서재에는 아주 오래된 것들을 포함한 역사책들이 많이 있었다. 아마도 프랑수아외드 데 메제레François-Eudes de Mézeray의 그 유명한 『프랑스사*Histoire de France*』(2판, 파리, 1685)였던 것 같다. 나는 파리의 길거리를 떠돌아다니던 돼지 때문에 말에서 떨어져 죽은 젊은 왕 필리프에 관한 몇 줄의 글을 읽었다. 이 사건은 나를 매료시켰고, 더 알고 싶은 충동을 불러왔다.

나중에 국립고문서학교에서 공부하면서 나는 학위 논문을 '중세 문장의 기원'이라는 주제에 바쳤는데, 그때 이 필리프의 죽음이 12세기 중반 무렵 프랑스 왕이 '파란 바탕에 금색 백합꽃들이 총총한' 방패를 문장으로 채택한 사실과 연관을 가지고 있으리라는 생각이 떠올랐다.

그때부터 나는 조금도 멈추지 않고 거의 반세기에 가까운 세월에 걸쳐 관련된 자료들을 살펴보고, 다양한 논문들과 수많은 회의들을 이 주제에 할애했다. 그리고 고등연구실천원과 사회과학고등연구원에서의 세미나도 진행했다.

나는 1983년부터 2015년까지 이 세미나들에 참석해준 나의 제자들과 청중들, 아울러 오랜 준비가 걸린 이 책의 제작을 꾸준히 함께해준 모든 이들에게 감사를 드린다. 지금까지 여러 스승들이 이 다소 놀라운 연구를 책으로 만들라고 나를 격려해주었다. 특히 조르주 뒤비Georges Duby는 내게 이 '이상한 죽음'을 간과했다고 털어놓았고, 자크 르 고프Jacques Le Goff는 언제나처럼 열정적으로 북돋아주었으며, 베르나르 게네Bernard Guenée는 이 이야기를 하나의 '독특한 역사 주제'로 이해해주었다.

나는 오랜 시간을 들여 이 일을 했다. 나는 가까이에서든 멀리서든 이 작업을 마치는 데 도움을 준 모든 이들에게 감사의 마음을 전한다. 특히 피에르 보니Pierre Bony, 에릭 부르나젤Éric Bournazel, 피에르 뷔로Pierre Bureau, 장뤽 샤셀Jean-Luc Chassel, 장 뒤푸르Jean Dufour, 프랑수아 자크송François Jacquesson, 파트리스 드 라 페리에르Patrice de La Perrière, 크리스티앙 드 메린돌Christian de Mérindol, 모리스 올랑데Maurice Olender, 에르베 피노토Hervé Pinoteau, 프랑수아 포플랭 François Poplin, 미셸 포포프Michel Popoff, 미셸 레니에Michel Regnier, 소피 타르노Sophie Tarneaud에게 깊이 감사를 드린다. 여기에 더해 언제나처럼 나의 원고를 공들여 세심하게 다시 읽어주고 꼼꼼한 교정과 유익한 조언을 아낌없이 제공해 준 클로디아 라벨Claudia Rabel에게도 애정 어린 특별한 감사의 말을 전한다.

첨부 1 | 주요 사건 연대기

1108년

7월 29일이나 30일. 즉위한 지 48년이 된 프랑스 왕 필리프 1세의 죽음. 스스로 생드니 왕실 묘역으로 갈 자격이 없다고 주장해 지금의 생브누아쉬르루아르인 플뢰리쉬르루아르의 수도원 교회에 안장됨.

8월 3일. 상스 대주교인 뎅베르 주재로 오를레앙의 생트크루아 대성당에서 루이 6세의 대관식이 열림.

1115년

3월. 루이 6세와 아델라이드 드 모리엔느의 결혼.

6월. 클레르보 대수도원 설립. 성 베르나르가 그곳의 첫 수도원장이 됨.

1116년

8월 29일. 루이 6세와 아델라이드 드 모리엔느의 장남 필리프가 태어남.

1120년

4월 18일. 부활절에 상리스에서 주교와 제후들이 필리프를 '예정된 왕(rex designatus)'으로 인정함.

11월 25일. 노르망디 해안의 먼 바다에서 화이트 호가 난파됨. 300명 이상의 사람들이 물에 빠져 죽었는데, 잉글랜드의 헨리 1세는 이 난파 사고로 자식들 대부분과 조카들, 사촌들을 잃음.

1122년

3월. 쉬제르가 생드니의 수도원장으로 선출.

1124년

7-8월. 샹파뉴를 침공해온 독일 황제 하인리히 5세의 군대에 맞서기 위해 루이 6세가 랭스로 왕실 군대와 왕국의 제후들을 소집함.

1129년

4월 14일. 부활절에 13살의 필리프가 그의 아버지가 생존하고 있을 때 랭스 대성당에서 대주교 르노에게 프랑스 왕으로서 축성을 받고 대관식을 올림.

1131년

10월 13일. 젊은 왕 필리프가 파리의 길거리를 떠돌아다니던 돼지 때문에 말에서 떨어져 죽음.

10월 15일. 필리프가 생드니의 왕실 묘역에 안장됨.

10월 17일. 루이 6세와 궁정의 모든 신하들이 랭스에 도착함.

10월 24일. 대립교황 아나클레투스 2세를 내쫓기 위한 랭스공의회 열림.

10월 25일. 뒷날 루이 7세가 되는 어린 루이가 랭스 대성당에서 교황 인노켄티우스 2세의 집전으로 대관식을 치름.

1132년

가을? 루이 6세와 아델라이드 드 모리엔느의 여덟 번째 아들이자 뒷날 파리의 주교가 되는 새로운 필리프의 탄생.

1135년

12월 1일. 잉글랜드 왕 헨리 1세 죽음.

1137년

7월 25일. 루이 7세와 아키텐 공작 기욤 10세의 딸 알리에노르가 보르도의 생앙드레 대성당에서 결혼.

8월 1일. 루이 6세가 파리에서 죽음. 그는 바로 생드니에 안장됨.

1142년

9월. 루이 7세가 샹파뉴에서 전투를 벌임. 비트리앙페르투아의 도시를 점령하고 방화. 연대기에 따르면 1천 명 이상의 주민들이 피난해 있던 교회에 불을 질렀다고 알려짐.

1144년

6월 11일. 생드니 대수도원에 새 교회를 봉헌.

1145년

12월 25일. 루이 7세가 십자군에 참가하기로 맹세함.

1146년

3월 29일이나 31일. 성 베르나르가 베즐레에서 십자군 참가를 독려하는 설교를 함. 루이 7세와 알리에노르, 많은 제후들이 십자군에 참가.

1147년

2월 16~17일. 루이 7세가 에탕프에서 주교와 제후들의 회의를 소집. 성모마리아가 프랑스 왕국의 수호자로 되었을까?

4월. 교황 에우게니우스 3세가 쉬제르를 '프랑스 왕국의 섭정이자 교회의 대리자'로 지명해 루이 7세가 없는 동안 국정을 맡게 함.

6월 8일. 루이 7세가 생드니로 쉬제르를 방문. 왕실 표장을 주제로 의논. 프랑스 왕의 문장 상징으로 백합꽃 문양의 채택을 계획했을까?

6월 11일이나 13일. 메스에 왕의 군대가 집합. 루이 7세와 그의 수행원, 징집된 프랑스의 모든 병력이 십자군 원정에 나섬.

10월 4일. 프랑스 십자군이 콘스탄티노플에 도착함.

1148년

3~4월. 왕비의 삼촌 레이몽 드 푸아티에가 지배하던 안티오키아 공국에서 루이 7세와 알리에노르가 갈등을 보이며 머무름.

7월. 십자군이 다마스쿠스로 진격했으나 실패함.

연말. 루이 7세가 예루살렘을 방문함.

1149년

4월. 루이 7세가 성지를 떠남.

11월. 루이 7세와 알리에노르가 프랑스로 귀환해 쉬제르의 섭정 끝남.

1150년

연초? 「아가」에 관한 베르나르의 70번째 설교에서 백합을 찬양하고 봉축함.

1151년

1월 13일 생드니 수도원장 쉬제르 죽음.

1152년

3월 21일. 보장시 공의회에서 루이 7세와 알리에노르의 결혼을 무효라고 선언함.

5월. 알리에노르가 앙주 백작이자 노르망디 공작인 헨리 플랜태저넷과 재혼.

1153년

8월 20일. 성 베르나르 죽음.

1154년

연초. 루이 7세가 카스티야 왕 알폰소 7세의 딸인 콩스탕스와 재혼함.

11월. 앙주 백작이자 노르망디 공작인 헨리 플랜태저넷이 잉글랜드 왕이 됨.

연말. 루이 7세가 산티아고데콤포스텔라로 순례를 떠남. 왕국의 남부와 랑그독을 여행.

1155년

3월. 루이 7세 파리로 돌아옴.

6월 10일. 수아송에서 고위 성직자와 제후들의 대규모 회의가 열림. 루이 7세가 '프랑스 왕국 전역의 평화'를 제정하고 선언.

첨부 2 | 왕들의 계보

프랑스 카페 왕조

위그 카페 Hugues Capet 재위 987~996

로베르 2세 Robert II le Pieux 재위 996~1031

앙리 1세 Henri I 재위 1031~1060

필리프 1세 Philippe I 재위 1060~1108

루이 6세 Louis VI le Gros 재위 1108~1137

루이 7세 Louis VII le Jeune 재위 1137~1180

필리프 2세 Philippe II Auguste 재위 1180~1223

루이 8세 Louis VIII le Lion 재위 1223~1226

루이 9세 Louis IX, Saint Louis 재위 1226~1270

필리프 3세 Philippe III le Hardi 재위 1270~1285

필리프 4세 Philippe IV le Bel 재위 1285~1314

잉글랜드

크누트 대왕 Cnut the Great 재위 1016~1035

해럴드 1세 Harold I Harefoot 재위 1037~1040

크누트 3세 Cnut III 재위 1040~1042

에드워드 참회왕 Edward the Confessor 재위 1042~1066

해럴드 2세 Harold II 재위 1066. 1월~10월

윌리엄 1세 William I the Conqueror 재위 1066~1087

윌리엄 2세 William II Rufus 재위 1087~1100

헨리 1세 Henry I Beauclerc 재위 1100~1135

스티븐 왕 Stephen of Blois 재위 1135~1154

헨리 2세 Henry II Plantagenet 재위 1154~1189

리처드 1세 Richard I the Lionheart 재위 1189~1199

존 왕 John Lackland 재위 1199~1216

헨리 3세 Henry III 재위 1216~1272

에드워드 1세 Edward I Longshanks 재위 1272~1307

에드워드 2세 Edward II 재위 1307~1327

주 석

머리말

1) Suger, *Vita Ludovici Grossi. Vie de Louis VI le Gros*, éd. H. Waquet, Paris, 1929, p. 266.

2) 1142년 여름 동안에 왕실 군대는 샹파뉴 백작의 군대와 전쟁을 벌이며 비트리앙페르투아 요새 도시를 에워싸고 공격했다. 도시를 점령한 뒤에 왕의 군사들은 집들을 약탈하고, 성을 파괴하고, 1500명 이상의 주민들이 피신해 있던 교회에 불을 질렀다. 그 시대의 많은 연대기 작가들은 루이 7세한테 이 비극적인 화재의 책임이 있다고 보았다.

3) E. Lavisse, dir., *Histoire de France,* t. III: *Louis VII Philippe Auguste, Louis VIII*, par Achille Luchaire, Paris, 1901. 물론 뤼셰르(Luchaire)는 1131년의 사건을 잘 알고 있었다. 그는 자신의 다른 작품들에서는 그 사건에 관해 언급했다.

제1장

1) 루이 6세에 대해서는 A. Luchaire, *Louis VI le Gros. Annales de sa vie et de son règne(1081-1137)*, Paris, 1890; É. Bournazel, *Louis VI le Gros*, Paris, 2007.

2) 다시 다루지 않을 것이므로 프랑스어 철자법에서 잉글랜드를 다스린 앙주 왕가의 이름이 'Plantegenêt'이 맞고 'Plantagenêt'은 틀리다는 사실을

짚고 넘어가려 한다. 그러나 영어에서는 '악상시르콩플렉스(^)'를 없앤 'Plantagenet'을 철자로 사용하고 있다.

3) A. Luchaire, *Louis VI le Gros*, Annexe II.

4) 같은 책, p. XXXIII(서문).

5) Dijon, Bibl. municipale, ms. 14, f. 64r. 네 잎 꽃무늬나 별처럼 보이는 문양으로 장식된 파란색 겉옷을 걸친 네부카드네자르가 화형장의 화염 속에 있는 세 명의 히브리인 젊은이들을 바라보고 있다. 네부카드네자르의 부정적인 모습에서 1108년에 죽은 뚱뚱한 필리프 1세나 이제 막 왕위에 오른 그의 아들 루이 6세의 살찐 모습을 떠올리는 것은 그리 어려운 일이 아니다.

6) Guillaume de Malmesbury, *Gesta anglorum regum*, éd. W. Stubbs, t. II, Londres, 1889, pp. 63-64.

7) M. de Bouard, *Guillaume le Conquérant*, Paris, 1984, p. 433.

8) F. Opli, *Das Itinerar Kaisers Friedrich Barbarossa(1152-1190)*, Berlin, 1978, pp. 190-191.

9) Michel Pastoureau, *L'Ours. Histoire d'un roi déchu*, 주나미 옮김,『곰, 몰락한 왕의 역사』(오롯, 2014), 174-198쪽.

10) A. Luchaire, *Louis VI le Gros*, p. 27.

11) J. Dufour, "Louis VI, roi de France (1108-1137), à la lumière des actes royaux et des sources narratives", *Comptes rendus de l'Académie des inscriptions et belles-lettres*, 1990, pp. 456-482; 같은 글, p. 465.

12) R.-H. Bautier, "Anne de Kiev, reine de France, et la politique royale au XIe siècle", *Revue des études slaves*, t. 57, 1985, pp. 539-564; J. Dunbabin, "What is in a name? Philipp King of France", *Speculum*, 68, 1993, pp. 949-968. '필리프'라는 이름은 로마 황제 필리푸스 아라브스 (Philippus Arabs, 재위 244~249)에게서 온 것일 수도 있다. 10~11세기의 몇몇 작가들은 그가 콘스탄티누스 대제(Constantinus Magna, 재위 306~337)보다 앞선 기독교도 로마 황제라고 주장했다.

13) 하지만 그의 아버지 루이 6세가 17세기 삽화에 나오는 기수 인장을

'예정된 왕'이었던 1100년과 1108년 사이에 이미 사용하고 있었는지는 불분명하다. Archives nationales, *Corpus des sceaux français du Moyen Age*, t. II par M. Dalas, *Les Sceaux des rois et de régence*, Paris, 1991, p. 144, nᵒ 65.

14) A. W Lewis, *Le Sang royal. La famille capétienne et l'État. France, XIIᵉ-XIVᵉ siècle*, Paris, 1986.

15) 루이 6세는 대관식 이후에 연주창 환자들을 만졌던 (아니면 치료했던) 첫 번째 프랑스 왕인 듯하다. É. Bournazel, *Louis VI le Gros*, pp. 89-99, 392-399; M. Bloch, *Les Rois thaumaturges*, 박용진 옮김,『기적을 행하는 왕』(파주: 한길사, 2015). 마르크 블로크 책의 1983년 프랑스어 재판본에는 자크 르 고프의 길고 강력한 추천사가 실려 있다.

16) Suger, *Vita Ludovici Grossi*, éd. H. Waquet, Paris, 1929, pp. 266-267.

17) 동물고고학은 중세시대를 통틀어 귀족들이 사냥감의 아주 일부만 고기로 소비했음을 확인시켜 준다. 그것은 많아도 10%를 넘지 않았으며, 대개는 3~4% 미만에 불과했다. 다음 책의 통계와 설명을 참조하라. F. Audouin-Rouzeau, *Hommes et animaux en Europe de l'époque antique aux temps modernes. Corpus des données archéozoologiques et historiques*, Paris, 1993.

18) J. Aymard, *Les Chasses romaines*, Paris, 1951, pp. 323-329, 352-361; M. Pastoureau, "Chasser le sanglier. Du gibier royal à la bête impure: histoire d'une dévalorisation", *Une histoire symbolique du Moyen Age occidental*, Paris, 2004, pp. 65-77.

19) O. Keller, *Dieantike Tierwelt*, Leipzig, 1913, t. I, pp. 277-284.

20) J. Le Goff, *Saint Louis*, Paris, 1996, pp. 691-693.

제2장

1) Michel Pastoureau,『곰, 몰락한 왕의 역사』, 201-208쪽.

2) Suger, *Vita Ludovici Grossi*, éd. H. Waquet, Paris, 1929, p. 266. 되도록 원문에 충실하게 번역하려고 노력했다.

3) 같은 책, p. 266 *(Obvio porco diabolico offinsus equus gravissime cecidit)*.

4) M. Pastoureau, *Bestiaires du Moyen Âge*, Paris, 2011, pp. 130-131.

5) Isidore de Séville, *Etymologiae*, livre XII, 2, 6 29.

6) M. Pastoureau, *Le Cochon. Histoire d'un cousin mal aimé*, Paris, 2009, p. 38.

7) 13세기부터 17세기까지 동물과 관련해서 제기된 소송들 가운데 돼지 와 관련된 것이 단연 압도적이다. 이 책의 마지막 장인 '가깝고 먼 울림 들'과 M. Pastoureau, *Une histoire symbolique du Moyen Age occidenta*l, Paris, 2004, pp. 29-48을 볼 것.

8) 테울프는 1109년에 대수도원장 자리에서 물러났다. 그 뒤 그는 수아 송(Soissons)의 생크레팽(Saint-Crépin) 수도원에서 수도사로 있다가, 1118년부터 1136년까지 그곳의 수도원장을 지냈다.

9) 다음 책에 나오는 라틴어 문헌의 일부를 요약해 옮긴 것이다. L. Mirot, *Chronique de Morigny(1095-1152)*, Paris, 1909, pp. 55-56.

10) Ordéric Vital, *Historia ecclesiastica libri XIII*, éd. A. Le Prévost, t. IV, Paris, 1853, p. 497과 t. V, Paris, 1855, pp. 26-27.

11) 이 가운데 중요한 것들은 '출처' 목록에 인용해 놓았다. 3장의 주석 2 번도 볼 것.

12) 이제는 고인이 된 동료 장 뒤푸르(Jean Dufour)에게 감사의 마음을 전 한다. 그는 내가 기일표와 사망자 명부에 관심을 갖게끔 해주었으며, '*Philippus rex a porco interfectus*'라는 문구가 이러한 종류의 문서에 얼 마나 오랜 기간 남아 있었는지 알려주었다.

13) 수돼지와 멧돼지는 모두 발이 매우 빠르다. 중세 도시들과 농촌에서 번식용 수컷은 거무스레하고 뻣뻣한 털, 위로 솟은 발달한 송곳니, 다 부진 몸, 거대한 머리, 요란하고 예측 불가능한 움직임을 가지고 있어 서 야생 돼지와 크게 다르지 않았다. Michel Pastoureau, *Le Cochon. Histoire d'un cousin mal aimé*, pp. 36-38을 보라.

14) 베르나르가 젊은 왕의 죽음을 예언했다는 전설이 맨 처음 언급되는 곳은 클레르보의 수도사이자 베르나르의 '비서'였던 조프루아 도세르 (Geoffroi d'Auxerre)가 쓴, 베르나르에 관한 최초의 전기인『클레르보

베르나르의 삶(*Vita Bernardi Claravallensis*)』이다. 내가 사용한 판본은
Acta sanctorum, t. IV, Anvers, 1739, pp. 307-308이다. 안타깝게도 나는
éd. par R. Fassetta, Paris, 2011 판본은 보지 못했다.

15) A. Luchaire, *Louis VI le Gros. Annales de sa vie et de son règne (1081-1137)*, Paris, 1890. pp. 209-210, n. 448, 449.

16) 루이 6세와 멧돼지 앙리 사이의 갈등에 대해서는 É. Bournazel, *Louis VI le Gros*, pp. 192-198과 이 책의 곳곳을 참조할 것.

17) J. C. Russel, *British Medieval Population, Albuquerque*(The university of New Mexico Press), 1948, pp. 84-85.

18) Ordéric Vital, *Historiae ecclesiasticae libri tredecim*, éd. A. Le Prévost et L. Deslisle, t. IV, Paris, 1852, pp. 409-420 (livre XII, chap. xxv).

19) J. Green, *Henry l King of England and Duke of Normandy*, Cambridge, 2006의 여러 곳에 나온다. 전승에 따르면 헨리 1세의 35명의 서자들은 1086년과 1135년 사이에 태어났다고 한다.

20) Jean de Joinville, *Vie de Saint Louis*, éd. J. Monfrin, Paris, 1995, § 127, p. 63.

21) 루도비쿠스 5세의 죽음(987년 5월 21일)에 관한 상세한 사항은 Richer, *Histoire de France*, éd. R. Latouche, t. II, Paris, 1937, pp. 146-147 을 볼 것.

22) 군터 전설에 대해서는 J. Jahn, *Ducatus Baiuvirorum. Das bairische Herzogtum der Agilofinger*, Munich, 1991, pp. 17-27; L. Kolmer et C. Rohr (éd.), *Tassilo III. von Bayern*, Regensburg ; W. Störmer, *Die Baiuwaren. Von der Völkerwanderung bis Tassilo Ill*, Munich, 2ᵉ éd., 2007.

제3장

1) 카페 왕조의 계보를 살펴볼 가장 좋은 최신 목록은 P. Van Kerrebrouck, *Nouvelle Histoire généalogique de l'auguste maison de France*, t. II, *Les Capétiens (987-1328)*, Villeneuve-d'Ascq, 2000. 이 대단한 저작은 학문 공동체 전체에 큰 도움을 주고 있다.

2) 주요 사료들의 목록은 책 뒤에 실은 '사료와 참고문헌'에서 확인할 수 있다. 1150년에서 1250년 사이의 서술 사료들(보편 연대기, 수도원 연대기, 연보, 역사서, 역사의 거울 등)을 보기 위해 나는 최근에는 더 이상 나오지 않는 *Recueil des historiens des Gaules et de la France*, Paris, 1734-1904, 24 vol. 시리즈의 판본들을 검토했다. 12권에서 16권까지가 루이 6세와 루이 7세의 재위 기간에 편찬된 문헌들이다. 개정이 필요한 Auguste Molinier, *Les Sources de l'histoire de France des origines aux guerres d'Italie*, t. II, Paris, 1902(*Les Capétiens jusqu'en 1180*)의 목록은 널리 알려지지 않은 사료들을 확인하는 데 여러모로 도움이 되었다.

3) *La Chanson de Roland*, éd. G. Moignet, Paris, 1969, CCLXXXVIII절.

4) 우리는 루이 7세의 출생 날짜를 알지 못한다. 1120년인지 아니면 1121년인지, 문헌에서는 그것을 확인할 수 없다. 이 둘째 아들은 왕위에 오를 예정이 아니었다. 그래서 그 시대 사람들은 그의 정확한 출생일을 적는 데 신경을 쓰지 않았다. P. Van Kerrebrouck, *Nouvelle histoire généalogique...*, t. II, *Les Capétiens*, p. 99, 각주 4번을 보라.

5) 성인을 직계 조상으로 가지고 있는 왕조도 있었지만, 일부는 왕위에 있다가 나중에 시성된 왕을 가지고 있는 왕조라는 사실 자체를 뽐냈다. 그래서 잉글랜드에서 에드워드 참회왕(Edward the Confessor, 재위 1042−1066)에 대한 기억이 1130년대까지 매우 선명하게 남은 것이다. R. Folz, *Les Saints Rois du Moyen Âge en Occident, VIe-XIIIe siècle*, Bruxelles, 1984를 볼 것.

6) 카롤루스 대제의 '혈통'과 후손들에 대해서는 P. Riché, *Les Carolingiens. Une famille qui fit l'Europe*, Paris, 1983; C. Settipani, *La Préhistoire des Capétiens. Première partie: Mérovingiens, Carolingiens, Robertiens, 481-987*, Villeneuve-d'Ascq, 1993. 카롤루스 왕조의 후계인 공녀와 결합해 아들을 낳게 해서 카롤루스 대제의 피를 혈통으로 들여오는 것은 카페 왕조에게 2세기 동안 하나의 강박관념처럼 나타났다. 그리고 1180년에 마침내 그것이 실현되었다. 필리프 2세가 카롤루스 대제의 진짜 후손인 이사벨 드 에노(Isabelle de Hainaut)와 결혼을 한 것이다. 젊은 여왕은

10살밖에 되지 않았다. 그러나 그녀는 엄청난 지참금과 함께 조상의 명성까지 가져왔다. 이사벨은 1187년 필리프 2세에게 아들을 하나 낳아주었는데 그가 루이 8세이다.

7) 필리프 1세의 결혼 분쟁과 파문에 대해서는 L. Halphen, *Le Comté d'Anjou au XIe siècle*, Paris, 1906; A. Fliche, *Le Règne de Philippe Ier, roi de France (1060-1108)*, Paris, 1912를 볼 것. 그리고 봉건 시대의 결혼과 간통에 관한 더 일반적인 해설은 G. Duby, *Le Chevalier, la femme et le prêtre. Le mariage dans la société féodale*, Paris, 1981을 참조할 것.

8) 여러 다양한 참고문헌 가운데서도 특히 B. Lion et C. Michel, éd., *De la domestication au tabou. Le cas des suidés dans le ProcheOrient ancien*, Paris, 2006 (*Travaux de la Maison René-Ginouvès*)을 볼 것.

9) 레위기 11:7, 신명기 14:8.

10) I. Shachar, *The judensau. A Medieval anti-Jewish Motif and its History*, Londres, 1974, p. 24.

11) 같은 책, p. 49. 그리고 W. Houston, *Purity and Monotheism. Clean and Unclean animais in Biblical Laws*, Sheffiels, 1993; Y. Deffous, *Les Interdits alimentaires dans le judaïsme, le christianisme et l'islam*, Paris, 2004; J. Soler, *Sacrifice et interdits alimentaires dans la Bible*, Paris, 2006.

12) C. Fabre-Vassas, *La Bête singulière. Les juifs, les chrétiens et le cochon*, Paris, 1994, 여기저기에. 그리고 O. Assouly, *Les Nourritures divines. Essai sur les interdits alimentaires*, Arles, 2013.

13) O. Assouly, 같은 책.

14) Plutarque, *Sur la superstition*, éd. et trad. C. Bevilacqua, Paris, 2010, § 64. 그리고 Y. Vernière, *Symboles et mythes dans la pensée de Plutarque*, Paris, 1977.

15) M. Douglas, *Purity and Dangers. An Analysis of Concepts of Pollution and Taboo*, Londres, 1966. 그리고 W. Houston, *Purity and Monotheism*을 보라.

16) 19세기 말에 등장한 이런 가설은 제2차 세계대전 시기에 확산되었으나, 지금은 강한 비판을 받고 있다. M. Harris, *Cultural Materialism. The Struggle for a Science of Culture*, New York, 1980을 볼 것.

17) 특히 M. Douglas, *Purity and Dangers* 와 W. Houston, *Purity and Monotheism*을 보라.

18) 서사시『오디세이아』의 제10권에 나오는 이 중요한 일화는 M. Bettini et C. Franco, *Le Mythe de Circé*, Paris, 2013.

19) 훌륭한 연구서 J.-F. Mazet, *Saint Nicolas, le boucher et les trois petits enfants. Biographie d'une légende*, Paris, 2010을 보라.

20) 라에르테스(Laertes)와 오디세우스의 돼지치기인 에우마이우스(Eumaeus)는 명백한 예외이다. 그는 태생은 왕자였으나 최하층 신분이 되었다. 플라톤에게 돼지는 확실히 비루하고 더럽고 비참한 특성을 지녔다. 이에 대해서는 *Lois*, VII, 819d5-e1 ; *Politique*, 266b10-c9; *Théétète*, 161c3-5; *Lachès*, 196c10-197a1. 여기에『국가』도 추가해야 한다. 거기에서 플라톤은 이상적인 국가를 쾌락의 노예인 사람들의 나라, 곧 돼지들의 국가와 대조시키고 있다. 그리고『고르기아스*Gorgias*』에서 플라톤은 인간은 철학을 할 것인가 돼지처럼 배부르게 살 것인가를 선택해야 한다고 주장한다.

21) H. C. D. de Wit, *Histoire du développement de la biologie*, t. 1, Lausanne, 1994, pp. 232-233.

22) T. Bardinet, *Les Papyrus médicaux de l'Égypte pharaonique*, Paris, 1995; W. Westendorf, *Handbuch der altägyptischen Medizin*, Leyden, 1999; B. Halioua, *La Médecine au temps des pharaons*, Paris, 2002; L. Battini et P. Villard, éd., *Médecine et médecins au Proche-Orient ancien*, Oxford, 2006. 그리고 J. Lombard, *Aristote et la médecine: le fait et la cause*, Paris, 2004를 보라.

23) Éd. par S. de Renzi, *Collectio Salernitana*, Naples, 1852, t. II, pp. 390-392.

24) 중세 해부의 역사에 대해서는 D. Jacquart et C. Thomasser, *Sexualité*

et savoir médical au Moyen Âge, Paris, 1985(의과 대학에서 여성 생식기 연구는 암퇘지 해부로 이루어졌다)와 A. Paravicini Bagliani, dir., *La Collectio salernitana di Salvatore De Renzi*, Florence, 2008을 보라. 그리고 R. Mandressi, *Le Regard de l'anatomiste. Dissection et invention du corps en Occident,* Paris, 2003와 D. Hillman et C. Mazzio, *The Body in Parts. Fantasies of Corporeality in Early Modern Europe*, Londres, 2013을 참조할 것.

25) Aristote, *Histoire des animaux*, II, 8; Pline, *Histoire naturelle*, VIII, § 54. 플리니우스에게 인간과 원숭이의 차이는 오로지 꼬리였다. "원숭이는 종류가 다양하다. 그것은 인간과 가장 닮았으며 꼬리로 구분할 수 있다 *(Simiarum quoque genera plura. Hominis figurae proxima caudis inter se distinguntur)*." (éd. A. Ernout, Paris, 1952, p. 99).

26) 이시도루스는 임신한 여성이 원숭이나 원숭이 형상을 보면 원숭이처럼 못생긴 아이를 낳게 된다고 주장했다(*Etymologiae*, XII, I, 60).

27) 예를 들어 Thomas de Cantimpré, *Liber de naturis rerum*, éd. H. Boese, Berlin, 1973, p. 162 (livre IV, chap. 96, § 1).

28) 18세기 프랑스의 박물학자 뷔퐁(Georges-Louis Leclerc Buffon, 1707~1788)은 인간 여성과 대형 수컷 유인원의 짝짓기로 어떤 생물이 탄생할 가능성이 있다고 보았다. *Histoire naturelle*, t. XIV, Paris, 1766(Quadrupèdes XI: Nomenclature des singes)을 보라. 린네는 인간과 원숭이 사이에 명백한 유사성이 있다는 것을 강조하며, 둘을 모두 (지금은 없어진 분류군인) 안트로포모르파(Anthropomorpha) 목으로 분류했다. 그러나 비진화론자인 린네는 이 분류군이 창조의 순간부터 있어 왔다고 생각했다. 따라서 그에게는 인간과 원숭이 사이의 '친족' 관계가 존재하지 않는다. 어느 정도 진화론자였던 뷔퐁은 (약간 망설이면서도) 원숭이와 인간이 하나의 계보를 가질 수도 있다는 느낌을 주었다.

29) Alexandre Neckam(Nequam), *De naturis rerum*, Il, CXXX(éd. T. Wright, Londres, 1863); Thomas de Cantimpré, *De naturis rerum*, IV, 96(éd. H. Boese).

30) M. Pastoureau, *Bestiaires du Moyen Âge*, Paris, 2011, pp. 63-65.

31) 모두 뱅상 드 보베(Vincent de Beauvais), 『자연의 거울*(Speculum naturale)*』근대 판본인 Douai, 1624, livre XIX, chap. CXVI과 그 밖의 장들에서 발췌 인용. 다음 논문도 참조하면 좋다. C. Beck, "Approches du traitement de l'animal chez les encyclopédistes du XIIIᵉ siècle. L'exemple de l'ours", M. Picone, éd., *L'enciclopedismo medievale*, Ravenne, 1994, pp. 163-178. 식성은 곰과 인간의 친족관계를 형성해주는 또 하나의 영역이다. 중세 작가들은 이에 대해 거의 언급하지 않았다. 그러나 근대 학자들은 곰의 식성에 관해 자세히 관심을 기울였다. 완전히 잡식성인 동물은 매우 드물지만, 곰과 인간이 거기에 포함된다. 그러나 이 짐승의 식단은 미묘하지만 인간과 차이가 있다. 곰의 식단은 계절과 장소에 따라 다양하며 오랜 세월에 걸쳐 변화해왔다. 선사시대의 갈색곰은 분명히 육식동물이었다. 그러나 지금의 갈색곰은 대부분 채식주의자다. 인간과 곰의 오랜 전쟁은 많은 지역에서 곰을 몰아내 산에서 살게 만들었다. 곰의 식단은 서서히 변화해 야생동물이나 가축의 고기를 먹다가, 점차 식물을 더 많이 먹게 되었다.

32) Michel Pastoureau, 『곰, 몰락한 왕의 역사』, 209-216쪽.

33) 나아가 일시적인 이식이나 옮겨심기도 가능하다. 캐나다 연구팀은 생모가 수술하는 몇 시간 동안 암돼지가 인간 태아의 '대리모'가 되어 줄 수 있다는 것을 보여주었다. 이 모든 것에 대해서는 오늘날의 풍부한 참고 문헌 가운데 선구적인 논문 R. Roy, "Dons d'organes: les porcs à notre secours", *Québec Science*, 1996, X, pp. 123-141을 보라.

34) 가장 최근의, 그리고 가장 마음 아픈 증언은 '안데스의 생존자들'의 것이다. 이들 16명은 1972년 안데스 산맥에서 일어난 비극적인 비행기 추락 사고에서 살아남은 비운의 생존자들인데, 굶어죽지 않기 위해서 죽은 동료들의 살을 억지로 먹을 수밖에 없었다. 이 '어쩔 수 없었던 식인'은 많은 논란을 불러일으켰다. P. P. Read, *Alive. The Story of the Andes*, 최인석 옮김, 『얼라이브』(생각하는백성, 1993); 그리고 특히 F. Parrado, *Miracle dans les Andes*(Paris, 2006)의 생존자 증언을 보라.

35) *Coran*, II, 168; V, 4; VI, 146; XVI, 16.

36) J. V. Tolan, *Les Sarrasins. L'Islam dans l'imagination européenne au Moyen Âge*, Rennes, 2003, p. 156.

37) 루카 복음서 15: 11-32.

38) 마태오 복음서 8: 30-34; 마르코 복음서 5: 9-20; 루카 복음서 8: 30-39.

39) I. Shachar, *The judensau. A Medieval anti-Jewish Motif and its History*의 탁월한 마지막 장을 보라.

40) 베드로의 둘째 서간 2: 22.

41) 이러한 변동과 쟁점들에 대해서는 P. Walter, éd., *Saint Antoine entre mythe et légende*, Grenoble, 1996을 보라.

42) 이러한 변동에 결정적인 영향을 끼친 것이 돼지를 대규모로 사육했던 안토니우스 자선 형제 수도회였을 가능성이 있다. 그곳의 돼지고기는 '성 안토니우스의 불'이나 '성 안토니우스의 병'이라고 불린, 일종의 간 질인 맥각병을 치료하는 데 쓰였다. 주 41번의 참고문헌이 엮고 있는 연구들과 P. Walter, éd., *Mythologie du porc*, Grenoble, 1999를 보라.

43) 중세시대의 멧돼지에 대해서는 H. Beek, *Das Ebersignum bei Germanischen*, Berlin, 1965 ; M. Thiébaux, "The Mou th of the Boar as a Symbol in Medieval Literature", *Romance Philology*, XII, 1969, pp. 281-299; M. Zips, "Tristan und die Ebersymbolik", *Beiträge zur Geschichte der deutschen Sprache und Literatur*, t. 94, 1972, pp. 134-152; W Schouwink, "Der Eber in der deutsch en Literatur des Mittelalters", *Verbum et Signum. Festschrift F. Ohly*, Munich, 1975, pp. 425-476; A. Planche, "La bête singulière", *La Chasse au Moyen Âge. Actes du colloque de Nice*, Paris et Nice, 1980, pp. 493-505; M. Pastoureau, "Chasser le sanglier. Du gibier royal à la bête impure; histoire d'une dévalorisation", *Une histoire symbolique du Moyen Age occidental,* Paris, 2004, pp. 65-77.

44) M. Pastoureau, *Le Cochon. Histoire d'un cousin mal aimé*, Paris, 2011, pp. 130-133.

45) 같은 책, pp. 28-35.

46) 같은 책, p. 36.

47) F. Thorn, *Domesday Book. 29: Rutland*, Chichester, 1980, p. 11.

48) M. Montanari, *Parei e porcari nel medioevo. Paesaggio, economia, alimentazione*, Bologne, 1981과 P. Mane, *Le Travail à la campagne au Moyen Âge. Étude iconographique*, Paris, 2006, pp. 334-354를 보라.

49) 숲에서 돼지는 뿌리와 풀, 잔가지, 송로버섯, 때로는 민달팽이, 설치류, 새끼 새, 파충류 등과 같은 작은 동물을 먹었다. 그리고 돼지는 사과, 배, (딸기나 감처럼 즙이 많은) 장과, 호두, 밤, 특히 너도밤나무와 도토리와 같은 야생 열매도 먹었다. 숲에 들어가는 것이 금지된 기간에 돼지들은 목초지와 길 위에 머무르며 부드러운 풀과 토끼풀을 즐겼고, 겨·보리·우유의 부산물과 각종 찌꺼기를 추가로 섭취했다. 대개 숲에서 동물들은 땅에 떨어진 열매만 먹을 수 있었다. 농민들이 도토리를 떨어뜨리기 위해 참나무 가지를 때리는 것도 금지되어 있었다. 물론 앙시앵레짐 말까지 꾸준히 반복된 이러한 금지들은 잘 지켜지지 않았다.

제4장

1) *Chronique de Morigny*, éd. L. Mirot, Paris, 1912, pp. 57-58. 그리고 M. Bur, *Suger, abbé de Saint-Denis, régent de France*, Paris, 1991, p. 155를 보라.

2) 교황의 생드니 방문에 관한 상세한 이야기는 Suger, *Vie de Louis le Gros*, éd. H. Waquet, Paris, 1929, pp. 261-265에서 볼 수 있다.

3) 같은 책, p. 266.

4) 수도원의 새로운 운영과 교회의 재건축에 관해 쉬제르가 직접 쓴 글을 읽고 싶다면 *Liber de rebus in administratione suagestis*(1145-1149), A. Lecoy de La Marche, *Œuvres de Suger*, Paris, 1867, pp. 151-209, 더 보완된 판본은 éd F. Gasparri, Paris, 1996.

5) É. Bournazel, *Louis VI le Gros*, pp. 80-81.

6) 생드니 대성당의 왕실 묘역에 대해서는 M. Félibien, *Histoire de l'abbaye*

royale de Saint-Denys en France, Paris, 1706; A. Erlande-Brandenburg, "Le roi est mort". *Étude sur les funérailles, les sépultures et les tombeaux des rois de France jusqu'à la fin du XIIIe siècle*, Genève, 1975.

7) 성왕 루이의 치세에 이루어진 왕실 묘역의 재편에 대해서는 J. Le Goff, *Saint Louis*, Paris, 1996, pp. 273-289.

8) A. Erlande-Brandenbourg, "Le roi est mort". *Étude sur les funérailles, les sépultures et les tombeaux des rois de France jusqu'à la fin du XIIe siècle*, pp. 81-84.

9) 이 목록은 성왕 루이의 치세에 작성된 여러 『제식규정서*(ordines)*』를 바탕으로 한 것이다. 1131년 프랑스 왕이 대관식에서 걸친 레갈리아 *(regalia)*의 목록은 이보다 짧았을 것이다. 의복은 이미 보랏빛을 띠는 파란색*(color hyacinthineus)*이었겠지만 아직 백합으로 채워지지는 않았을 것이다. H. Pinoteau, "Les insignes du pouvoir des Capétiens directs"(1987), 재판 *Nouvelles études dynastiques*, Paris, 2014, pp. 246-261; D. Gabarit-Chopin, *Regalia. Les instruments du sacre des rois de France. Les honneurs de Charlemagne*, Paris, 1987; R.-H. Bautier, "Sacres et couronnements sous les Carolingiens et les premiers Capétiens. Recherches sur la genèse du sacre royal français", *Annuaire-bulletin de la Société de l'histoire de France*, 1989, pp. 7-56; J. Le Goff et al., *Le Sacre royal à l'époque de Saint Louis*, Paris, 2001을 보라.

10) 따라서 대관식을 치른 마지막 프랑스 왕은 1825년 5월 29일 랭스에서 왕관을 받은 샤를 10세이다. 당시 극단적으로 보수적인 왕정주의자들은 완전한 왕이 되기 위해서는 랭스로 여행을 하는 것이 필수적이라고 생각했다. 15세기 잔 다르크의 생각도 이와 다르지 않았다. 당시 그녀가 샤를 7세를 데리고 잉글랜드에 점령당한 프랑스를 가로지르는 무모한 여정을 감행한 것은 투르나 부르주가 아니라 랭스에서 대관식을 치르기 위해서였다.

11) 이상하게도 루이 6세는 그의 아버지가 살아 있을 때인 1100년에 이미 왕위에 올라 왕관을 썼으나 1108년 여름이 될 때까지는 대관식을 치

르지 않은 것 같다. A. Luchaire, *Louis VI le Gros. Annales de sa vie et de son règne* (1081-1137), Paris, 1890, pp. 289-293과 É. Bournazel, *Louis VI le Gros*, pp. 89-92를 보라.

12) 프랑스 왕의 기적을 행하는 능력과 연주창에 손을 대는 것에 관해서는 M. Bloch, 『기적을 행하는 왕』과 J. Le Goff, *Saint Louis*, Paris, 1996, pp. 826-841을 참조.

13) J. Le Goff, *Saint Louis*, pp. 23-28.

14) 수많은 증여들을 정리한 목록은 A. Luchaire, *Louis VI le Gros*, pp. 221-280을 보라. 그리고 É. Bournazel, *Louis VI le Gros*, pp. 348-378도 보라.

15) 루이 6세와 아델라이드 드 모리엔느의 아이들에 관해서는 P. Van Kerrebrouck, *Nouvelle histoire généalogique...*, t. II, *Les Capétiens*, pp. 79-91을 보라.

16) P. Delhaye, *Pierre Lombard. Sa vie, ses oeuvres, sa morale*, Montréal, 1961; M. Colish, *Pierre Lombard*, Leyden, 1994, 2 vol.

17) 최근의 여러 연구들을 루이 7세 왕이 무능한 것이 아니라 운이 없었다고 본다. 예를 들어 Y. Saissier, *Louis VII*, Paris, 1991, pp. 7-14를 보라.

18) 같은 책, pp. 112-114.

19) M. Bur, *Suger*, Paris, 1991, pp. 275-276에서 인용.

20) 이 십자군에 대해서는 쉬제르의 절친한 친구이자 루이 7세와 동방까지 동행했던 외드 드 되이유(Eudes de Deuil)의 진술이 남아 있다. 그는 원정 내내 왕의 전담 사제 역할을 수행했다. *De profectione Ludovici septimi in Orientem*, éd. H. Waquet, *La Croisade de Louis VII roi de France*, Paris, 1949. 심한 '민족주의자'였던 외드는 십자군 실패의 원인이 비잔티움 사람들의 배신과 독일인들의 어리석음에 있다고 보았다.

21) 알리에노르에 관한 서적은 많지만 대체로 볼 만한 내용은 없다. 진지한 작품이 드물기 때문이다. 당장 참고할 만한 문헌으로는 J. Flori, *Aliénor d'Aquitaine. La reine insoumise*, Paris, 2004와 E. R. Labande, *Pour une image véridique d'Aliénor d'Aquitaine*, Poitiers, 2006이 있다.

22) M. Bur, *Suger*, p. 293.

23) 16세기 초에 루터는 성모자상 그림에 대해 논평을 하면서 조롱조의 성
난 말투로 기독교가 '마리아교'로 변질되었다고 표현하기도 했다.

24) 루이 7세는 파리의 노트르담 대성당에 특권을 부여하는 놀라운 조치
들을 취한다. 이것은 그가 유년기를 보낸 그 교회가 그에게 어머니 역
할을 했음을 보여준다. M. Aubert, *Notre-Dame de Paris. Sa place dans
l'histoire de l'architecture*, Paris, 1920, pp. 30-31, note 6을 보라.

25) A. J. M. Hamon, *Notre-Dame de France ou Histoire du culte de la Sainte
Vierge en France, depuis l'origine du christianisme jusqu'à nos jours*, t. 1,
Paris, 1861, p. 18.

26) P. Van Kerrebrouck, *Nouvelle histoire généalogique...*, t. II, *Les
Capétiens*, pp. 49-83을 보라.

27) 이 채색 그림 유리창과 그것의 제작 시기는 숱한 논쟁을 불러일으켰
다. 이에 관해서는 C. Lautier, *La France romane*, 전시 안내서, Paris,
Musée du Louvre, 2005, p. 341을 보라.

28) L. Réau, *Iconographie de l'art chrétien*, t. II/2, Paris, 1957, p. 623.

29) É. Mâle, *L'Art religieux du XIIᵉ siècle en France*, Paris, 1922, p. 183-185.

30) Bernard de Clairvaux, *Sermones*, éd. P.-Y. Émery, Turnhout, 1990,
sermons 70 et 71.

31) Pierre Bernard, *Saint Bernard et Notre-Dame*, Paris, 1953, p. 126.

32) É. Vancadart, "Saint Bernard et la royauté française", *Revue des questions
historiques*, 1891, pp. 353-409; 같은 논문, p. 401

33) L. Réau, *Iconographie de l'art chrétien* II/2, Paris, 1957, p. 111에서 인용.

제5장

1) A. Luchaire, *Étude sur les actes de Louis VII*, Paris, 1885, 곳곳에.

2) 루이 13세의 서원에 대해서는 P. Delattre, *Le Voeu de Louis XIII*, Paris,
1937; P. Chevallier, *Louis XIII, roi cornélien*, Paris, 1979. 1638년 왕의 결
정과 관련된 문서들에는 성모가 오랫동안 프랑스의 수호성인이었던 사
실이 나오지 않는다. 당시에는 그러한 사실이 잊혔던 것 같다.

3) 이 스테인드글라스 유리창은 17세기까지는 남아 있었으나 지금은 유실되었다. 이 장의 주 4번에서 인용하고 있는 다니엘 루소(Daniel Russo)의 논문을 참고할 것. 성모의 대관이라는 소재와 그것의 신학적 쟁점들에 대해서는 M.-L. Thérel, *Le Triomphe de la Vierge-Église. Sources littéraires, historiques et iconographiques*, Paris, 1984.

4) W. Cahn, "The Tympanum of the Portal Sainte Anne at NotreDame de Paris and the Iconography of the Division of Powers in the early Middle Ages", *Journal of the Warburg and Courtauld Institutes*, 32, 1969, pp. 55-72; D. Russo, "La Vierge et le verre. Pensée théologique, pensée politique et choix iconographique en France aux XIIe et XIIIe siècles", *Art sacré. Cahiers de rencontres avec le patrimoine religieux*, 21, 2006, pp. 35-49.

5) 이 의견에 관해서는 C. Beaune, *Naissance de la nation France*, Paris, 1985, pp. 241-243.

6) 다음을 볼 것. M. Lamy, "La doctrine mariale des maîtres parisiens au tournant des XIIe et XIIe siècles", C. Giraud, éd., *Notre-Dame de Paris, 1163-2013*, Turnhout, 2013, p. 97-112.

7) Eudes de Deuil, *De profectione Ludovici septimi in Orientem*, éd. V. G. Berry, New York, 1948, pp. 123-124. (이야기는 1148년 여름으로 끝난다.)

8) 이 구문에 대해서는 A. J. M. Hamon, *Notre-Dame de France ou Histoire du culte de la Sainte Vierge en France, depuis l'origine du christianisme jusqu'à nos jours*, t. 1, Paris, 1861, pp. 48-49와 곳곳을 참조.

9) A. Luchaire, *Louis VI le Gros. Annales de sa vie et de son règne (1081-1137)*와 É. Bournazel, *Louis VI le Gros*. 쉬제르의 섭정은 1147년 6월부터 1149년 11월까지 2년 이상 지속되었다.

10) É. Bournazel, *Le Gouvernement capétien au XIIe siècle. Structures sociales et mutations institutionnelles*, Paris, 1975, pp. 172-173; Y. Saissier, "Le XIIe siècle: un tournant de la pensée politique", *Revue française d'histoire des idées politiques*, 3, 1996, pp. 47-76과 5, 1997, pp.

3-22.

11) 카페 왕조의 백합꽃 문양에 관한 최고의 전문가는 에르베 피노토 (Hervé Pinoteau)이다. 오랜 기간에 걸쳐 여기저기에 발표되어 접근하기 어려웠던 그의 오래된 연구들은 다음 두 개의 논문 모음집으로 대부분이 다시 묶였다. Hervé Pinoteau, *Vingt-Cinq Ans dëtudes dynastiques*, Paris, 1986과 *Nouvelles Études dynastiques*, Paris, 2014. 그에 따르면 왕실 의례에서 옷과 휘장에 관해 가장 중요한 변화가 일어난 것은 1137년과 1154년 사이이다. 문장의 형상으로 카페 왕조의 백합꽃 문양이 탄생한 것은 이 두 시기 사이였다. 아주 예전에는 조금 더 늦은 시기를 지지했던 나는 지금은 에르베 피노트의 의견에 동의한다. 백합꽃 문양은 왕실의 확정적인 문장이 되기 이전에 이미 1137년 루이 7세의 대관식과 1154년 초 카스티야의 콩스탕스와의 재혼 사이에 여러 단계에 걸쳐 채택되었음이 분명하다.

12) J.-J. Chiffiet, *Lilium francicum veritate historica, botanica et heraldica illustratum*, Anvers, Plantin, 1658; S. de Sainte-Marthe, *Traité historique des armes de France et de Navarre*, Paris, Roulland, 1673. 쉬피에 (Chiffiet)는 벌을 프랑스 군주정의 가장 오래된 상징이라고 주장하며 봉건 시대 이전의 백합꽃 문양의 존재에 대해서 부인했다. 몇몇 작가들은 다양한 작품과 소책자로 그에 화답했다. 특히 Père Jean Ferrand, *Epinicion pro liliis, sive pro aureis Franciae liliis*..., Lyon, 1663 (2e éd., Lyon, 1671). 같은 주제를 다룬 17세기의 작품 네 개는 G.-A. de La Roque, *Les Blasons des armes de la royale maison de Bourbon*, Paris, 1626; Père G.-E. Rousselet, *Le Lys sacré*..., Lyon, 1631; J. Tristan, *Traité du lis, symbole divin de l'espérance*, Paris, 1656; P. Rainssant, *Dissertation sur l'origine des fleurs de lis*, Paris, 1678.

13) 다음 두 사례가 그에 해당한다. A. de Beaumont, *Recherches sur l'origine du blason et en particulier de la fleur de lis*, Paris, 1853과 J. van Maldergehm, "Les fleurs de lis de l'ancienne monarchie française. Leur origine, leur nature, leur symbolisme", *Annuaire de la Société*

d'archéologie de Bruxelles, t. VIII, 1894, pp. 29-38.

14) E. Ros bach, "De la fleur de lis comme emblème national", *Mémoires de l'Académie des sciences, inscriptions et belles-lettres de Toulouse*, t. 6, 1884, pp. 136-172; J. Wolliez, "Iconographie des plantes aroïdes figurées au Moyen Âge en Picardie et considérées comme origine de la fleur de lis en France", *Mémoires de la Société des Antiquaires de Picardie*, t. IX (s. d.), pp. 115-159. 이러한 허무맹랑함이 절정에 달한 작품으로는 Sir Francis Oppenheimer, *Frankish Themes and Problems*, Londres, 1952, 특히 pp. 171-235와 논문 P. Le Cour, "Les fleurs de lis et le trident de Poséidon", *Atfantis*, no. 69, janvier 1973, pp. 109-124. 다음 가설도 마찬가지로 주의해야 한다. F. Châtillon, "Aux origines de la fleur de lis. De la bannière de Kiev à l'écu de France", *Revue du Moyen Âge latin*, t. 11, 1955, pp. 357-370.

15) 메소포타미아의 원통인장(圓筒印章) 도판에 있는 백합 문양과 무늬의 수많은 사례들에 관해서는 O. Weber, *Altorientalische Siegelbilder*, Leipzig, 1920을 보라. 그리고 H. Francfort, *Cylinder Seals*, Londres, 1939; P. Amiet, *Bas-reliefs imaginaires de l'Orient ancien d'après les cachets et les sceaux-cylindres*, Paris, 1973도 보라.

16) G. Posener, *Dictionnaire de la civilisation égyptienne*, Paris, 1988, pp. 147-148.

17) 이 스타테르들은 50년 가까이 날짜가 확정되지 않았을 뿐만 아니라 표면의 양식화된 말의 다리 밑에 있는 문양은 지금도 정확하게 확인되지 않고 있다. É. Muret et A. Chabouillet, *Catalogue des monnaies gauloises de la Bibliothèque nationale*, Paris, 1889, p. 84, nº 3765; A. Blanchet, *Traité des monnaies gauloises*, Paris, 1905, pp. 417-418을 보라.

18) Walafrid Strabon, *Hortulus(De cultura hortorum)*, éd. K. Langosch, *Lyrische Anthologie des lateinischen Mittelalters*, Munich, 1968, pp. 112-139.

19) 특히 가경자 베다(Beda Venerabilis, 672?~735)의 『아가 주해』 (*Patrologia latina*, t. 91, col. 1065-1236)를 참조.

20) Dom H. Leclerc, "Fleur de lis", *Dictionnaire d'archéologie chrétienne et de liturgie*, t. V, 1923, col. 1707-1708.

21) 관련된 많은 신학적 문학 가운데서도 근사한 대목은 Fulbert de Chartres, *Sermo de nativitate Beatae Mariae*, Patrologia latina, t. 141, col. 320-324. Juliette Clément, dir., *Fulbert de Chartres. Œuvres, correspondance, controverses, poésie* (라틴어 원문과 프랑스어 번역), Chartres, 2006도 보라.

22) Pline, *Historia naturalis*, XXI, 11, 1.

23) 이에 관한 선구적인 연구는 G. Braun von Stumm, "L'origine de la fleur de lis des rois de France du point de vue numismatique", *Revue numismatique*, 1951, pp. 43-58.

24) L. Douët d'Arcq, *Archives de l'Empire. Collection de sceaux*, t. II, Paris, 1863, no 7252.

25) G. Demay, *Inventaire des sceaux de la Picardie*, Paris, 1877, nᵒ 1153.

26) G. Braun von Stumm, "L'origine de la fleur de lis des rois de France du point de vue numismatique".

27) 성모의 꽃의 역사에 관한 전문적인 연구서라 할 만한 것은 없다. 그러나 어떤 양상이나 특정 시기에 관한 양질의 연구는 존재한다. 예를 들자면 G. Gros, "Au jardin des images mariales. Aspects du plantaires moralisé dans la poésie religieuse du XIVᵉ siècle", *Vergers et jardins dans l'univers médiéval*, Aix-en-Provence, 1990, pp. 139-153(*Senefiance*, 23); M.-L. Savoye, *De fleurs, d'or, de lait et de miel. Les images mariales dans les collections miraculaires romanes du XIIIᵉ siècle*, Paris, 2009, pp. 173-201("La rose et le lis").

28) M. Pastoureau, *Bleu. Histoire d'une couleur*, 고봉만 · 김연실 옮김, 『블루, 색의 역사』(한길아트, 2000), 73-84쪽.

29) 이 색에 관한 나의 주요 연구들 가운데 앞의 주(28번)에 인용된 종합서 이전의 것들은 다음과 같다. Michel Pastoureau, "Et puis vint le bleu", D. Régnier-Bohler, éd., *Le Moyen Âge aujourd'hui, Europe*, nᵒ 654, oct. 1983,

pp. 43-50; 같은 저자, "Vers une histoire de la couleur bleue", *Sublime indigo, exposition*, Marseille, 1987, Fribourg, 1987, pp 19-27; 같은 저자, "Du bleu au noir. Éthiques et pratiques de la couleur à la fin du Moyen Âge", *Médiévales*, vol. XIV, 1988, pp. 9-22; 같은 저자, "La promotion de la couleur bleue au xme siècle: le témoignage de l'héraldique et de l'emblématique", *Il colore nel medioevo. Arte, simbolo, tecnica. Atti delle Giornate di studi (Lucca, 5-6 maggio 1995)*, Lucques, 1996, pp. 7-16; 같은 저자, "Voir les couleurs au XIIIᵉ siècle", A. Paravicini Bagliani, éd., *La visione e lo sguardo nel medio evo*, 1998, pp. 147-165 (*Micrologus. Natura, scienze e società medievali*, vol. VI/2).

30) 인용문은 M. Bur, *Suger*, 1991, Paris, p. 253. 스테인드글라스 상징, 특히 '파란색 유리(*materia saphirorum*)'의 상징에서 (쉬제르에 따르면) 파란색은 다른 어떤 색보다 '물질적인 것에서 비물질적인 것으로 나아가기(*de materialibus ad immateralia*)' 용이하다. 1149년 완성된 작품인 *Liber de rebus in administratione sua gestis* 의 34장 전체를 보라. 우리가 참고할 수 있는 가장 오래된 판본은 A. Lecoy de La Marche, Paris, 1867, pp. 204-206이고, 보충 판본은 F. Gasparri, Paris, 1996이다. E. Panofsky, *Suger on the Abbey Church of Saint-Denis and its Treasures*, 2ᵉ éd., Princeton, 1979도 보라.

31) Hugues de Saint-Victor, *In Hierarchiam caelestem Sancti Dionysii, Patrologia latina*, t. 175, Paris, 1854, col. 923-1154. 이를 시사하는 논문으로는 G. A. Zinn, "Suger, Theology and the pseudo-Dionysian Tradition", P. L. Gerson, éd., *Abbot Suger and Saint-Denis. A Symposium*, New York, 1986, pp. 33-40을 보라.

32) Père C.-F. Ménestrier, *Origines des armoiries*, 2e éd., Paris, 1680, pp. 5-112, 135-158; M. Prinet, "De l'origine orientale des armoiries européennes", *Archives héraldiques suisses*, t. XXVI, 1912, pp. 53-58; E. Kittel, "Wappentheorien", *Archivum heraldicum*, 1971, pp. 18-26, 53-59; M. Pastoureau, "L'apparition des armoiries en Occident. État du

problème", *Bibliothèque de l'École des chartes*, t. CXXXIV, 1976, pp. 281-300; Académie internationale d'héraldique, *L'Origine des armoiries*, Actes du ne colloque international d'héraldique (Bressanone, oct. 1981), Paris, 1983; M. Pastoureau, "La naissance des armoiries", F. Gasparri et P. Stirnemann, éd., *Le XIIe Siècle*, Paris, 1994, pp. 103-122 (*Cahiers du Léopard d'or*, vol. 3).

33) 마상창시합에 대해서는 G. Duby, *Le Dimanche de Bouvines*, Paris, 1973, pp. 110-128; 같은 저자, *Guillaume le Maréchal*, Paris, 1984, pp. 49-54, 105-142; J. Fleckenstein, dir., *Das ritterliche Turnier im Mittelalter*, Gottingen, 1985; M. Neumeyer, *Vom Kriegshandwerk zum ritterlichen Theater. Das Turnier im mittelalterlichen Frankreich*, Bonn, 1998.

34) 프랑스 왕이 문장을 채택한 시기를 밝히기란 쉽지 않다. 우선 '문장 (armoiries)'이란 단어가 정확하게 의미하는 바가 무엇인지를 정의해야 하고, 그것이 전장과 마상창시합에 출현한 순간을 파악해야 하기 때문이다. 우리가 관심을 갖고 있는 이 시대, 곧 1140~1155년에 일부 전사들은 이미 문장을 사용하고 있었고, 다른 더 많은 전사들은 아직 그것을 사용하고 있지 않았다. 실제로 문장은 12세기 전시기에 걸쳐 서서히 생겨났고, 천천히 확산되었으며, 문장학(blason)이란 단일한 체제로의 집대성도 여러 단계에 걸쳐 진행되었다. 게다가 왕들은 어디에서도 선구자가 아니었다. 그들은 백병전에서 적과 아군을 구분하게 해주는 새로운 표식을 앞서서 채택하지 않았다. 전장에서 왕은 다른 상징이나 표장만으로도 확인되었다. 그런데 때로는 포로로 잡히지 않기 위해서라도 왕은 자신을 특정하지 않는 편이 나았다. 마상창시합에 왕은 그의 아들들과는 달리 적어도 아직은 참가하지 않았다. 젊은 왕자들은 왕좌에 오르거나 영지를 받기를 기다리는 동안 또래 젊은이들의 우두머리가 되어 이곳저곳의 마상창시합장으로 몰려다녔다.

35) 18세기 초에 역사 편찬자 루이 르 그랑(Louis Le Gendre)이 내세웠던 의견이다. Louis Le Gendre. "En quel temps Louis le Jeune prit-il les lis pour ses armes? Il y a bien de l'apparence que ce fut quand il se

croisa avec les grands de son royaume en 1147", L. Le Gendre, *Moeurs et coutumes des Français*, Paris, 1712, pp. 131-132.

36) M. Dalas, *Archives nationales, Corpus des sceaux français du Moyen Âge*, t. II, *Les Sceaux de rois et de régence*, Paris, 1991, n°s 67 et 67 *bis*.

37) 같은 책, n°s 70 et 70 *bis*.

38) 같은 책, n°s 74 et 74 *bis*.

39) Y. Delaporte et É. Houvet, *Les Vitraux de Chartres. Histoire et description*, Chartres, 1926, pp. 472-475 (baie CXXVI); F. Perrot, "Le vitrail, la croisade et la Champagne. Réflexions sur les fenêtres hautes du choeur à la cathédrale de Chartres", Y. Bellenger et D. Quéruel, *Les Champenois et la croisade*, Paris, 1988, p. 109-130, 특히 pp. 114-116.

40) M. Pastoureau, "Une fleur pour le roi. Jalons pour une histoire médiévale de la fleur de lis", P.-G. Girault, éd., *Flore et jardins. Usages savoirs et représentations du monde végétal au Moyen Âge*, Paris, 1997, pp. 113-130 (*du Léopard d'or* 연구지, 6).

41) G. J. Brault, *Barly Blazon. Heraldic Terminology in the twelfth and thirteenth Centuries with special References to Arthurian Literature*, Oxford, 1972, p. 209의 지적을 보라.

42) Ordéric Vital, *Historia ecclesiastica*, éd. A. Le Prévost et L. Delisle, t. IV, Paris, 1852, p. 284. 그리고 A. Van Kerrebrouck, *Nouvelle Histoire généalogique...*, t. II, Les Capétiens, p. 98을 보라.

43) A. Erlande-Brandenbourg, "Le roi est mort", p. 149.

44) 잉글랜드 왕의 문장에 관한 주요 참고문헌은 다음과 같다. A. B. et A. Wyon, *The great Seals of England*, Londres, 1887; E. E. Dorling, *Leopards of England and other Papers on Heraldry*, Londres, 1913; C. R. Humphery-Smith et M. N. Heeman, *The Royal Heraldry of England*, Londres, 1966; J. H. et R. V. Pinches, *The Royal Heraldry of En gland*, Londres, 1974; A. Ailes, *The Origin of the Royal Arms of England. Their Development to 1199,* Reading, *1982*; M. Pastoureau, "Genèse du léopard

Plantegenêt", *Bulletin de la Société des Amis de linstitut historique allemand(Paris)*, vol. 7, 2002, pp. 14-29.

45) 예외적으로 나바르의 왕들은 '방사선 무늬'에서 '사슬'로 문장 상징을 바꾸었으며, 아라곤의 왕들은 '세로무늬'를, 카스티야의 왕들은 '성(城)'을, 포르투갈의 왕들은 '다섯 개의 점이 들어간 다섯 개의 방패'를, 헝가리 왕들은 '가로무늬'를 문장의 상징으로 사용했다.

46) 이 인용구의 사례들은 A. Van Kerrebrouck, *Nouvelle Histoire généalogique...*, t. II, Les Capétiens, pp. 98-99를 보라.

47) 이것은 12세기 말 웨일스의 연대기작가이자 수도사인 제랄드 웨일스(Gerald of Wales)에 의해 강조된다. 그는 저서 『통치자를 위한 가르침 *(De principis instructionis liber)*』에서 잉글랜드 왕을 비롯한 다른 왕들이 문장으로 사나운 짐승을 택한 것과는 달리 루이 7세는 매우 경건한 왕이라 들판을 채우고 있는 수수한 꽃을 문장으로 삼았다고 주장했다. Gerald of Wales, *Giraldi Cambrensis Opera*, éd G. F. Warner, Londres, 1891, pp. 317, 320-321을 보라.

48) 이 복잡한 문제는 외람되지만 다음으로 미루고자 한다. M. Pastoureau, "Le roi des lis. Emblèmes dynastiques et symboles royaux", *Archives nationales, Corpus des sceaux français du Moyen Age*, t. II par M. Dalas: *Les Sceaux de rois et de régence*, Paris, 1991, pp. 35-48.

49) 같은 책, pp. 140-143, nos 61-64.

50) H. Pinoteau, "La main de justice des rois de France: essai d'explication", *Bulletin de la Société nationale des Antiquaires de France*, 1978-1979, pp. 262-265.

51) 카페 왕조의 초창기 왕들의 모든 인장을 수록하고 있는 출판물은 M. Dalas, *Les Sceaux de rois et de régences*.

52) "Maintes fois avint que en estei il [Saint Louis] se alloit seoir ou bois de Vincennes après sa messe, et se acostoioit a un chesne et nous fesoit seoir entour li. Et tuit cil qui avoient afaire venoient parler a li, sanz destourbier empêchement de huissier ne d'autre." Jean de Joinville, *Vie de Saint Louis*,

éd. J. Monfrin, Paris, 1995, pp. 178-180, §59.

53) 다른 모든 유럽 군주들이 차용했던 '구(球, globe)'의 사용을 거부한 것이 대표적이다. 프랑스 왕에게 구는 없다. 그의 권능을 드러내고 그를 지상의 신의 현현으로 만드는 데는 그의 문장에 있는 천상의 들판이면 충분하다!

제6장

1) Suger, *Vita Ludovici Grossi,* éd. H. Waquet, Paris, 1929, p. 266.

2) 사망자 명부는 수도원 공동체에서 추도식에 사용했던 전례서나 그것의 일부를 가리킨다. 거기에는 수도원 공동체에 소속된 죽은 이들만이 아니라 후원자들과 공동체와 영적인 관계를 맺고 있던 모든 남녀들의 기일이 적혀 있었다. 13세기 중에 사망자 명부는 달력으로 표시하는 기일표(忌日表)로 바뀌었다. 그것은 선대의 죽은 이는 물론이고, 수도원 교회든 참사회원 교회든 교구 교회든 간에 교회에 기부를 한 모든 사람들의 영혼을 구원하기 위한 것이었다. 내가 사망자 명부와 기일표에 관심을 갖게끔 해주었던, 그리운 동료 장 뒤푸르(Jean Dufour)에게 다시금 고마움을 전한다.

3) *Grandes Chroniques de France*, éd. J. Viard, t. V, 1928, pp. 269-271.

4) M.-A. Lévy, *Louis I, II, III... L'étonnante histoire de la numérotation des rois de France*, Paris, 2014.

5) 중세시대에 관례적으로 사용된 군주들의 순번에 대해서는 B. Guenée, *Histoire et culture historique dans l'Occident médiéval*, Paris, 1980, pp. 159-163을 보라.

6) F.-E. de Mézeray, *Abrégé chronologique de l'Histoire de France*, Paris, 1668, 5 vol.

7) F.-E. de Mézeray, *Histoire de France depuis Faramond jusqu'au règne de Louis le juste*, 2ᵉ éd., Paris, 1685, t. II, chap. XXXIX, p. 83. 읽기 쉽게 하기 위해 원본의 강조를 약간 현대화했다.

8) Père G. Daniel, *Histoire de France*, 2ᵉ éd., t. II, Paris, 1723, p. 558.

9) Dom M. Félibien et Dom A. Lobineau, *Histoire de la ville de Paris*, t. I, Paris, 1725, p. 157.

10) B. de Montfaucon, *Les Monuments de la monarchie française*, t. II, Paris, 1730, p. 47.

11) Abbé F. Velly, *Histoire de France*, t. III, Paris, 1760, pp. 73-74.

12) 같은 책, p. 74. 이 새로운 세부 사항과 더불어 근대 초에는 잊혔던 성 베르나르의 예언이 다시 수면 위로 떠올랐다. 루이 6세와 사이가 좋지 않았던 이 클레르보의 수도원장이, 루이 6세가 왕국의 주교들을 가혹하게 대해 장남이 죽는 벌을 받게 될 것이라고 예언했다는 내용이다.

13) L.-P. Anquetil, *Histoire de France*, 6e éd., t. II, Paris, 1853, p. 21.

14) H. Martin, *Histoire de France*, 4e éd., Paris, 1855, t. III, p. 293.

15) E. Lavisse, *Histoire de France*, t. IV, première partie par A. Luchaire, Paris, 1911, p. 326.

16) Henri de Ferrières, *Les Livres du Roy Modus et de la Royne Ratio*, éd. G. Tilander, Paris, 1932, t. 1, pp. 144-146 (§ 75).

17) 같은 책, pp. 146-147.

18) 1400년에 프랑스어로 옮겨진 보카치오의 『유명인들의 운명에 대하여 *De casibus virorum illustribus*』의 여러 15세기 필사본들에서는 1131년의 젊은 왕 필리프의 죽음과 1314년의 미남왕 필리프의 죽음이 혼동되어 뒤섞여 있는 것 같다. 예를 들어 Paris, BNF, ms. français 226, f. 267v; 230, f. 266v; 232, f. 337r-337v를 보라.

19) 실제로 「요한복음서」(1:35-42)에서 안드레아스는 '최초로 부름 받은(*prôtoklêtos*)' 자로 암시된다. 다음을 볼 것. C. Denoël, *Saint André. Culte et iconographie en France au Moyen Âge (Ve-XVe siècle)*, Paris, 2004, pp. 23-24.

20) C. Baudon de Mony, "La mort et les funérailles de Philippe le Bel", *Bibliothèque de l'Ecole des chartes*, 58, 1897, pp. 5-14. 왕 자신, 그의 정치와 인품에 대해서는 J. Fa vier, *Philippe le Bel*, Paris, 1978.

21) C. Beaune, *Naissance de la Nation France*, Paris, 1985, pp. 237-263.

22) 여기에서 전설은 다시 스캔들을 크게 부풀린다. J. Favier, *Philippe le Bel*, 앞의 책을 보라.

23) 동물 재판에 대해서는 부족하나마 다음을 보길 바란다. M. Pastoureau, "Une justice exemplaire: les procès intentés aux animaux (XIIIe-XVIe s.)", R. Jacob, éd., *Les Rituels judiciaires*, Paris, 2000, pp. 173-200 (*Cahiers du Léopard d'or*, 9).

24) 이와 같은 주제를 다른 관점으로 바라보고 인류학적 차원에서 깊이 있게 다루려 한 최초의 학자는 게르만법 민족사의 창시자인 위대한 칼 폰 아미라(Karl von Amira, 1848~1930)이다. 안타깝게도 그는 관련하여 다음과 같은 간단한 연구만 진행하였다. Karl von Amira, "Thierstrafen und Thierprocesse", *Mittheilungen des Instituts for Oesterreichische Geschichtsforschung* (Innsbruck), t. XII, 1891, pp. 546-601. 그의 계보를 잇고 있는 참조할 만한 문헌은 다음과 같다. E. P. Evans, *The Criminal Prosecution and Capital Punishment of Animais*, Londres, 1906; H. A. Berkenhoff, *Tierstrafe, Tierbannung und rechtsrituelle Tiertotung im Mittelalter*, Leipzig, 1937; C. Chène, *Juger les vers. Exorcismes et procès d'animaux dans le diocèse de Lausanne (XVe-XVIe siècle)*, Lausanne, 1995 (*Cahiers lausannois d'histoire médiévale*, 14). 다음 두 개의 논문은 19세기와 20세기에 행해진 관련 역사서술을 간단하게 총정리하고 있다. W. W. Hyde, "The Prosecution of Animais and lifeless Things in the Middle Age and Modern Times", *University of Pennsylvania Law Review*, t. 64, 1916, pp. 696-730; E. Cohen, "Law, Foklore and Animal Lore", *Past and Present*, t. 110, 1986, pp. 6-37 (특히 설치류와 벌레, 곤충과 관련된 기소들에 대하여).

25) 이들 법학자들 가운데에서 반드시 인용해야 하는 인물은 샤세네란 이름으로 더 알려져 있는 부르고뉴의 행정관인 유명한 바르텔레미 드 샤세뇌즈(Barthélemy de Chasseneuz, 1480~1541)이다. 그의 경력은 1508년 오툉 대법관 재판소의 왕실 변호사로 시작되어 1532년 엑스 고등법원의 재판장으로 끝난다. 그는 많은 저작들을 남겼는데, 그 중에는 '부

르고뉴의 관습법(Coutume de Bourgogne)'에 관한 해설과 다양한 주제의 판례들에 관해 그의 의견을 모아 놓은 책도 있다. 책의 전반부에서 그는 생쥐, 들쥐, 풍뎅이, 애벌레 등 작물을 파괴하는 '해로운 동물들에게 적용되는 소송'의 형식과 관련된 몇 가지 문제들을 다루고 있다.

26) 프랑스에서 나타난 가장 이른 사례는 랑(Laon) 교구와 관련이 있다. 1120년 그곳의 주교 바르텔레미는 이단들에게 하는 것처럼 농경지에 침입한 들쥐와 애벌레에게 '저주와 파문'을 선고했다. 다음해 그는 파리를 똑같이 처벌했다. 이보다 앞선 증거들이 있을 수도 있는데, 그것들이 발견되기를 기다린다.

27) 중세 마법의 동물지에 대해서는 M. Pastoureau, *Noir. Histoire d'une couleur*, Paris, 2008, pp. 56-60와 같은 저자, *Vert. Histoire d'une couleur*, Paris, 2013, pp. 90-97.

28) L. Dubois-Desaulle, *Étude sur la bestialité du point de vue historique, médical et juridique*, Paris, 1905.

29) A. Franklin, *La Vie privée d'autrefois: les animaux*, t. II, Paris, 1899, p. 261.

30) 동물고고학은 돼지의 이러한 풍부함을 잘 설명하지 못한다. 그것은 가축 사육과 고기 소비를 연구할 때 발견된 뼈의 숫자로 동물의 수량을 추정한다. 그래서 돼지의 수를 양이나 소의 수에 비해 과소평가하는 경향이 있다. 그렇게 해서 사실상 '돼지의 모든 것이 유용하다'는 사실, 돼지 뼈가 물건과 (특히 아교 같은) 제품을 만드는 데 이용되었다는 사실을 잊어버린다. 게다가 방법론적인 면에서도 어떤 시기와 지역의 살아 있는 가축의 수가 우리에게 전해지는 뼈의 수와 비례한다고 보는 것 자체가 논란의 여지가 있을 것이다.

31) Philippe de Beaumanoir, *Coutumes de Beauvaisis*, éd. A. Salmon, t. II, Paris, 1900, chap. LXIX, § 6. 이 문헌이 작성된 날짜는 1283년이다.

32) J. Duret, *Traité des peines et amendes*, Lyon, 1572, pp. 108-109.

33) P. Ayrault, *L'Ordre, formalité et instruction judiciaires...*, 4ᵉ éd., Paris, 1610, p. 108.

34) J.-A. Guer, *Histoire critique de l'âme des bêtes*, Paris, 1749, pp. 140-158.

35) 14,000행으로 이루어진 이 잘 알려져 있지 않은 문학작품은 아직 출판되지 않았다. 다음을 참조할 것. A. H. Krappe, "La Belle Helaine de Constantinople", *Romania*, 63, 1937, pp. 324-363.

36) 클로비스의 두꺼비 방패에 대해서는 H. Pinoteau, "De Clovis à Pharamond. Coup d'oeil sur l'héraldique mérovingienne", *Nouvelles études dynastiques*, Paris, 2014, pp. 355-368.

37) É. Roy, "Philippe le Bel et la légende des trois fleurs de lis", *Mélanges Antoine Thomas*, Paris, 1927, pp. 383-388; R. Bossuat, "Poème latin sur l'origine des fleurs de lis", *Bibliothèque de l'École des chartes*, t. 101, 1940, pp. 80-101; A. Langfors, "Un poème latin sur l'origine des fleurs de lis", *Romania*, t. 69, 1946-1947, pp. 525-528.

38) 이러한 문헌들의 정치적 왕조적 쟁점에 대해서는 C. Beaune, *Naissance de la Nation France*, pp. 237-263.

39) Éd. par A. Piaget, *Romania*, t. XXVII, 1898, pp. 55-92.

40) 같은 책, LXII, 1936, pp. 317-358. 그리고 E. Faral, "Le Roman de la fleur de lis de Guillaume de Digulleville", *Mélanges Ernest Hoepjfner*, Strasbourg, 1949, pp. 327-338.

41) M. Pastoureau, *Bestiaires du Moyen Âge*, Paris, 2009, pp. 191-192, 212-213.

42) S. Hindman et G. Spiegel, "The Fleur de Lis Frontispieces to Guillaume de Nangis's Chronique abrégée. Political Iconography in the late Fifteenth Century France", *Viator*, t. 12, 1981, pp. 381-407. 백합꽃 문양의 기원에 관한 16세기의 풍부한 문헌들 중 일부를 예로 들자면 J. de La Mothe, *Le Blason des célestes et très chrestiennes armes de France...*, Rouen, 1549; J. Le Féron, *Le Simbol armorial des armoiries de France et dEscoce et de Lorraine*, Paris, 1555; J. Gosselin, *Discours de la dignité et précellence des fleurs de lys et des armes des roys de France...*, Tours, 1593.

43) 14세기 들어서면서 수많이 흩어져 있던 백합꽃들이 점차 줄어들어 세

개로만 된 것은 샤를 5세 치세의 삼위일체 상징과 관련이 있다. 실제로 1372년과 1378년 사이에 샤를 5세는 왕과 왕국에 대한 성모의 수호를 "프랑스 왕국에 대한 거룩한 삼위일체의 단일한 애정"의 수호로 바꿔 부르는 것을 승인했다. 이것은 새로운 일이었고, 아마도 프랑스 문장의 기원을 마리아와 연결시키는 설명이 쇠퇴할 최초의 조짐이었을 것이다. 다음을 볼 것. M. Prinet, "Les variations du nombre des fleurs de lis dans les armes de France", *Bulletin monumental*, 1911, pp. 469-488; M. Hinkle, *The Fleurs de lis of the Kings of France*, 1285-1488, Carbondale/Edwardsville (Ill.), 1991.

44) F. Chatillon, "Lilia crescunt. Remarques sur la substitution de la fleur de lis aux croissants et sur quelques questions connexes", *Revuè du Moyen Âge latin*, t. 11, 1955, pp. 87-200. 이 작가의 모든 가설을 따르는 것은 피해야 한다. 일부는 매우 위험하다.

45) J.-J. Chiflet, *Lilium francicum veritate historica, botanica et heraldica illustratum, Anvers*, Plantin, 1658; S. de Sainte-Marthe, *Traité historique des armes de France et de Navarre,* Paris, Roulland, 1673; P. Rainssant, *Dissertation sur l'origine des fleurs de lis*, Paris, 1678.

46) 서구 기독교 세계에서 스웨덴 왕은 프랑스 왕과 함께 문장에 파란색 바탕을 사용한 유일한 군주이다. 그러나 스웨덴 왕의 '파란색 바탕에 세 개의 금색 왕관(d'azur à trois couronnes d'or)' 문장은 14세기 초 이전에는 나타나지 않았다. H. Fleetwood, "L'origine des armes à trois couronnes de la Suède", *Archives héraldiques suisses*, t. 49, 1935, pp. 33-43을 보라.

47) A. Cartellieri, *Philipp II. August, König von Frankreich*, t. IV/1, Leipzig, 1921, p. 186.

48) 그러나 Rigord et Guillaume le Breton, *Œuvres*, éd. H. F. Delaborde, t. II, Paris, 1885에는 이런 내용이 없다. 중세에 염색업자는 매우 세분화되고 전문화되어 있었으며 엄격히 통제된 직업이었다. 만일 누군가 파란색 염색을 한다면, 그는 붉은색이나 노란색이 아니라 파란색 · 검정

색·녹색만 염색할 수 있었다. 반대로 붉은색 염색업자라면 붉은색과 노란색 염색은 할 수 있었으나, 파란색·검정색·녹색을 염색할 자격은 없었다. 이 문제에 대해서는 다음을 볼 것. M. Pastoureau, *Jésus chez le teinturier. Couleurs et teintures dans l'Occident médiéval*, Paris, 1997.

49) J. Le Goff, *Saint Louis*, Paris, 1996, pp. 136-139, 628-631.

50) M. Pastoureau,『블루, 색의 역사』, 80-88쪽.

51) 같은 책, p. 55-60. 그리고 M. Pastoureau, "La promotion de la couleur bleue au XIIe siècle: le témoignage de l'héraldique et de l'emblématique", *Il colore nel medioevo. Arte, simbolo, tecnica, Atti delle Giornate di studi*(Lucca, 5-6 maggio 1995), Lucques, 1996, pp. 7-16도 보라.

52) G. J. Brault, *Early Blazon*, Oxford, 1972, pp. 44-47; M. Pastoureau, *Armorial des chevaliers de la Table Ronde*, Paris, 1983, pp. 46-47.

53) M. Pastoureau,『블루, 색의 역사』, 88-97쪽.

54) *Sone de Nansay*, éd. M. Goldschmidt, Tübingen, 1889, p. 285, vers 11014-11015.

55) M. Pastoureau, "Du bleu au noir. Éthiques et pratiques de la couleur à la fin du Moyen Âge", *Médiévales*, vol. XIV, 1988, pp. 9-22. 그리고 같은 저자의 *Noir. Histoire d'une couleur*, Paris, 2008, pp. 100-105도 볼 것.

56) M. Pastoureau, *Bleu. Histoire d'une couleur*, 앞의 책, pp. 141-158.

57) 제대로 된 방식으로 삼색기를 접는 것은 까다로운 일이다. 우선 천을 밑으로 넣어 주름을 만들어야 한다. 이것은 복잡한 작업이다. 주름 자국이 뚜렷하게 남아서는 안 되며, 마지못해 하듯 천을 살짝 둥글게 말아야 한다. 그리고 무엇보다도 국기를 접고 나면 파란색만 나타나야 한다. 흰색과 붉은색은 파란색 안쪽에 있어야 한다. 파란색이 일종의 싸개처럼 되는 것이다.

사료와 참고문헌

사 료

Archives nationales, *Corpus des sceaux français du Moyen Âge*, t. II par M. Dalas, *Les Sceaux des rois et de régence*, Paris, 1991.

Bernard de Clairvaux, *Opera*, éd. J. Leclercq et H. Rochais, Rome, 1957-1977, 9 vol.

Chronique de Morigny(1095-1152), éd. L. Mirot, 2e éd., Paris, 1912.

Chronique de Saint-Pierre le Vif de Sens, dite de Clarius, éd. R.-H. Bautier et M. Gille, Paris, 1979.

Dufour(Jean), *Recueil des actes de Louis VI roi de France(1108-1137)*, Paris, 1992-1994, 4 vol.

Eudes de Deuil, *De Ludovici VII Francorum regis cognomento Junioris profectione in Orientem*, éd. H. Waquet, Paris, 1949.

Geoffroy(moine de Clairvaux), *Vita Bernardi Claraevallensis*, éd. dans Acta sanctorum, IV, Anvers, 1739.

Guillaume le Breton, *Gesta Philippi Augusti*, éd. H. F. Delaborde, tome I, Paris, 1882.

Guillaume de Digulleville, *Le Roman de la fleur de lis*, éd. Arthur Piaget dans Romania, LXII, 1936, p. 317-358.

Guillaume de Digulleville, *Le Dit de la fleur de lis*, éd. Frédéric Duval, Paris,

2014.

Guillaume de Tyr, *Historia rerum in partibus transmarinis gestarum*, éd. R. B. C. Huygens, Turnhout, 1986.

Hugues le Poitevin, *Chronique de l'abbaye de Vézelay*, éd. R. B. C. Huygens, Turnhout, 1976.

Jean de Joinville, *Vie de Saint Louis*, éd. et trad. J. Monfrin, Paris, 1995.

Luchaire(Achille), *Études sur les actes de Louis VII*, Paris, 1885; réimpr. Bruxelles, 1964.

Ordéric Vital, *Historiae ecclesiasticae libri tredecim*, éd. A. Le Prévost et L. Delisle(livres I, II et III), Paris, 1838-1855, puis M. Chibnall(livres IV et V), Oxford, 1969-1980.

Philippe de Vitry, *Le Chapel des trois fleurs de lis*, éd. A. Piaget dans *Romania*, XXVII, 1898, p. 55-92.

Primat(moine de Saint-Denis), *Le Roman des rois*, éd. J. Viard, *Les Grandes Chroniques de France*, tome V, Paris, 1928.

Recueil des historiens des Gaules et de la France, Paris, 1737-1904, 24 vol. (règnes de Louis VI et de Louis VII: vol. XII à XVI).

Rigord, *Gesta Philippi Augusti*, éd. H. F. Delaborde, tome I, Paris, 1882.

Robert de Thorigny, *Chronique*, éd. L. Delisle, tome I, Rouen, 1872.

Suger, *Historia gloriosi regis Ludovici. Fragment inédit de la vie de Louis VII*, éd. J. Lair, dans *Bibliothèque de l'École des chartes*, tome XXXIV, 1876, p. 583-596.

Suger, *Œuvres*, éd. F. Gasparri, 1996, 2 vol.

Suger, *Œuvres complètes*, éd. A. Lecoy de La Marche, Paris 1867; réimpr. Hildesheim, 1979.

Suger, *Vita Ludovici Grossi. Vie de Louis VI le Gros*, éd. H. Waquet, Paris, 1929; réimpr. Paris, 1964.

참고문헌

루이 6세

Bournazel(Éric), *Louis VI le Gros*, Paris, 2007.

Bournazel(Éric), "Le pardon de Louis VI", dans *Le Pardon*, Limoges, 1999, p. 315-327.

Dufour(Jean), "Louis VI, roi de France(1108-1137), à la lumière des actes royaux et des sources narratives", dans *Comptes rendus de l'Académie des inscriptions et belles-lettres*, 1990, p. 456-482.

Lewis(Andrew W.), "La date du mariage de Louis VI et d'Adélaïde de Maurienne", dans *Bibliothèque de l'École des chartes*, 148, 1990, p. 5-16.

Luchaire(Achille), *Louis VI le Gros. Annales de sa vie et de son règne (1081-1137)*, Paris, 1890.

Pastoureau(Michel), "Le cochon régicide(1131)", dans *Les Animaux célèbres*, Paris, 2001, p. 125-130.

루이 7세

Bruguière(Marie-Bernadette), "À propos des idées reçues en histoire: le divorce de Louis VII", dans *Mémoires de l'Académie des sciences, inscriptions et belles-lettres de Toulouse*, 140, 1978, p. 191-206.

Graboïs(Aryeh), "The Crusade of King Louis VII. A Reconsideration", dans *Francia*, 12, 1984, p. 94-101.

Labande(Edmond), "Pour une image véridique d'Aliénor d'Aquitaine", dans *Bulletin de la Société des antiquaires de l'Ouest*, 1952, p. 175-234.

Pacaut(Marcel), *Louis VII et les élections épiscopales dans le royaume de France*, Paris, 1957.

Pacaut(Marcel), *Louis VII et son royaume*, Paris, 1964.

Sassier(Yves), *Louis VII*, Paris, 1991.

카페 왕조와 왕정

Baudon de Mony(Charles), "La mort et les funérailles de Philippe le Bel", dans *Bibliothèque de l'École des chartes*, 58, 1897, p. 5-14.

Bournazel(Éric), *Le Gouvernement capétien au XIIᵉ siècle. Structures sociales et mutations institutionnelles*, Paris, 1975.

Favier(Jean), *Philippe le Bel*, Paris, 1978.

Fliche(Augustin), *Le Règne de Philippe Ier, roi de France(1060-1108)*, Paris, 1912.

Graboïs(Aryeh), *La Royauté capétienne et l'Église au XIIᵉ siècle*, Dijon, 1963(dactyl.).

Le Goff(Jacques), *Saint Louis*, Paris, 1996.

Lemarignier(Jean-François), *Le Gouvernement royal au temps des premiers Capétiens(987-1108)*, Paris, 1965.

Le Roy(Yves), "La Chronique de Morigny et le sacre de Louis VII. Le pouvoir royal vers 1131", dans *Revue historique de droit*, 1987, p. 527-544.

Lewis(Andrew W.), *Le Sang royal. La famille capétienne et l'État. France, XIᵉ-XIVᵉ siècle*, Paris, 1986.

Luchaire(Achille), *Histoire des institutions monarchiques de la France sous les premiers Capétiens(987-1180)*, Paris, 1891.

Olivier-Martin(François), *Études sur les régences*. Tome 1: *Les Régences sous les Capétiens directs et les premiers Valois(1060-1375)*, Paris, 1931.

Van Kerrebrouck(Patrick), *Nouvelle Histoire généalogique de l'auguste maison de France*. Tome II: *Les Capétiens(987-1328)*, Villeneuve d'Ascq, 2000.

대관식

Bautier(Robert-Henri), "Sacres et couronnements sous les Carolingiens et les premiers Capétiens. Recherches sur la genèse du sacre royal français", dans *Annuaire-bulletin de la Société de l'histoire de France*, 1989, p. 7-56.

Bloch(Marc), *Les Rois thaumaturges*, 박용진 옮김, 『기적을 행하는 왕』, 한길
사, 2015.

Jackson(Richard A.), *Vivat Rex. Histoire des sacres et couronnements en France(1364-1825)*, Strasbourg, 1984.

Le Goff(Jacques), "Reims, ville du sacre", dans P. Nora, éd., *Les Lieux de mémoire*, II/1, Paris, 1986, p. 89-184.

Le Goff(Jacques) et alii, *Le Sacre royal à l'époque de Saint Louis*, Paris, 2001.

쉬제르와 생드니 수도원

Aubert(Marcel), *Suger*, Saint-Wandrille, 1950.

Bur(Michel), *Suger, abbé de Saint-Denis, régent de France*, Paris, 1991.

Cartellieri(Alexander), *Abt Suger von Saint-Denis*, Berlin, 1898.

Crosby(Summer M.), éd., *The Royal Abbey of Saint-Denis in the Time of Abbot Suger, exposition*, New York, The Metropolitan Museum, 1981.

Erlande-Brandenburg(Alain), *Le roi est mort. Étude sur les funérailles, les sépultures et les tombeaux des rois de France jusqu'à la fin du XIIIe siècle*, Genève, 1975.

Félibien(Michel), *Histoire de l'abbaye royale de Saint-Denys en France*, Paris, 1706.

Gerson(Paula L.), éd., *Abbot Suger and Saint-Denis. A Symposium*, New York, 1986.

Grodecki(Louis), *Les Vitraux de Saint-Denis. Étude sur le vitrail au XIIe siècle*, Paris, 1976.

Grosse(Rolf), dir., *Suger en questions*, Munich, 2004.

Mâle(Émile), "La part de Suger dans la création de l'iconographie du Moyen Âge", dans *Revue de l'art ancien et moderne*, XXXV, 1914-1915, p. 91-102, 161-168, 253-262, 339-349.

Montesquiou-Fezensac(Blaise de) et Gaborit-Chopin(Danielle), *Le Trésor de Saint-Denis*, Paris, 1973-1977, 3 vol.

Panofsky(Erwin), *Abbot Suger on the Abbey Church of Saint-Denis and its Treasures*, 2ᵉ éd., Princeton, 1979.

Spiegel(Gabrielle), "The Cult of saint Denis and the Capetian Kingship", dans *Journal of Medieval History*, 1975, p. 43-64.

Verdier(Philippe), "Réflexions sur l'esthétique de Suger", dans *Mélanges offerts à E. R. Labande*, Paris, 1975, p. 699-709.

성 베르나르

Bernard(Pierre), *Saint Bernard et Notre-Dame*, Paris, 1953.

Gilson(Étienne), *La Théologie mystique de saint Bernard*, Paris, 1934.

Leclercq(Dom Jean), *Saint Bernard et l'esprit cistercien*, Paris, 1966.

Leclercq(Dom Jean), *Nouveau Visage de Bernard de Clairvaux. Approches psychohistoriques*, Paris, 1976.

Vancadard(Elphège), "Saint Bernard et la royauté française", dans *Revue des questions historiques*, 1891, p. 353-409.

Vancadard(Elphège), *Vie de saint Bernard, abbé de Clairvaux*, Paris, 1910, 2 vol.

성모 마리아와 마리아 숭배

Iogna-Prat(Dominique), Palazzo(Éric), Russo(Daniel), éd., *Marie. Le culte de la Vierge dans la société médiévale*, Paris, 1996.

Laurentin(René), *Court Traité sur la Vierge Marie*, Paris, 1968.

Russo(Daniel), "Les représentations mariales dans l'art d'Occident. Essai sur la formation d'une tradition iconographique", dans D. Iogna-Prat et alii, Marie. *Le culte de la Vierge dans la société médiévale*, Paris, 1996, p. 174-291.

Thérel(Marie-Thérèse), *Le Triomphe de la Vierge-Église. Sources historiques, littéraires et iconographiques*, Paris, 1984.

Verdier(Philippe), "Suger a-t-il été en France le créateur du thème iconographique du Couronnement de la Vierge?", dans *Gesta*, 15, 1976, p. 227-236.

Verdier(Philippe), *Le Couronnement de la Vierge. Les origines et les premiers développements d'un thème iconographique*, Montréal-Paris, 1980.

왕의 표상과 상징

Beaune(Colette), *Naissance de la nation France*, Paris, 1985.

Bedos-Rezak(Brigitte), "Suger and the Symbolism of Royal Power. The Seal of Louis VII", dans Paula L. Gerson, éd., *Abbot Suger and Saint-Denis*, New York, 1986, p. 95-103.

Contamine(Philippe), "L'oriflamme de Saint-Denis aux XIVe et XVe siècles", dans *Annales de l'Est*, 25, 1973, p. 179-245.

Hibbard-Loomis(Laura), "L'oriflamme de France et le cri Montjoie au XIIe siècle", dans *Le Moyen Âge*, 1959, p. 469-499.

Pastoureau(Michel), *Les Emblèmes de la France*, Paris, 1998.

Pinoteau(Hervé), *Vingt-Cinq Ans d'études dynastiques*, Paris, 1982.

Pinoteau(Hervé), *La Symbolique royale française(Ve-XVIIIe s.)*, La Roche-Rigault, 2004.

Pinoteau(Hervé), *Nouvelles Études dynastiques. Héraldique, vexillologie, phalèristique*, Paris, 2014.

Schramm(Percy-Ernst), *Herrschaftszeichen und Staatssymbolik*, Stuttgart, 1954-1956, 3 vol.

백합꽃 문양

Bossuat(Robert), "Poème latin sur l'origine des fleurs de lis", dans *Bibliothèque de l'École des chartes,* t. 101, 1940, p·. 80-101.

Braun von Stumm(Gustaf), "Lorigine de la fleur de lis des rois de France du point de vue numismatique", dans *Revue numismatique*, 1951, p. 43-58.

Chatillon(abbé François), "Lilia crescunt. Remarques sur la substitution de la fleur de lis aux croissants et sur quelques questions connexes", dans *Revue du Moyen Âge latin*, t. 11, 1955, p. 87-200.

Hinkle(William M.), *The Fleurs de lis of Kings of France*, 1285-1488, Carbondale/Edwardsville(Ill.), 1991.

Langfors(Arthur), "Un poème latin sur l'origine des fleurs de lis", dans *Romania*, t. 69, 1946-1947, p. 525-528.

Lombard-Jourdan(Anne), *Fleur de lis et oriflamme*, Paris, 1991.

Pastoureau(Michel), "Le roi des lis. Emblèmes dynastiques et symboles royaux", dans Archives nationales, *Corpus des sceaux français du Moyen Âge*, t. II par Martine Dalas, *Les Sceaux des rois et de régence*, Paris, 1991, p. 35-48.

Pastoureau(Michel), "Une fleur pour le roi. Jalons pour une histoire médiévale de la fleur de lis", dans Pierre-Gilles Girault, éd., *Flore et jardins. Usages, savoirs et représentations du monde végétal au Moyen Âge*, Paris, 1997, p. 113-130(*Cahiers du Léopard d'or*, 6).

Prinet(Max), "Les variations du nombre des fleurs de lis dans les armes de France", dans *Bulletin monumental*, 1911, p. 469-488.

Roy(Émile), "Philippe le Bel et la légende des trois fleurs de lis", dans *Mélanges Antoine Thomas*, Paris, 1927, p. 383-388.

파란색

Carus-Wilson(Elizabeth M.), "La guède française en Angleterre. Un grand commerce d'exportation", dans *Revue du Nord*, 1953, p. 89-105.

Caster(Gilles), *Le Commerce du pastel et de lëpicerie à Toulouse, de 1450 environ à 1561*, Toulouse, 1962.

Lauterbach(Fritz), *Geschichte der in Deutschland bei der Farberei angewandten Farbstojfe, mit besonderer Berücksichtigung des mittelalterlichen Waidblaues*, Leipzig, 1905.

Legget(William F.), *Ancient and Medieval Dyes*, New York, 1944.

Lespinasse(René), H*istoire générale de Paris. Les métiers et corporations de la ville de Paris*, tome III, Paris, 1897(Tissus, étoffes, vêtements).

Pastoureau(Michel), "Du bleu au noir. Éthiques et pratiques de la couleur à la fin du Moyen Âge", dans *Médiévales*, vol. 14, juin 1988, p. 9-22.

Pastoureau(Michel), "La promotion de la couleur bleue au XIIIe siècle: le témoignage de l'héraldique et de l'emblématique", dans *Il colore nel medioevo. Arte, simbolo, tecnica. Atti delle Giornate di studi*(Lucca, 5-6 maggio 1995), Lucques, 1996, p. 7-16.

Pastoureau(Michel), *Jésus chez le teinturier. Couleurs et teintures dans l'Occident médiéval*, Paris, 1998.

Pastoureau(Michel), *Bleu. Histoire d'une couleur*, 고봉만 · 김연실 옮김, 『블루, 색의 역사』, 한길아트, 2002.

Ploss(Emil Ernst), *Ein Buch von alten Farben. Technologie der Textilfarben im Mittelalter*, 6e éd., Munich, 1989.

문장의 출현

Académie internationale d'héraldique, *L'Origine des armoiries,* Actes du IIe colloque international d'héraldique(Bressanone/Brixen, octobre 1981), Paris, 1983.

Pastoureau(Michel), "L'apparition des armoiries en Occident. État du problème", dans *Bibliothèque de l'École des chartes*, 134, 1976, p. 281-300.

Pastoureau(Michel), "La naissance des armoiries", dans *Cahiers du Léopard d'or,* 3, 1994, p. 103-122.

Pastoureau(Michel), "La diffusion des armoiries et les débuts de l'héraldique", dans R.-H. Bautier, éd., *La France de Philippe Auguste. Colloque internatio-nal du CNRS(1980)*, Paris, 1982, p. 737-760.

Pinoteau(Hervé), "La création des armes de France au XIIe siècle", dans *Bulletin de la Société nationale des Antiquaires de France*, 1980-1981(1982), p. 87-99.

12세기의 파리

Bautier(Robert-Henri), "Quand et comment Paris devint capitale", dans
   Recherches sur l'Histoire de la France médiévale, Londres, 1991, p. 17-48.

Bautier(Robert-Henri), "Paris au temps d'Abélard", dans *Études sur la France
   capétienne*, Londres, 1992, p. 21-72.

Boussard(Jacques), *Nouvelle Histoire de Paris. De la Jin du siège de 885-886
   à la mort de Philippe Auguste*, Paris, 1976.

Lombard-Jourdan(Anne), *Aux origines de Paris. La genèse de la rive droite
   jusqu'en 1223*, Paris, 1985.

중세의 돼지

Baruzzi(Marina) et Montanari(Massimo), *Porci e porcari nel Medioevo*,
   Bologne, 1981.

Corner(George W), *Anatomical Texts of Barly Middle Ages*, Washington, 1927.

Fabre-Vassas(Claudine), *La Bête singulière. Les juifs, les chrétiens et le
   cochon*, Paris, 1994.

Pastoureau(Michel), "L'homme et le porc: une histoire symbolique", dans
   Couleurs, images, symboles. Études d'histoire et d'anthropologie, Paris,
   1986, p. 237-283.

Pastoureau(Michel), *Une justice exemplaire: les procès intentés aux animaux
   (XIIIe-XVIe s.)*, dans Robert Jacob, éd., *Les Rituels judiciaires*, Paris, 2000, p.
   173-200(*Cahiers du Léopard d'or*, vol. 9).

Pastoureau(Michel), *Le Cochon. Histoire d'un cousin mal aimé*, Paris, 2009.

Shachar(Isaiah), *The judensau. A Medieval anti-Jewish Motif and its History*,
   Londres, 1974.

Ten Cate(C. L.), *Wan God Mast gift. Bilder aus der Geschichte der Schweine-
   zucht im Walde*, Wageningen(Pays-Bas), 1972.

Walter(Philippe), éd., *Mythologies du porc*, Grenoble, 1999.

도판과 그림

원색 도판

[도판1] 베르나르 기(Bernard Gui, 1261~1331)의 『연대기 개요집 *Fleurs des chroniques*』(15세기 초)에 수록된 삽화. Besançon, Bibliothèque municipale, ms. 677, f. 67v.

[도판2] 베르나르 기의 『프랑스 왕들의 가계도 *Arbor genealogiae regum Franciae*』(1330-1340년 무렵)에 수록된 삽화. Besançon, Bibliothèque municipale, ms. 854, f. 11r.

[도판3] 『엘레노 우스터 시도서 *Hours of Eleanor Worcester*』(프랑스, 1430-1440년 무렵)에 수록된 삽화. London, British Library, ms. Harley 1251, f. 39v.

[도판4] (위) 가스통 페뷔스(Gaston Phébus, 1331~1391)의 『사냥서 *Livre de chasse*』(프랑스, 15세기 초)에 수록된 삽화. Paris, BnF, ms. Français 616, f. 85r. (아래) 『프랑스 대연대기 *Grandes chroniques de France*』(프랑스, 1332~1350년 무렵)에 수록된 삽화. London, British Library, ms. Royal 16 G VI, f. 330v.

[도판5] 오스트리아 오베뢰스터라이히(Oberösterreich)의 크렘뮌스터 수도원(Stift Kremsmünster). 사진 저자 제공.

[도판6] 앙리 드 페리에르(Henri de Ferrières, 1354~1377)의 『모두스 왕

과 라티오 여왕의 책들*Livres du roy Modus et de la royne Ratio*』(벨기에, 1455년 무렵)에 수록된 삽화. Brüssel, Koninklijke Bibliotheek van België, Cabinet des Manuscrits, ms. 10218-19, f. 50r.

[도판7] 앙리 드 페리에르의 『모두스 왕과 라티오 여왕의 책들』에 수록된 삽화. Brüssel, Koninklijke Bibliotheek van België, Cabinet des Manuscrits, ms. 10218-19, f. 51v.

[도판8] 잉글랜드에서 1307–1327년 무렵에 제작된 필사본의 삽화. London, British Library, ms. Royal 20 A II, f. 6v.

[도판9] 『노래집*chansonnier*』(벨기에, 1542년)의 장식 그림. Cambrai, Bibliothèque municipale, ms. 128B, f. 131v.

[도판10] (왼쪽)『시도서*Book of Hours*』(프랑스, 1490~1500년 무렵)에 수록된 삽화. Hague, Koninklijke Bibliotheek, ms. 76 F 14, f. 13r. (오른쪽)『시편집*Psalter*』(프랑스, 1250년 무렵)에 수록된 삽화. London, British Library, ms. Royal 2 B II, f. 6v.

[도판11] 『페캉 시편집*Fécamp Psalter*』(프랑스, 1180년 무렵)에 수록된 삽화. Hague, Koninklijke Bibliotheek, ms. 76 F 13, f. 11v.

[도판12] 생드니 수도원 교회(Église abbatiale de Saint-Denis)의 스테인드글라스(1141~1144년 무렵). 클뤼니 박물관에 보관(Musée de Cluny, inv. Cl 22758). 사진 저자 제공.

[도판13] 『프랑스 대연대기*Grandes chroniques de France*』(1450년 무렵)에 수록된 프랑스 왕 루이 8세의 1223년 대관식 삽화. Paris, Bibliothèque nationale de France, Français 6465, f. 247r.

[도판14] 『랑베르 르 베그의 시편집*Psalter of Lambert le Bègue*』(프랑스 북부, 1255~1265년 무렵)의 수록 삽화. London, British Library, ms. Additional 21114, f. 10v.

[도판15] 생드니 수도원 교회의 스테인드글라스. 사진 저자 제공.

[도판16] 샤르트르 대성당(Cathédrale de Chartres)의 스테인드글라스, '노트르담 드 라 벨 베리에르(Notre-Dame de la Belle Verrière, 1160~1180년 무렵)'. creative commons(CC0).

[도판17] 샤르트르 대성당의 스테인드글라스, 107c(1215~1216년 무렵). 사진 저자 제공.

[도판18] 장 프루아사르(Jean Froissart, 1337~1405?)의 『연대기 *Chroniques*』(15세기)에 수록된 1356년 푸아티에 전투 삽화. Toulouse, Bibliothèque municipale, ms. 511, f. 128r.

본문 그림

[그림 1] 『시토회 대성서*Grande Bible de Cîteaux*』(1110년 무렵)에 수록된 삽화(다니엘서 3:19-23 참조). Dijon, Bibliothèque municipale, ms. 14, f. 64r.

[그림 2] 생드니 수도원 교회의 왕실 묘역(nécropole royale de Saint-Denis). creative commons by Guilhem Vellut.

[그림 3] Jean Dufour, "Louis VI, roi de France (1108-1137), à la lumière des actes royaux et des sources narratives", *Comptes rendus des séances de l'Académie des Inscriptions et Belles-Lettres*, 1990, p. 464(왼쪽), 458(오른쪽).

[그림 4] 레온 왕국의 의학자 후안 발베르데 데 아무스코(Juan Valverde de Amusco, 1525?~1587?)의 『인체의 해부*Anatomia del corpo humano*』(1560년)에 수록된 삽화. Juan Valverde de Amusco, *Anatomia del corpo humano*, Rome, Ant. Salamanca and Antonio Lafrery, 1560, p. 118.

[그림 5] '유덴자우(Judensau)'를 소재로 한 15세기 목판화(1470년 무렵). Eduard Fuchs, *Die Juden in der Karikatur: ein Beitrag zur Kulturgeschichte*, München, Verlag Klaus Guhl, 1921, p. 9.

[그림 6] 히에로니무스 보스(Hieronymus Bosch, 1450?~1516)의 「쾌락의 동산*Tuin der lusten*」(1490~1510년 무렵). creative commons(CC0).

[그림 7] 『베리 공작의 매우 호화로운 시도서*Très Riches Heures du duc de Berry*』(15세기)에 수록된 11월 달력의 큰 삽화. Chantilly, Musée Condé, Bibliothèque, ms. 65, f. 11v.

[그림 8] 피터르 브뤼헐(Pieter Breugel the Elder, 1525~1569)의 「호보 켄의 축제*Fair at Hoboken*」 스케치를 본뜬 프란츠 호헨베르크(Franz Hogenberg, 1535~1590)의 판화(16세기 중반).

[그림 9] 생드니 수도원 교회의 왕실 묘역. 저자 제공.

[그림 10] 필리프 드 샹파뉴(Philippe de Champaigne, 1602~1674)의 「루이 13세의 서원*Le Vœu de Louis XIII*」(1638년). creative commons.

[그림 11] 파리 노트르담 성당(Notre-Dame de Paris)의 '성녀 안나의 문 (porte Sainte-Anne)'. creative commons by Uoaei1.

[그림 12] 장 프루아사르(Jean Froissart, 1337~1405)의 『연대기*Chroniques*』 (1470년 무렵)에 수록된 삽화. London, British Library, ms. Harley 4379, f. 19v.

[그림 13] Moulage. Paris, Archives nationales, Sceaux D 37(왼쪽), D 36 bis(오른쪽).

[그림 14] Moulage. Paris, Archives nationales, Sceaux D 38.

[그림 15] Moulage. Paris, Archives nationales, Sceaux A 1.

[그림 16] creative commons(CC0).

[그림 17] 금은세공사 마르탱기욤 비엔네(Martin-Guillaume Biennais, 1764~1843)가 나폴레옹 1세 대관식을 위해 만든 '정의의 손'(1804년). creative commons(CC0).

[그림 18] 제임스 르 팔머(James le Palmer, ?~1375?)의 백과사전『옴네 보 눔*Omne Bonum*』(잉글랜드, 1360~1375년 무렵)에 수록된 삽화. London, British Library, ms. Royal 6 E VI, f. 7v.

[그림 19] E. P. Evans, *The Criminal Prosecution and Capital Punishment of Animais*, Londres, 1906, p. ii.

[그림 20] 『베드퍼드 시도서*Bedford Book of Hours*』(프랑스, 1410~1430 년 무렵)에 수록된 삽화. London, British Library, ms. Additional 18850, f. 288v.

찾아보기

지명

사항

돼지에게 살해된 왕

초판 발행 2018년 4월 25일

글쓴이   미셸 파스투로
옮긴이   주나미
펴낸이   김두희
펴낸곳   도서출판 오롯
출판등록 2013년 1월 10일 제251002013-000001호
주소   인천시 계양구 장제로 863번길 15, 시티2000오피스텔 702호
전자우편 orot2013@naver.com
홈페이지 http://orot2013.blog.me
전화번호 070-7592-2304
팩스   0303-3441-2304

© OROT, 2018. printed in Incheon, Korea
ISBN   979-11-950146-8-2   03920

이 도서의 국립중앙도서관 출판시도서목록(CIP)은 서지정보유통지원시스템 홈페이지
(http://seoji.nl.go.kr)와 국가자료공동목록시스템(http://www.nl.go.kr/kolisnet)에서 이
용하실 수 있습니다.(CIP제어번호: CIP2018010467)

※ 책값은 뒤표지에 있습니다. 잘못된 책은 바꾸어 드립니다.